LE CANTIQUE DE SIMÉON

PAUL VILLAZ

LE CANTIQUE DE SIMÉON

roman

ÉDITIONS ROBERT LAFFONT
PARIS

Si vous désirez être tenu au courant des publications de l'éditeur de cet ouvrage, il vous suffit d'adresser votre carte de visite aux Éditions Robert Laffont, service « Bulletin » 6, place Saint-Sulpice, 75279 Paris-Cedex 06. Vous recevrez régulièrement, et sans aucun engagement de votre part, leur bulletin illustré, où chaque mois, sont présentées toutes les nouveautés que vous trouverez chez votre libraire.

ISBN 2-221-00530-9

Prologue

De même que Joseph Smith en extase entrevit le Livre de Mormon enfoui comme une truffe au pied d'un jeune chêne et n'eut de cesse qu'il ne le déterrât et sur l'autorité de cet écrit respectable ne fondât la religion des Saints des Derniers Jours – le mot de religion est-il ici bien à sa place ? – ainsi j'ai découvert quelque chose dans le bénitier sec de la chapelle des Pénitents noirs, au-dessus d'Anacoluthe-la-Simple, village encore médiéval où, finis mes voyages autour du monde, je goûte en solitaire un repos bien gagné. Un petit paquet soigneusement emballé de toile cirée sans âge, déposé depuis peu, selon toute apparence, dans ce bassin hexagonal, aux entrelacs indéchiffrables tant ils sont érodés, au pied encore solidement fiché dans les dalles, à l'entrée de la chapelle en ruine, à droite, après le porche dont les voussures effondrées s'enfoncent déjà sous la terre et les ronces.

Non que je fusse moi-même en extase – hélas, pareille grâce ne m'a point encore honoré – ni que j'aie le moindre désir d'ajouter une religion nouvelle à celles qui existent déjà. Mais enfin, j'ai trouvé là quelque chose qui m'intrigua suffisamment pour me faire chausser mon pince-nez. Je dénouai délicatement la ficelle ordinaire – je ne suis pas de ceux qui, dans une hâte excessive, tirent dessus au risque de tout endommager, ou pis encore, coupent les nœuds avec les dents. Sous l'humble emballage m'apparurent quelque trois cents feuillets manuscrits, d'une écriture fine et pourtant point appliquée, du moins durant de longs passages, ce qui serait le signe soit d'une déficience de caractère, soit de violents flux de l'âme qui font tracer les mots à moitié et multiplier les abréviations. A première vue, je ne compris pas grand-chose, sinon qu'il s'agissait d'un idiome mitoyen entre l'oc et l'oïl, dialecte qu'aucun habitant d'Anacoluthe-la-Simple ne parle, ni même n'entend, depuis de nombreux siècles. Perplexe, je me résolus à expédier le tout à un de mes condisciples d'école maternelle, actuellement en poste à Cornell University (N.Y.), Department of roman languages. Lequel, me renvoyant la traduction en un français modeste, exigea la promesse écrite que son nom ne serait jamais cité. Cette promesse est partie par le courrier de ce matin. J'ai affranchi correctement, elle a de bonnes chances d'arriver à son destinataire.

Je suis un familier de la chapelle des Pénitents noirs. Il me semble y côtoyer des présences qui voudraient me parler. Les gens l'évitent, on n'y trouve jamais de papiers gras. Le lieu est malfamé, on dit que des sectes itinérantes viennent y célébrer des offices détestables. Je n'ai jamais rien vu de tel, les chênes séculaires sont placides, le vent dans leurs feuillages fait une musique qui m'apaise. J'y demeure, souvent jusqu'au coucher du soleil. J'aime à contempler la succession des collines quand l'ombre monte des vallons et que leurs sommets chavirent un à un dans l'océan de nuit. Je prends soin de partir pendant qu'il reste encore un peu de clarté au ciel, il ne faut pas tenter le diable, je confesse que je n'y affronterais pas la minuit. C'est une lacune dans ma connaissance des lieux, certes. Je ne suis pas très courageux, j'ai beau savoir par cœur le sentier, quand je retrouve le chemin empierré qui descend au village, mon pas se fait plus allègre. Je ne parle à personne de ces excursions, j'ai bonne réputation et j'y veille.

Je ne manque jamais de monter pour les grandes fêtes solaires. La clairière alors est en exaltation. Particulièrement à la Chandeleur. Cette promesse de lumière, quand l'hiver sévit encore rudement, me bouleverse. Alors que le commun mange ses crêpes épaisses, j'attends là-haut l'astronef de la transcendance. La date coïncide avec la Présentation de la Vierge au Temple, ce jour unique où, prenant l'Enfant dans ses bras, le vieillard Siméon entonna son cantique. C'est pourquoi il m'a paru tout à fait congru de donner ce titre à ce factum qui n'en comportait pas. J'ai pensé que ce serait plus commode, si jamais cet ouvrage venait à être publié. Il ne faut pas surcharger les libraires d'un livre sans nom, ils sont déjà suffisamment accablés.

Voici donc cette chose, une sorte de journal intime, trop intime peut-être, écrit par un individu de sexe manifestement masculin, trop masculin à coup sûr. J'ai fait de brèves recherches sur la personne du narrateur, j'ai posé des questions, le plus adroitement que j'ai pu. Hélas, je ne suis pas Sherlock Holmes. Je n'ai rien trouvé. Même les noms des lieux semblent inconnus. Pourtant les événements historiques qui çà et là jalonnent l'affaire, sont contemporains, ou d'un passé relativement récent. Rien n'y porte la marque d'une antiquité vénérable. En quoi je ne suis pas Joseph Smith non plus. Ma gloire ici est bien médiocre.

Il est cependant une charge qui me pèse, une obsession dont il me ferait du bien de me délivrer. A lire ces lignes, je ne sais quels échos prochains répondent en moi. Comme si dans le silence quelqu'un chuchotait, qui m'aurait longtemps habité. A certains moments de déraison j'en viens parfois à me demander si ce ne serait pas moi qui, en état second, aurais déposé le paquet dans le bénitier sec de la chapelle des Pénitents noirs. Il manque un morceau à la toile cirée sans âge de ma table de cuisine. Ce qui ne laisse pas de m'inquiéter, comme bien l'on pense.

Le 30 avril

Ta gueule, coq, tais-toi ! Coqalacon ! On ne respecte même plus les moribonds !

Depuis le temps que je pisse
                    dans l'évier
                              le sang
                                        par le nez.

J'en ai plein ma cravate. Ma cravate historique. Mon flot de gloire. 38. Ma cravate de commandeur. C'est le président Albert Lebrun qui m'avait fait le nœud. En personne. En pleurant. En 40 les Fritz l'avaient respectée. Et voilà comment elle finit, dans un bain de sang.

Ta gueule, coq, tu vas te taire, oui ou non ! Volatile ! Coqalacoque !

Qu'est-ce qui m'a pris d'attraper ce coq hier soir ? L'occasion était trop belle, il s'était affalé dans le coin de mon portail, à moitié assommé par une bagnole. Je lui ai mis la main dessus, hop, entre chien et loup. Il n'a rien dit. Je l'ai fourré sous une caisse. La nuit porterait conseil. J'en ai plein mon pantalon. Il est vieux mon pantalon? Il a des poches aux genoux? Et alors? Les autres sont percées. On en mettrait deux comme moi dedans mon pantalon, j'avais les cuisses plus grosses dans le temps, maintenant elles sont comme mon petit doigt, je ne peux plus le porter sans bretelles, tout dégringole, la débine. C'est très dur. Je rigolais quand mon père pleurait qu'il avait les cuisses comme des pines de chat, oui, c'est comme ça qu'il disait, il était mal embouché mon père, plébéien, je pensais qu'il se vantait, qu'il n'avait jamais eu les cuisses à la hauteur, qu'il était resté trop longtemps devant son établi à polir des verres de lunettes, alors que moi il fallait voir mes muscles, des paquets de viande dure comme du buis au-dessus des genoux, pas une varice, quels piliers, je les tâtais à travers la doublure et mes couilles avec, des balles de tennis toutes neuves pour finale de Coupe Davis, m'en fous de mon pantalon, il est vieux marron, avec le temps le vieux sang ça fera ton sur ton, camaïeu, et puis la barbe, ceux qui ne voudront pas le voir n'auront qu'à ne pas venir, c'est pas moi qu'irai les chercher, m'en contrefous des gens, moins j'en vois et mieux c'est. N'importe, j'aimerais bien voir quelqu'un maintenant pour crier au secours, je ne peux plus faire un mouvement, j'ai le cul de la grosse Bertha, peux plus lever le bras pour tenir la clé sur mon cou. « Quand vous saignez du nez, plaquez-vous une clé fraîche sur le cou. » (La rousse médicale. 1880.) Mes clés ne sont plus fraîches, la rousse non plus. Mille diables, ma tête, ma tête c'est pas une tête, c'est une feuillette, une barrique, un muid, une queue qui se laisse aller, pas de robinet, ça éclate, ça me prend au-dessus de l'œil gauche, ici – pardon je ne peux pas vous montrer, je suis occupé ailleurs – ça me tient tout le haut, ça me serre comme un casse-noisettes. Et si je changeais de clé? Je vais prendre celle de la grange, peut-être qu'elle ira mieux.

Ta gueule, coq, c'est un ultimatum. Poulet, poussin, œuf. Coqamafrance!

Je l'ai tout de suite reconnu, ce coq. C'est le coq à Mafrance, le trépané, un peu plus loin, à droite. Il a fait le Rif, sa cervelle a bouilli. Il me vend ses œufs dix sous plus cher qu'ailleurs. Pour une fois que je pouvais me rattraper sur son coq. Oh! ces traînées de sang dans l'évier, j'ai beau faire couler l'eau à plein tube, chaude, froide, bouillante, gazeuse, c'est tout rouge, ça fume, ça fait de la buée aux vitres, je saigne à toute vapeur, mon hémoglobine, ma belle hémoglobine qui se débine, combien en a-t-on de litres dans le corps, je perds les pédales, et ces cons de voisins, personne ne vient, ils sont toujours là quand ça m'emmerde, quand j'attaque mon fromage, moi j'aime mastiquer mon fromage lentement en pensant à ce que je fais, comme Socrate la ciguë, à mon âge on n'a plus beaucoup de plaisirs. C'est très dur. Ils viennent me tenir la jambe à me raconter leurs histoires, je les sais par cœur leurs fariboles, et que la petite fille de Souriceau est mal réglée, j'aime les gens heureux, moi, ils n'ont pas d'histoires, je suis bien tout seul, j'aime pas le bruit des autres, ils me tapent sur le système. Mais qu'est-ce qu'il fabrique donc, Souriceau? Il est là tous les matins à me lire son journal, je le reçois aussi le journal, pas le même, on n'est pas du même bord, tas de bolcheviks, et puis j'ai mon poste pour me dire ce qui se passe, de toute façon ça va de mal en pis. Son journal se sera encore perdu, il sera allé s'échouer chez les Anacalonfs comme d'habitude, on se demande ce qu'ils foutent les P.T.T., tas de grévistes, ce patelin de Patacons analphabètes n'a rien à voir avec ici et une fois sur dix, qu'est-ce que je dis, une fois sur cinq, une fois sur trois et demie, son journal s'en va là-bas, il voyage, c'est leur bêtise de routage, c'est automatique, quand c'est parti, ça va n'importe où, eh non ! pas n'importe où, toujours chez ces Anacalonfs ! Souriceau réclame, il a ronéotypé une lettre pour ça, il n'affranchit plus, mettre des timbres au prix qu'ils sont pour une erreur des P.T.T., ça serait le bouquet, son journal lui revient un mois après avec son adresse écrite en langues, il est bien avancé, les quotidiens ça se périme au jour le jour, c'est les ordinateurs. Oh ! merde ! La clé de la grange n'est pas plus fraîche que sa sœur, ça pisse encore plus, ce goût de sang dans la bouche, pouah, bon Dieu de bon Dieu, j'affole, ça peut arriver ça, qu'on se vide de tout son sang, est-ce que la carotide déboucherait dans le nez ? C'est très dur. Quelle heure peut-il être ? Ce tocard de réveil s'est encore arrêté, l'abruti, j'aurai oublié de le remonter, j'oublie tout, tout fout le camp, je cours après mes idées, peux pas aller voir l'heure à la salle à manger, j'en foutrais partout, surtout ne pas ouvrir la porte, que ce coq n'aille pas galoper sur mes fauteuils avec ses grandes bottes d'égoutier en aval des abattoirs.

Ta gueule, coq, je vais te le couper ton kikeriki. Mâchebois. Croupion. Coqalacasse.

Comment ai-je pu tomber si bas ! Ramasser le bien d'autrui ! Moi la probité même. Je n'ai pas beaucoup de qualités, mais celle-là au moins je l'avais. Tout le monde me la reconnaissait. Sale bête qui est venue me tenter au crépuscule. Me vider de mon sang et de ma moralité. Qu'est-ce qui me reste ? Tu veux que je t'écrase, démon malfaisant ? Que je t'enfonce le bec dans ton cloaque infect ? Tu me nargues. Tu profites de ce que j'ai le nez dans l'évier. Attends que ça finisse, attends. Dindon. Ça ne finit pas, morbleu. Qu'est-ce que c'est encore cette pouette-pouette ? Le charcutier, déjà ! Dix heures et demie. Pile. J'en mets ma main au feu. Jamais en retard, l'hydrocéphale. Il corne à tout berzingue. Vos gueules, eh, charcutiers, coqs, vos gueules à tous, tas de braillards ! Dix heures et demie ! Une heure et demie que je suis en perce. Putain de nuit qui m'a porté ce mauvais conseil ! Pourquoi cette fringale de sanguette ? Pourquoi tous ces succubes à tête de broche qui dansaient sur ma couette ? Il fallait bien que je sois ensorcelé pour fixer le sacrifice du coq à neuf heures. Précises. Et mettre ma cravate d'Albert Lebrun pour la cérémonie. En semaine je ne mets jamais de cravate, surtout pas celle-là. Mes oignons étaient coupés dans l'assiette. J'ai attrapé l'animal sous sa caisse, le frais l'avait ressuscité, le gaillard, quel barouf, un corps à corps bestial, le salaud, c'est ça qui m'a mis le sang en mouvement, à mon âge, hypertendu comme je suis, oiseau de malheur, il criait comme un coq qu'on égorge, j'avais fermé toutes les fenêtres, j'étais terré dans ma souillarde, au neuvième coup de neuf heures j'étais prêt, mon grand ciseau dans la main droite, dans ma gauche le cou du coq tendu sur l'assiette, la prière des agonisants, clac, je le manque, et la bonde de mon nez saute. Du même coup. Comme si je m'étais coupé l'artère nasique. La grosse fontaine. Merdeux. Le sacrifice humain, mon sang sur les oignons, c'est moi qui fais ma sanguette. J'ai senti le doigt de Dieu fouiller dans mon nez. Je panique, sacrédié, c'est pas mon habitude, j'ai jamais paniqué dans ma longue existence, même pendant la guerre, l'autre, la vraie, quand ce shrapnel m'a pété au cul, quelle journée encore que celle-là, ça canardait de partout, moi j'étais toujours passé à travers les gouttes, pourtant je prenais des risques, hein, jamais le dernier pour exposer ma personne, eh bien, ce soir-là, il pleuvait, je pars dans le noir avec mes jumelles pour aller pisser au calme, et pan, à peine sorti de la casemate, un coup de fouet, je me suis réveillé à l'hôpital, je n'ai pas tremblé une seconde, du courage on en avait à revendre dans ces temps, aujourd'hui on craque comme un vieux bois de lit conjugal, quelle dégringolade. C'est très dur. Je m'en vais comme une lampe aux abois, on me soutire, on me vidange, quelle pétoche, ça me prend au bas du dos, ça me grimpe dans les vertèbres, ça monte, ça monte, ça m'extirpe la volonté, ça me suce les réactions, ça me possède, ça me grevigne dans les lombes, ah ! j'en ai connu des émois délicieux dans ce coin-là, mais ça, c'est comme quand on a trop baisé et que la salope qui vous héberge en veut encore, elle rançonne votre phallus phlasque, elle s'acharne la garce, elle s'emballe la cavale, hardi, ça fait mal, vous souhaitez être loin à descendre l'escalier mécanique du métro à reculons à travers le peuple qui monte, comment prendre congé sans perdre la face, vous gambergez, plus vous gambergez, moins ça marche, c'est l'enfer. Eh bien, c'est rien à côté de ce qui m'arrive, ça m'envahit tout, vingt-cinq mille milliards, je ne me tiens plus en main, je ne vais pas crier, morbleu, quelle honte, il faut serrer les dents, ah ! ah ! les dents, où sont-elles, les râteliers, ils branlent, salopards, ils me coincent les gencives, je flageole, vite une chaise, la plus près, celle en paille, misère, elle est percée, on ne trouve plus de rempailleurs de chaises, avant il en passait tout le temps, 'chands d'paniers, les ciseaux, les couteaux, les rasoirs, des rouleurs, ils venaient voir si vous aviez quelque chose à rempailler, une peau de lapin à vendre, c'était pour regarder comment c'était fait chez vous et la nuit d'après, hop, la cambriole, chapardeurs de poulaillers, des tire-au-cul, des romanichels, je t'en foutrais, moi, je te collerais tout ça au boulot qu'on n'en parle plus, tas de fontnéant, avec des ribambelles de gosses qui pleurnichent, qui crèvent la faim, jamais torchés, jamais mouchés, des chandelles sous le nez qu'ils en ont des dartres, il fallait se tourner pour ne pas avoir pitié, à quoi ça sert la pitié, on leur donne vingt sous, c'est pour les hommes, ils achètent un litre, ils le lampent, ils ne se sentent plus, ils remontent, ils refont un gosse, un attrape-nigaud ·leur smala, débarrassez-moi ça, parquez, stérilisez, coupez le robinet, ça coûte cher à la société, ça encombre les hôpitaux, la chienlit, allez, zou, à la gare. Pourtant il y a de belles filles là-dedans, je les regrette, vingt dieux, avec des dents qui vous mordent et des yeux noirs qui vous tisonnent, ouououh !Moi, je n'ai plus grand-chose à tisonner, il y a longtemps que mon amadou a pris l'eau, mais ça m'agite encore les humeurs, sacré mille foutres, ça me fait saigner de plus belle, fumières, ça souffle encore sur mon cendrier froid, enfin on n'en voit plus de cette clique, un par-ci, un par-là, et moins arrogants, les gendarmes les traquent, on les refoule aux frontières, on les sédentarise, ils vont à l'école, ils font des casses dans les villes, ils ne courent plus nos campagnes, ouf, mais il n'y a plus personne pour rempailler nos chaises, il faut les porter au diable et aller les rechercher, on est mal desservi par ici, ça coûte les yeux du cabestan, le travail n'est ni fait ni à faire, grossier, des amateurs, des artisans de la main gauche, des punks qui font ça pour acheter du cirage noir, plus de concurrence, le monopole, et puis le matériau, il faut voir le matériau, du chiendent de marigot, une rosse n'en voudrait pas comme litière. C'est très dur. Aux chiottes la clé de la grange, elle ne vaut rien, allez, bang, à travers la cuisine, sur le coq, en plein sur sa crête rouge, sa casquette du père Bugeaud, tas de plumes, oh ! tu l'as sentie, t'es sonné, tu t'abats dans la caisse à bois, le couvercle retombe, en prison, ah ! ah ! dans l'oubliette, hourra ! Coqalacudebassefosse !

– Soldat Lamiral !

– Présent, mon Capitaine.

– Que vous foutez sur cet évier ?

– M'en vais du nez, mon Capitaine.

– Fouteries ça, simple soldat. Levez le cul de cette chaise. Debout. En avant. Une deux, une deux.

Mes jambes me trahissent. A fusiller.

– Peux pas, mon Capitaine.

Il est déjà parti. Il court toujours devant, mon Capitaine. C'est un ange gardien, mon Capitaine. Il vient chaque fois que j'ai un coup dur. Capitaine de zouaves. Il fallait voir son élégance, pète-sec, pétait du feu sec, mais un cœur, quand il vous donnait un coup de badine sur les fesses on fondait dans son froc. La nuit après l'attaque, il attendait que le dernier mort soit rentré pour s'endormir. Il dormait peu. Il est parti en vitesse, la même balle lui a fracassé la tête et le manche du drapeau qu'il serrait dans la main gauche. Avec la droite il chantait. Comme un zouave. L'air était pur, la route large. C'était au début, on sortait encore en drapeau. Après, on n'en a plus vu. Il fallait faire de la charpie. Ça m'en met les larmes aux yeux. Ah non ! Merde alors. Le sang au nez, les larmes aux yeux, c'est trop. Il ne me reste plus qu'à faire dans mon pantalon. Je suis encore maître de mes sphincters. Je le suis. Je veux l'être. Il n'y a qu'à ce pif que je ne peux pas commander. Tu t'arrêtes ! Gargouille ! Insoumis ! Je reviens à mon Capitaine. C'est plus fort que moi.

Quand il a été cité à l'ordre de l'Armée, ça disait : « Serait devenu officier supérieur si la mort ne l'avait fauché dans un champ de topinambours. » C'est vrai. Il serait devenu commandant, colonel, général, maréchal. Il avait son bâton dans sa giberne. En carton. C'était un non-violent. Il me l'avait fait voir. C'est des types comme ça qui nous manquaient en 40. Ils étaient tous tombés en 14. Moi en 40 j'étais trop vieux, et puis j'avais mes affaires, mais ça aurait chauffé si j'étais reparti. J'en aurais remontré à ces jeunots. Tas de prisonniers. « Lamiral c'est comme Paris, ça ballotte, mais ça coule pas. » Hein ! Belle devise. C'est les copains qui chantaient ça. Des zouaves. Ce qu'on devient. Chier. J'aurais mieux fait moi aussi de mourir dans le drapeau. J'aurais eu mon nom sur le monument, tous les 11 novembre je me serais allé voir.

Et madame Solidor qui m'a demandé son jour ! Elle ne pouvait pas mieux tomber. Elle porte la poisse cette femme-là. Et la mère Degrasse, c'est bien ce matin qu'elle devait me rapporter mon linge ? Je l'avais oubliée celle-là. Elle se sera encore cassé un bras. Depuis le temps qu'elle se casse un bras, pas étonnant que mon linge soit lavé comme il l'est. Elle le balance dans sa machine avec des kilos de lavecru, et allez, ça tourne, il faut voir ce qui en ressort, mes caleçons comme du papier à cigarette de dames, mes couleurs déteintes, avec sa nuée de gosses elle prend trop de pratique, ces gens-là ça n'arrive jamais à joindre les deux bouts, ça tire le diable par la queue, ça boit du mousseux tous les dimanches, elle ne sait plus où suspendre, elle suspend dans sa cave, ça sent le moisi. De mon temps on étalait sur l'herbe. Au lavoir. Quelle pitié tous ces petits lavoirs qui s'en vont à vau-l'eau. Les Parisiens viennent piller les tuiles pour leur maison de campagne et quand les tuiles sont parties, que ça ressemble à un squelette, ils viennent la nuit piller les os pour faire des poutres apparentes. Il y en a un qui s'est noyé l'année dernière. Quand même. La justice immergente. Tas de voyous. Oui, c'est sûr, la mère Degrasse se sera encore cassé un bras, grosse comme elle est, ça sera une fracture ouverte, trois mois à l'assurance, elle en profitera pour repeindre sa cuisine, en vert olive, elle aime ça, et moi je ferai ma lessive tout seul, je ne peux tout de même pas user déjà mes caleçons neufs, qu'est-ce qui me resterait pour mes vieux jours, on m'enterrerait avec quoi, un slip, j'ai horreur de ça, ça fait trapéziste. Et quelle lessive, mille bombes! Toutes mes serviettes, toutes rouges, là, empilées sur la paillasse de l'évier. Et encore, j'ai sorti ma réserve de papier-cul, j'en ai toujours d'avance, je suis prévoyant. Heureusement qu'on a le tout-à-l'égout depuis un an, ça ne part plus dans la rigole, sinon tout le pays le saurait. Ils flairent de loin dans les campagnes. Ils accourent quand ça saigne. Tas de charognards. Alors, il avait raison, Pinder, ce vieux charlatan. Ça revient ces inondations. Périodiquement. Comme la mousson. Pas même six mois que ça m'a pris, déjà, en octobre, quand le vin nouveau travaille dans les futailles, mais ça n'était rien en comparaison, une pissée de sansonnet à côté de ces menstrues d'éléphant, sinon je ne serais plus là, ça vaudrait mieux d'ailleurs, qu'est-ce que je fous encore sur cette croûte erratique, je suis de l'âge du pithécanthrope moi, un matin comme aujourd'hui, toc, tout seul, l'*epistaxis oceanica*, sans même un combat de coqs, je raclais mes carottes pour la soupe, pacifique, des carottes comme des fils, à cause du sec, l'année d'avant elles avaient pourri dans la mouille, on n'est pas aidé quand on jardine, mais Souriceau était venu me lire son journal, le vieux balanceur de lanternes. Il avait alerté Pinder tambour battant. Je ne sais pas quelles patenôtres il avait récitées, Pinder le médicastre, ça s'était arrêté, et vite. Il m'avait mis au lit. Il m'avait dit que j'avais frisé la congestion cérébrale, que mon nez avait fait soupape, une chance, comme si je pouvais avoir de la chance, que le trop-plein était parti par ici, lalali, mais qu'il reviendrait par là, lalila, que la prochaine fois ça finirait mal, dans une petite voiture à roulettes poussée par une tierce personne à gros bras, vu que je n'ai pas de veuve, hélas, pauvre Estelle, que je ne pourrais plus mettre mon pantalon tout seul, ni même l'enlever, à quel train il y allait, Pinder, il m'avait presque foutu la frousse, il m'avait dit qu'il reviendrait le lendemain. Il était revenu, parbleu, il ne voulait pas perdre les sous de sa visite, avec toutes les danseuses qu'il entretient, le vieux beau, il m'avait prescrit pour 14 ou 15 000 francs de médicaments. Anciens. Pour ça je n'ai pas de scrupules, hein, c'est pas moi qui ruine la nation, cherchez plutôt du côté de la Zone à Urbaniser en Priorité, la mère Degrasse, tiens, avec toute sa cotriade, toujours un chez le docteur, pour un rhume, une gratte, un bouton. Si j'avais vu le médecin chaque fois que j'avais un pet traversier! On attendait que ça sorte, ça finissait toujours par sortir, au besoin avec de la gymnastique. Petits sautillements sur place. J'ai eu les oreillons en 93. Ma tête était si grosse qu'elle ne passait plus par la porte. On l'a descendue par la fenêtre, on l'a plongée dans la rivière, au mois de décembre. Guéri, séance tenante. Et sans complications. On ne ferait plus ça maintenant. On ne sait plus souffrir. Pinder m'avait dit de revenir le voir. Je n'y ai jamais remis les pieds. Il m'avait donné un régime, je vais bien m'encombrer de ça, le régime c'est bon quand on a une femme pour vous faire la cuisine, il y a longtemps que je n'en ai plus. Pauvre Estelle, qui aurait cru qu'elle partirait la première ? J'ai jamais su faire cuire un œuf sur le plat sans qu'il prenne au fond, après je passe des heures à racler. Allez, allez, c'est pas le temps de m'apitoyer sur mon sort. Le compte à rebours est commencé. Un sursaut, poule mouillée ! Cette grande serviette sur mon nez, c'est une sortie de bain d'Estelle quand on allait à Houlgate, bon Dieu, ça ne nous rajeunit pas, allez, la contre-attaque, ameuter le quartier, allez, allez, camarades, poussez-moi au cul, allez, allez, une, deux, trois, partez. Rien. Pas bougé. Les jambes de son. Comme une poupée. Oh ! mais c'est grave, foutre de cancrelat, je me refroidis, j'ai la chair de poule, je tremble de partout, je me meurs, je ne vais pas finir là, dans cet évier, comme une nouille cuite. Souriceau, vieux crétin, où es-tu ? Et toi mère Degrasse ? Tas de déserteurs.

Mille merdes, j'y songe tout à coup, est-ce que j'ai ouvert mon portail ce matin ? Ça alors ce serait un comble. Sacré mille milliards de bordels de mille merdes fleuries, est-ce que j'ai ouvert oui ou non mon portail ce matin ? Je parie que non. Avec ma marotte de toujours tout fermer le soir, si je n'ouvre pas le matin, ça reste fermé. Et je n'entends jamais la sonnette. Si Souriceau et la mère Degrasse sont venus, ils auront trouvé tout claquemuré, ils auront sonné, rien, manches comme ils sont, ils seront repartis. Aucune initiative. Voyons, voyons, du calme, du calme, rassemblons nos idées. Qu'est-ce que j'ai fait depuis hier soir avec ce portail ? Je dois être sorti vers les huit heures moins dix avant la météo, pour aller fermer mes volets sur la rue, c'est là que j'ai trouvé le coq, c'est un repère, je suis rentré, j'ai forcément fermé le portail, plutôt deux fois qu'une, avec ce coq ça n'était pas le jour que quelqu'un entre ici. Bien. Ce matin j'ai ouvert mes volets de l'intérieur, j'en ai laissé un rabattu, que le facteur mette mon courrier, je n'ai plus de boîte aux lettres, les vis ont foiré, elle est tombée, j'ai pas été foutu d'en remettre une autre. Celles qu'ils vous vendent ne s'adaptent pas, il faut refaire des trous, je tape à côté des clous, alors provisoirement le facteur me met ça derrière mon volet, il y a deux ans que ça dure, ça durera bien jusqu'à ce que je reçoive mon faire-part de décès, mais mon portail, dans cette affaire, j'aurais oublié de l'ouvrir ? Mille trillions de fusées, je n'arrive pas à me rappeler ce que j'ai pu faire après être allé visiter mon thermomètre mini-maxi sous abri, tous les soirs je le règle, tous les matins je le consulte, ça je ne le rate pas, même gâteux j'irai encore comme un somnambule, on est le 30, je puis vous réciter tous les minis depuis le début du mois, les minis seulement, les maxis ça ne m'intéresse pas, je prends toujours les choses du mauvais côté, c'est pas marrant, c'est ma nature, j'y peux rien. C'est très dur.

C'est formidable, je ne me vois pas faire les onze pas qui séparent mon thermomètre de mon portail ! J'ai un trou, encore plus gros que l'évier. C'est terrible, j'ai comme ça des banquises qui se détachent de ma mémoire polaire, des icebergs qui s'en vont fondre sous mes tropiques. Charognes. Je ne me sens pas tourner la clé dans la serrure, pourtant elle est dure, elle grippe, chaque jour je me dis que je vais y mettre de l'huile, je renvoie ça au lendemain, d'ailleurs ce n'est pas seulement la clé, c'est tout le portail qui vient en bas, comme le reste, chiée d'étrons en tirailleurs, j'aurai oublié d'ouvrir mon portail ce matin ! Elle est raide celle-là. Il faudrait que je mette tout par écrit maintenant, je ne peux quand même pas noter que je dois ouvrir mon portail, j'oublierais de lire mes notes. Quelle panade. Alors, je suis condamné. Je ne peux pas bouger d'ici et personne ne peut entrer. Pourquoi avoir toujours remis pour faire changer ma sonnette ? Il y a des sons que je n'entends pas, les aigus, les hirondelles, c'est comme ça, ma sonnette sonne trop haut, elle me passe pardessus les oreilles, un jour elle s'est détraquée, Souriceau est venu me dire qu'elle avait fonctionné toute la nuit. Me voilà joli. Depuis le temps que mes neveux me disent de faire installer le téléphone. J'en ai jamais voulu. J'ai horreur de ça. Ça vous fait un lien de plus avec le monde. J'ai assez téléphoné quand j'étais chez Lugbull. Il va bien falloir revoir la question. Souriceau m'a dit que le téléphone était gratuit pour les vieux. Le gouvernement aurait décidé ça. La pose, pas les communications, sinon, ils appelleraient tous leur petite copine de Ouagadougou. Tas de vieux coloniaux. C'est encore un attrape-mouches électoral. On nous renverse d'une pichenette, nous, le vingt-cinquième âge, mais on est une force dans le pays. Une force d'inertie. Hein ! Une voix de plus ou de moins, ça compte dans le mouchoir de poche. Avant les élections. Après on nous piedauculte. J'irai voir le postier. Des fois que le gouvernement nous ferait une faveur. Ça m'étonnerait.

Eh ! Ventrebleu ! A y regarder de près avec le nez dans l'évier, je m'aperçois que l'émail met les voiles. Il est craquelé de partout. Mais c'est un danger public ça, mes amis ! Alerte ! Garez-vous ! En lavant ma salade je pourrais y laisser un bout d'émail et l'avaler. La perforation intestinale. Foudroyante. L'appendice il y a beau temps qu'on me l'a coupé, en 26, le 14 juillet, par erreur, un blanc-bec, un remplaçant, qui s'est affolé parce que j'avais de la température et mal au ventre, une foire estivale, voilà tout ce que c'était, j'avais mangé trop de cassis. Quand j'ai demandé au chirurgien de me montrer ça, il m'a dit qu'il l'avait jeté à la poubelle, parbleu, il ne voulait pas désavouer son collègue en m'exhibant une chair normale, épanouie, pleine de santé. Tas de Pinder. J'aimerais bien qu'il vienne celui-là. Et comment ? Par la cheminée ? Par le fil de la téléphonie sans fil ? Allez, c'est la der des ders. Je joue mon va-tout. Plus de munitions. Je n'ai plus le choix. J'arrive au bout de mon dernier rouleau de papier-cul. Ma dernière serviette sur la figure. Je dois ressembler à Maciste quand Georges Carpentier lui avait fait sa chique au Stadium de Minneapolis. Pas de veste. En pantoufles. Ils me prendront comme je suis. Il faut que j'ouvre ce portail de misère, que je me traîne chez Souriceau, s'il est là, il sort souvent le bonhomme, je ne sais pas ce qu'il bricole, il est muet sur ses petites sorties, je me garde bien de lui en parler, la mère Solidor m'a dit qu'il avait débauché la petite des docks, c'est du beau, vert comme un poireau, ça m'étonnerait, c'est un ancien chef de gare.

Qu'est-ce que j'entends gratter par là ? Dans la caisse à bois ! Le coq ! Il se réveille ! Il ne va pas sortir de son corbillard ! Peux pas aller m'asseoir sur le couvercle. Quel boucan. Il va réussir, vingt dieux ! Il sort la crête, il sort le train, il sort tout. Il décolle comme un quadrimoteur. Il vise la lucarne de la souillarde. Il fonce. Il va péter la vitre. Il va se tirer des flûtes. Ô messager ! Mon espoir ! Va, coq, sauve-toi, mon pigeon voyageur, va dire à Mafrance que je meurs sur l'évier, va lui dire de faire vite, de sauter le portail à pieds joints. Va. Ne lui raconte pas d'où tu viens. Ne parle pas de la sanguette. De quoi ? Tu veux faire le scandale ! Judas ! Le déshonneur. Plutôt mille morts. Halte ! Reste ici, coq ! Veux-tu rester, maroufle ! Pan ! Estourbi ! En vrille ! Il lâche une fumée noire. K.O. Victoire. Tu l'as, vas-y, Guynemer ! A moi. J'agrippe le bastingage. Ça tangue, ça roule, j'ai le cœur dans l'évier, ça tourne, la misaine, le bahut, la migraine, l'artimon, le calendrier des postes, marins, capitaines, partis, joyeux, courses, lointaines, Lamiral ah ! Lamiral ah ! Lamiral à la mer.

Quelques bulles. Effets de vagues sur la grève.

Quelle lumière d'aurore, quelle pureté dans l'air, pourquoi suis-je là, assis, flottant plutôt, sur le bord de la vieille table de toilette que ma mère avait installée au fond de la galerie vitrée, derrière la maison, du côté du jardin ? Impondérable, je frôle le rideau de brocart râpé qui séparait ce recoin du reste du monde. Ses anneaux de cuivre, en coulissant sur leur tringle, font toujours le même bruit, métallique, rauque, un peu fêlé. La fenêtre est ouverte. La glycine y foisonne. Ses lourdes grappes pendent en festons autour de moi. De gros insectes violet-noir s'y accrochent et fouillent les fleurs une à une pour en puiser le suc. Le soleil éclabousse par-dedans les jeunes feuilles soyeuses. Il est encore tôt, six heures peut-être. Pourquoi suis-je là, assis, flottant plutôt, sur le bord de la vieille table de toilette ?

Je reconnais tous les flacons, le vaporisateur de verre rouge, sa poire de caoutchouc prise dans son filet, la boîte à poudre, la houppette de cygne, le peigne d'écaille et la brosse à cheveux, le miroir à manche posé à plat. La vieille machine à coudre Singer, qu'on n'a jamais su où loger, avec sa pédale, sa roue, son corps de basset à tête de poulie.

Je suis heureux comme je l'étais alors. Derrière l'étoffe épaisse, je me sentais à l'abri. Les vrilles de la glycine apprivoisaient mes désirs sauvages. La paix descendait en moi, la même qu'aujourd'hui. Rien n'a changé de tout cela.

Voici que le rideau s'écarte en un froissement de soie, à peine si les anneaux ont tinté. Béatrice! Béatrice, mais c'est impossible. Je n'ai pas revu ce cabinet de toilette depuis mon enfance, je n'ai connu Béatrice que bien longtemps plus tard. Elle se déplace lentement, soutenue par l'air immobile, musicale. Elle vient à moi, elle me sourit, elle touche mes yeux, elle caresse mon visage. Une aura de tendresse émane de tout elle. Elle se blottit contre moi, douce, si douce, abandonnée. Dans la lumière d'Éden, aériens, verticaux sans que nos pieds touchent le sol, nos corps s'entrefondent. Mon sexe inagressif traverse sans aucune déchirure sa longue tunique de soie et pénètre une cavité chaude au-dessus de son pubis, une cupule pleine de mousse au café vivante dont le bombardement brownien diffuse à travers moi son énergie profonde. Il me semble monter en neige la nébuleuse universelle. Comment à moi si vieux a-t-elle pu venir dans sa jeunesse éblouissante? Et comme ce second sexe qui s'ouvre sur son ventre fait les choses commodes pour nous accoupler debout, ludions d'éther, longtemps, longtemps, longtemps accolés. D'un vol, nous nous trouvons couchés l'un près de l'autre au bord de la rivière, en aval du moulin. Enfant, j'y venais tendre mes bouteilles. Le soleil a monté. Sous les grands peupliers qui chantent dans la brise passent les souffles brûlants de la plaine où l'herbe est haute, où la vapeur de midi fait danser les lointains. Juin. L'eau coule lente, irisée de lumière. Les algues s'y balancent. Dans les profondeurs claires où s'inversent les feuillages les poissons jouent, leurs écailles étincellent. La pêche est fermée, pensé-je, et de cette profusion interdite il monte en moi comme un regret. Quand tout à coup je sens une canne dans ma main, une graine chevelue d'herbe aux gueux, blanche et sphérique, roule sur le vent, je la pique à l'hameçon d'os à longue hampe, l'air l'entraîne à l'endroit précis où je voulais qu'elle se pose, un éclair dans l'eau, un poisson la saisit, je ferre, le scion plie, je ramène sur le bord le poisson mordoré, fabuleux, le plus beau que j'aie jamais pêché. Je le donne tout vivant à Béatrice. Elle le porte à une source que je connais depuis toujours, tout près de la berge fleurie, un petit canal sous les iris menait son eau à la rivière. Douce fontaine secrète où je venais boire, où les traîne-bûches maladroits roulaient sur le sable doré. Il y a longtemps qu'elle a reflué sous terre, car on a construit par là, et la rive enchantée n'est plus.

« Monsieur ! »

Dans ce monde d'air et de musique, un malaise, une fêlure, imperceptible encore.

« Monsieur ! »

Le ciel siffle comme une étoffe qu'on déchire. C'est strident, ça me disloque, la transparence s'est troublée, comme quand, dans la verte clarté de l'absinthe, on verse une goutte d'eau. Béatrice, Béatrice s'éloigne de moi, je fais effort pour la suivre, mes jambes sont de plomb.

« Monsieur ! »

Non. Ça ne me concerne pas. Quel est ce cauchemar ? Tout se défait, tout prend congé de moi, je suis seul. Le coq ! C'est le coq qui m'appelle ! Il est encore là celui-là ! Oui. Je le vois. Sur le fumier de Mafrance. Il me montre du doigt. Mafrance est derrière. Il fait signe aux gendarmes.

« Monsieur Lamiral ! »

Lamiral ! Ah ! Ça me dit quelque chose. Je ne sais pas très bien où. Quelque part où ça ne me dit rien de retourner.

– Eh bien, on a du mal à émerger, monsieur Lamiral !

Cette fois j'y suis. Ce n'est pas le coq. C'est une fille en blanc. Une ondine ? Quelle fatigue, quelle lumière aveuglante, quel air lourd et sonore. C'est comme quand je me suis réveillé après le shrapnel. L'hôpital ! Plus d'ondine, une infirmière qui me prend le pouls. L'étoffe de sa blouse est épaisse à côté des voiles du pays d'où je viens, je vois les fibres du tissu au ras de ma figure, là, il y a un crapaud dans la trame. Elle sent le frais. Elle est jolie. Elle me sourit. Ses dents saines brillent sur ses gencives rouges. Un petit gargouillis dans son ventre juste dans mon oreille. C'est humain. Elle est humaine. Elle me dit que je reviens de loin.

– Oui, mademoiselle, de l'autre côté de l'eau.

Je pense que ça pourrait être une petite plaisanterie pour un Lamiral. Elle ne rit pas. Mon astuce serait-elle mauvaise? Elle n'a peut-être pas entendu. Je répète. Je fais un gros effort. Quelle petite voix ! Ça ne va pas. Un pépiement sort de mon gosier comme si j'avais avalé un nid d'oiseaux-mouches. Pas étonnant qu'elle n'ait pas compris. J'aime mieux ça, plutôt qu'elle soit bête. J'ai horreur des filles bêtes. Elle me fait signe de me taire. Chut. Oui, ça vaut mieux. Elle m'explique des choses gentiment. Ses mots s'entrechoquent dans ma tête, le preneur de son a mis tout l'écho. Qu'est-ce qu'elle dit ? Qu'on m'a trouvé chez moi évanoui ! On ? Qui ça, on ? Souriceau? La mère Degrasse ? Alors, j'avais ouvert mon portail ! J'entre en fureur. Bougresse de tête, cent mille milliards de dieux, je voudrais lui taper dessus, sacrée saloperie de tête percée, carrefour de vents coulis. Elle ne peut pas savoir, la gentille demoiselle, pourquoi j'en ai tant après cette tête, elle me regarde effarée, elle me dit de me calmer. Je me calme. Je baignais dans une mare de sang! Une mare de sang en plus de tout ce qui est parti par le trou de l'évier! Combien donc en ai-je perdu pour me baigner dans une mare ? Un double décalitre ? Tiens, je mangerais bien une pomme. Je pense à ça, parce que, quand j'étais petit, on achetait un double décalitre de pommes pour l'hiver. On les étalait sur l'escalier de la cave. On n'avait pas le droit d'y toucher. Ça sentait le calva, de plus en plus. Mon père aimait ça. Il descendait souvent à la cave. Le mercredi des Cendres, ça tournait. Ça commençait à sentir le pourri. Le dimanche de la Passion on me faisait tout jeter à la poubelle. Sombre dimanche.

— Mademoiselle, je voudrais bien une pomme.

Elle fait signe que non, pas encore. Elle est patiente, elle essuie quelque chose au coin de ma lèvre avec un petit coton. Oh ! Voici une dame plus importante par la fonction et par le poids. La fonction crée le poids. Humble médaillon finit cadre doré. Les plus gros sont sur les plus hauts barreaux de l'échelle, c'est dangereux pour ceux qui sont dessous. L'infirmière majordome, sans doute. Une grosse voix à taper dans ses mains pour faire entrer les enfants au catéchisme. Elle porte sa poitrine comme une esplanade. Elle me bascule dessus. J'ai peur. Si j'étais encore à l'âge des inventions, je lui fabriquerais un support à pied télescopique. L'autre est partie, légère. Je suis sûr qu'elle n'a pas de jupon sous sa blouse. Eh ! eh ! Je vais mieux. Le majordome a de fausses dents. Elle m'annonce la visite du docteur Pinder. Avec mon neveu. Pour six heures.

Quoi ! Bernard ! Déjà là ! De Paris ! Comment est-il venu ? En avion. Impossible autrement. Il ne regarde pas à la dépense. Il va me falloir lui rembourser ça. Il aurait bien pu prendre sa bagnole. Elle est encore cassée. Ses bagnoles sont toujours en panne. Il aura amené Angélique. Il ne fait pas un pas sans elle. Je serai bien content de voir Angélique. Quand même, c'est une journée qui me coûte cher. Ils m'ont cru perdu. Il vient pour l'héritage? Il doit se douter que j'ai enterré quelques napoléons dans ma cave. Il voudrait que je lui dise où, dans mon dernier soupir. Et s'ils venaient tout simplement parce qu'ils m'aiment? Vraiment, ils m'aimeraient! Je ne peux retenir un brin d'émotion. Non. Je sais bien de quoi ils veulent me parler.

– Vous avez encore deux heures. Dormez, monsieur Lamiral. Reposez-vous. Je vous réveillerai. Dodo.

– Oui, madame.

Je ferme les yeux. Mon oreiller sent la machine à laver. Une bouffée d'air de juin me chavire.

« Tu coules, Lamiral, tu coules. »

Ouais, mes amis, mes zouaves, je coule, je coule, je me noie dans la mousse au café. Je fais naufrage voluptueusement. Je chante comme le *Titanic.* De Béatrice à la belle eau, de la belle eau à la glycine, de la glycine aux algues dans l'eau, des algues dans l'eau aux graines chevelues qui volent sur la brise, je suis en repos, au fond de moi une fenêtre s'ouvre sur le Paradis. Si c'est ça mourir, laissez-moi, ne me faites pas violence. Dans les abîmes clairs où tournent les poissons je roule d'âge en âge. Je suis moi, je suis tout. Immense, immense, léger, léger, longtemps, longtemps. Éternel.

– Monsieur Lamiral!

Encore. La même déchirure. J'ai l'habitude maintenant. Je remonte vite.

– Vous avez bien dormi, monsieur Lamiral. Six heures moins le quart. Plus qu'un quart d'heure avant votre visite. Je vais vous arranger vos oreillers. Que vous soyez beau pour recevoir votre monde.

C'est la petite qui n'a pas de jupon sous sa blouse. J'essaie de lui sourire. Que peut bien être un sourire sur une tête comme la mienne! Ma peau se tend sur mes pommettes qui me tirent. Mais je sais faire bouger mes oreilles.

– Regardez, mademoiselle. Vous ne savez pas faire ça, vous!

Elle rit. J'ai des talents de société. Je suis fier. Je sais encore faire rire les demoiselles. Suis-je présentable, au moins? Qu'est-ce qu'ils m'ont laissé comme accoutrement? Mon pantalon est parti. Un souci de moins. Et ma cravate de commandeur! Ah! là, je ne marche pas. Je veux ma cravate de commandeur. Qu'est-ce que c'est donc que ces manières, profiter de ce que les gens ne commandent plus pour leur prendre leur cravate de commandeur.

– Mademoiselle, mademoiselle!

Elle est sortie, bon Dieu. Elle ne perd rien pour attendre. Mon caleçon est resté. Tout de même! Sacrebleu, quel jour sommes-nous? Avec tout ça, j'ai perdu le calendrier. C'était le jour de la mère Degrasse. Alors c'est lundi. Une veine. Je change de caleçon le dimanche. Une vieille habitude que j'avais prise pour aller à la messe. Mon caleçon est d'hier, autant dire du jour. Coque. Ouais, si ce coup-là m'était arrivé vendredi ou samedi, quelle confusion. Que ça me serve de leçon. Arrivé au point où j'en suis, que je risque à tout moment de tomber dans les bras de l'hôpital, il me faut changer de caleçon deux fois par semaine. Le dimanche et le jeudi. Ça me ferait dimanche, lundi, mardi, mercredi pour l'un, jeudi, vendredi, samedi pour l'autre. Quatre jours contre trois. Si je change le mercredi, trois jours contre quatre. On n'en sort pas, merde alors, avec leur semaine de sept jours ça ne tombe pas juste. Peuvent pas nous faire une semaine divisible par deux. Sept c'est divisible par rien, sauf par un et par sept. Changer tous les jours, jamais, j'aime mieux aller sans caleçon. Cul nu, rien que pour les emmerder. Sous la Révolution, des révolutionnaires intelligents avaient inventé la semaine de dix jours. Rationnel. Dix, ça se divise par 1, par 2, par 5 et par 10. On a de quoi changer de caleçon. On a le temps de travailler. Les gens ont gueulé. Déjà. Bien avant 36.

Tiens, j'ai des voisins. Je ne m'en étais pas encore aperçu. A droite, un petit cadavre qui dort sur le dos, très vieux, tout ratatiné, quelle couleur, les yeux dans des cavernes, le nez pincé, plus de lèvres, son âme, s'il en a une, flotte au-dessus de lui. A gauche, c'est différent. Un costaud, rouge, le cheveu noir en brosse, quarante ans, du poil sur les mains, haut dans ses oreillers. Il lit le journal. Lequel ? Ah ! j'en étais sûr, il le porte sur sa figure. Il n'a pas l'air malade. Qu'est-ce qu'il fait là au lieu d'être à l'usine ? Je ne lui adresse pas la parole. On verra plus tard. C'est tout ? Trois dans une chambre à trois ? Personne par terre ? Non. La guerre est finie.

Les voici. J'aperçois le chapeau de Pinder à travers la vitre. Il ouvre. Il s'efface. Il laisse passer ma nièce. Elle est venue. Je suis content. Entre mon neveu. Il a bonne mine. Suit Pinder, majestueux, qui ferme la marche et la porte. Il quitte son chapeau et l'applique de ses deux mains sur son ombilic haut placé. « Bonjour, mon oncle. » « Bonjour, Angélique. » Elle sent bon. Je fais signe que je n'ai pas de cravate. J'en suis désolé. « Voyons, voyons, mon oncle. » Elle m'embrasse. Deux gros baisers de bonne fille qui claquent sur mes vieilles joues, pas une de ces chochottes qui font mpfou, mpfou en l'air, la mine dégoûtée, comme si on leur administrait un lavement. J'ai horreur de ces femmes-là. J'en suis tout attendri. Pourtant je dois sentir l'aigrelet. Je n'ai pas mon eau de Cologne. A

Bernard maintenant. « Bonjour, mon oncle. » « Bonjour, Bernard. » Il ne peut pas me prendre par les épaules comme il le fait quand je suis debout. Là, dans mon lit, je ne suis qu'un petit tas fragile, à manipuler avec précaution. Il se penche, il retient une grimace, la sciatique, à son âge déjà, pauvre garçon, je sais ce que c'est, une belle vacherie. Il hésite, il ne sait jamais par quelle joue commencer. Moi non plus. On finit par s'embrasser quasiment sur la bouche. Ça me fait quand même plaisir. L'intention y est. On dirait qu'ils sont contents de me trouver encore en vie. « Bonjour, docteur. » Pinder ne perd pas son temps. A l'aise en milieu hospitalier, il rafle la chaise du petit cadavre, sans lui demander la permission. Il sollicite celle de mon voisin de gauche. Un grognement derrière le journal. C'est pénible cette promiscuité dans les hôpitaux. On ne sait jamais sur qui on tombe comme voisin de lit. Reste le bouquet de roses qu'Angélique tient dans ses mains gantées. Pas de pot, évidemment. Il y a des gens qui sont tellement fleuris qu'ils monopolisent tous les récipients. Leur chambre ressemble à des parterres ou à des tombes à la Toussaint. Pinder s'élance, sort, revient avec un pot cassé. Un rebut. Quand même, que ces roses sont belles. On en oublie le pot.

– Angélique, vous faites des folies.

On pose le pot sur la table de nuit. Il faut aussi que je remercie Bernard. C'est Angélique qui y aura pensé, mais c'est Bernard qui aura payé.

– Merci, Bernard.

Et peut-être même qu'il y aura pensé aussi.

Ce coq, sapristi, qui me trotte par la tête. Quelle poire d'angoisse. Sont-ils au courant?

Voilà. Tout le monde est installé. Angélique à ma droite. Bernard à ma gauche, un peu en retrait. Il me regarde dans les yeux, avec bonté. Bizarre, ce garçon, toujours dans la lune, il chante et il siffle quand je parle avec Angélique – je ne parle qu'avec Angélique – il ne dit jamais rien, sinon pour vous lâcher tout de go un contrepet. Un original, nous ne nous entendons sur rien, et pourtant je l'aime bien. Sa présence tout à la fois m'inquiète et me rassure. Pinder s'est assis en face de moi. Il a posé son chapeau sur le lit, ça porte malheur. Il a son œil sévère derrière ses grosses lunettes. Tout est calme, mais on sent que chacun fourbit ses armes. Attention. Je dois être sur mes gardes, ne pas leur donner l'occasion de placer leur couplet. Qui va lâcher le morceau ? Pinder, sans doute, en homme de l'art. C'est plus facile quand on n'est pas de la famille. Ça fait conseilleur gratuit. Les deux camps se surveillent. Alors je démarre. Angélique me prend de vitesse.

– Eh bien, mon oncle, vous nous faites de ces frayeurs !

– Eh oui, ma petite, ce matin en raclant mon coq – je me reprends à toute allure – en raclant mes carottes, pacifique, je ne pensais pas que ça finirait comme ça.

– Ne raclez plus de carottes, ça vous porte la guigne.

C'est Pinder qui a dit ça, d'un drôle d'air. Le fourbe. Saurait-il ?

J'ignore Pinder.

– C'est comme la dernière fois, mes enfants. Toujours cette maudite tension qui ne veut pas descendre.

– Vous ne prenez pas vos médicaments, comment voulez-vous qu'elle baisse ?

Encore Pinder. Sec, furieux, vengeur, le sourcil en bataille. Je dédaigne Pinder.

– Enfin, j'ai eu de la chance dans mon malheur. Mon nez a encore fait soupape. Mais quel déluge. J'espère que vous n'êtes pas passés chez moi avant de venir. (Pas de réponse, rien sur le coq.) J'ai usé toutes mes serviettes de toilette, la sortie de bain de tante Estelle, et ma réserve intégrale de papier-cul. C'est madame Degrasse qui va avoir du travail.

Pinder, toujours lui :

– La mère Degrasse s'est cassé une cheville ce matin en vous portant votre linge.

Diable. Le coup est dur. Une cheville. C'est nouveau. Elle foire de partout, la mère Degrasse. Ça ne m'arrange pas.

Pinder se soulève comme un gros dindon. Il veut ma tête, le Fouquier-Tinville. Les yeux d'Angélique sont pleins d'une chaude pitié. Ça y est. C'est pour cette fois. Pinder s'éclaircit la voix.

– Écoutez, monsieur Lamiral, voici deux accidents graves en peu de temps.

Silence. J'attends le shrapnel.

– Vous ne pouvez plus rester dans votre maison tout seul.

On y est presque. Pas tout à fait, mais presque. Le petit cadavre pousse une plainte d'outre-tombe. Pinder le foudroie d'un regard sans appel et fait une moue qui fait dégringoler ses bajoues rubicondes. Je n'avais pas remarqué les valises sous ses yeux. Méfie-toi de ta tension, Pinder.

– Mais je ne suis pas seul. Les voisins sont proches. Souriceau m'emmerde à être toujours chez moi. C'est bien lui qui m'a trouvé, non ?

– Hé non ! Ce n'est pas Souriceau, monsieur Lamiral.

Comment, ce n'est pas Souriceau ? Ni la mère Degrasse. Elle est forte, celle-là !

– Et qui donc alors, bon Dieu ?

– Une bohémienne qui vendait des plumeaux. Si vous ne voulez pas qu'on entre chez vous, fermez le portail à clé et crevez dedans.

J'assassine Pinder du regard. Il détourne les yeux. Le malotru. Une bohémienne ! Un comble. Moi qui disais qu'il n'en roulait plus. Ça va mal. Et ce coq. Toujours pas de nouvelles. Quel tracassin. Il ne serait quand même pas retourné crever dans la caisse à bois !

– Vous savez, mes enfants – je fais fi de Pinder –, je crois que vous avez raison quand vous me dites de faire poser le téléphone. C'est plus prudent. Je vais faire une demande. Comme ça, avant de racler mes carottes, j'appelle. Promis.

Mon voisin de gauche froisse bruyamment son journal et se tourne de l'autre côté en agitant son lit. Sa hanche fait une montagne sous les couvertures. Il pète. L'infâme. En présence d'une dame. Il se tortille pour trouver la bonne place. Je vois sa tignasse par-derrière. Il a des pellicules. Pinder déboule.

– Vous vous en êtes tiré deux fois, mais à la troisième, tac, votre nez à soupape ne marchera pas, et vous y resterez.

Il a tort, il ne croit pas à jamais deux sans trois.

– Il vous faudrait quelqu'un à demeure chez vous.

Oh ! les affreux, les hypocrites. Ils savent bien que dans le pays on ne trouve rien, que personne ne viendra s'enterrer ici. Oh ! les vilains. Et d'ailleurs, je n'en veux pas. Une étrangère chez moi, jamais ! Une bonne femme sur le dos du matin au soir, à vous faire la conversation, à vous tenir la jambe. Et allez trouver quelqu'un de sérieux, qui ne vous vole pas. Et l'argent des commissions, et lire mon courrier. Ah ! non, merde alors. Et la payer grassement par-dessus le marché, logée, éclairée, nourrie, blanchie, séchée, repassée, couchée, assise dans mon fauteuil Voltaire avec un transistor. Jamais!

Alors, carottes, médicaments, téléphone, dame de bonne compagnie, tout y est passé. Ce n'était qu'un préambule. Il ne reste plus qu'une chose. Allez, Pinder, vas-y. Je t'écoute. Eh bien! Il hésite. Il ne dit rien. L'atmosphère se tend. Le microcosme râle. Le macrocosme ronfle. Personne ne souffle mot. Vous attendez peut-être que je vous tende la perche. Vous attendrez longtemps. C'est la guerre d'usure. Je connais. En 16, j'étais à Verdun, avec Charlot. Je regarde une mouche sur le drap. Une mouche dans un hôpital, c'est mal venu. Elle s'envole. Elle se pose juste sous le nez de Pinder. Il éternue. Il faudrait pourtant faire vite. Les couloirs s'agitent. La soupe va arriver. Ça foutra tout en l'air. Tiens, Bernard se réveille. Il était resté absent depuis quelque temps. Il semble rentrer en lui-même. Où était-il ? Il s'anime. Sa chaise grince. Serait-ce l'outsider ? Il se tourne vers moi.

– Écoute, mon oncle, nous avons bien réfléchi.

Certes.

– La situation est préoccupante.

Ouais.

– Tu es courageux, on peut te parler comme à une personne responsable et lucide.

Il ne manquerait plus que le contraire.

– Le docteur Pinder est formel. Un nouvel accident peut t'être fatal.

Et après ?

– Nous ne pouvons pas te prendre avec nous. Tu sais comment nous vivons.

Ça, je le sais. Toujours par les quatre chemins. Je n'ai rien contre leur style de vie, comme ils disent. Mais voilà, il n'est pas compatible avec le mien. Question de vitesse. La jeunesse. La jeunesse a toujours raison, la salope. D'ailleurs il dit ça, mais il sait bien que je n'irai jamais chez eux. Vivre libre ou mourir.

– Il faut que quelqu'un soit en permanence auprès de toi, et puisque ça ne peut pas être chez toi – ah ! Bernard, tu y es, tu brûles, vas-y Bernard, vas-y – je crois, nous croyons, le docteur Pinder, Angélique, moi-même, du fond du cœur, nous croyons... qu'il faudrait envisager la solution de la maison de retraite.

Il a dit ça d'un trait, sans reprendre souffle, de peur de ne pas aller jusqu'au bout. Bravo, mon neveu, bravo. Tu y es arrivé, toi, tu es l'homme des conclusions. Tu sembles dormir pendant qu'on discourt, et à la fin, bing, tu enfonces le clou. J'aime mieux que ce soit toi plutôt que cet olibrius de Pinder. Tu me fais plaisir. Tu me connais, tu as eu le temps de me connaître, je ne suis plus que l'ombre de moi-même, mais je ne suis pas tout à fait mort, il t'a fallu du courage pour dire ça. Ah! tu es bien le neveu par le sang. J'en suis fier. Encore bravo.

– Qu'en penses-tu, mon oncle ?

Rien, petit, rien, que veux-tu penser de l'inéluctable ? Mais plus tard, un peu plus tard seulement. Et je réponds tout haut :

– Laissez-moi le temps d'y songer, de m'habituer un peu à cette idée. D'ailleurs, je suppose qu'on n'y entre pas si facilement dans vos maisons de retraite. Il y a queue.

Je sais bien qu'ils ont déjà fait ce qu'il fallait pour que les choses ne traînent pas. Le grand Dupanloup a tiré les bonnes sonnettes. Pinder semble tout dégonflé. Il rêve. A son bridge ? A la gardienne du bateau-lavoir ? C'est un bruit de ville. Pourtant elle est hémorroïsse. Il est bien placé pour le savoir. A pine enflammée toute femme vaut.

La porte s'ouvre. La soupe vient nous délivrer. Tout est dit maintenant. Ils se lèvent comme un seul homme. Angélique m'embrasse.

– Vous verrez, mon oncle, comme vous serez bien. On viendra vous voir souvent.

Je ne réponds rien. Je l'embrasse. Tendrement. Bernard maintenant.

– Repose-toi, mon oncle. Nous resterons ici deux ou trois jours, le temps de mettre ça sur pied.

Enfin Pinder.

– Bonsoir, monsieur Lamiral. Je prendrai des nouvelles demain.

Il est pressé. Ils sont partis. Angélique me dit au revoir de la main derrière le carreau.

Ce coq, nom d'une pipe, quelle énigme !

A la soupe. Soupe aux choux. Petit salé aux choux. Chabichou, yaourt, chou à la crème. C'est un bon établissement. Dommage que je n'aie pas faim. Rien ne passe. Quel gâchis. Qu'est-ce que je vais faire de mon sucre ? Je ne vais pas le laisser repartir. Ça peut servir, même pour le chien de Souriceau. Je l'enveloppe dans un bout de ma serviette en papier, je le cache dans mon tiroir.

Elles sont belles les roses d'Angélique. Je me renfonce dans mes oreillers.

On a apporté aussi un plateau au petit cadavre. On a essayé de le réveiller. Il n'a rien dit. Il a fait seulement un petit « non » de son index tout blanc. La demoiselle a voulu lui faire boire au moins un peu de bouillon. Il a ouvert ses yeux noyés de nuit. Il a voulu sourire. Il a avalé de travers. Il s'est étouffé. La demoiselle l'a soutenu, jusqu'à ce que sa toux s'arrête. Il a si peu de souffle qu'il ne réussit pas à décoller le petit bout de chou resté dans son gosier. On dirait le tuyau percé d'un harmonium dans une chapelle abandonnée, quand on pousse le bouton voix des anges. Les clapets ne ferment plus. On n'entend que les pédales qui grincent. Personne ne vient jouer à l'office du dimanche, il n'y a plus d'office, les murs sont froids, ça sent l'humide, le psautier est moisi. Les antiquaires ont emporté les saints de bois. La demoiselle l'a recouché, exténué. Il n'a plus fait un mouvement. Elle emporte son plateau intact. Je revois des temps très anciens où mon chat s'était perdu. Tous les soirs je lui mettais un peu de viande sous l'appentis, si par hasard il allait revenir pendant la nuit. Le matin, je retrouvais la viande, noire et racornie. Jusqu'au jour où j'acceptai qu'il fût mort, et où je lui élevai un tumulus dans le jardin. C'est si lointain, et c'est si perdu, et pourtant j'ai encore dans le nez la bonne odeur de mon chat, il couchait dans la paille, chez un roulier. Il sentait le cheval. Je ne m'étais jamais souvenu de ça, depuis des dizaines et des dizaines d'années.

La demoiselle vient reprendre mon plateau. Elle me gronde de n'avoir pas mangé. Elle a encore toute la vie devant elle. Je me tourne vers le petit cadavre. Il n'a rien sur sa table de nuit. Pas une fleur, pas un paquet. Rien.

Mon voisin de gauche, lui, a rugi en voyant arriver son dîner. Il l'attendait. Il s'était bien calé dans ses oreillers. Il avait tapé fort dessus pour en gonfler la plume. Il avait sorti sa serviette personnelle, l'avait retirée de son rond et nouée autour du cou. Il avait ouvert son pot de moutarde. La soupe aux choux a disparu comme dans la bonde d'une baignoire. Sus au petit salé. Il donne de grands coups de fourchette. Il finit la sauce avec la cuiller, bien obligé, il a déjà bouffé tout son pain. Il n'en a plus pour son chabichou. Va-t-il l'avaler tout cru ? Non. Il tire d'un sac en plastique des biscottes qui craquent. Au yaourt. Il passe son pouce à travers le couvercle, il le dépiaute comme une banane, il en fait une fleur, trois, quatre, cinq, six pétales, c'est joli, il doit faire ça chez lui, l'apprendre à ses enfants, tous des fleuristes, la petite cuiller va vite, vite, très vite, il en est déjà à racler le fond, un morceau de poire ne veut pas venir, il incline le pot, le morceau descend, et hop, le fond du pot en l'air, il boit. Il ramène un à un avec application les pétales à l'intérieur du pot, la fleur s'est fanée. Il attrape le chou à la crème, il fait la moue, il le trouve petit, il n'en fait qu'une bouchée. Il louche sur le mien. Vais-je le lui offrir ? C'est difficile de lier conversation. Trop tard. Il a donné un grand coup de serviette à travers sa barbe, il rassemble ses couverts et repousse d'un geste large le plateau à roulettes. Il se trémousse. Ça ne va pas. Ah ! Il rote. Quelle santé. S'ils sont tous comme ça, ils vont gagner les élections. Qu'est-ce qu'il fait encore ? Il plonge dans sa table de nuit, en sort une bouteille à moitié pleine, des Côtes du Rhône – je n'ai pas mes lunettes, mais de loin, j'y vois. Il tire le bouchon, peuf, un peu fermenté, il fait chaud ici, il s'en sert une belle rasade, il se tourne vers moi, c'est bien la première fois. « Le coup de l'étrier. Vous en voulez une goutte ? » Je suis vraiment pris de court. Je bafouille que non. Il ne se vexe pas, enlève le verre dans les airs, sa pomme d'Adam remonte une fois, deux fois, trois fois, cul sec. Un formidable soupir. « Encore un que les Fritz n'auront pas. » Très bien ça. Il enfonce le bouchon dans le goulot, tape dessus avec le poing pour que ça ne s'évente pas plus, regarde le niveau d'un air inquiet, enfouit la bouteille derrière des plastiques qui se froissent, cherche une bonne place dans ses oreillers, se cure les dents avec une allumette, fait un grand tapage avec la langue pour extraire un petit morceau coincé – j'ai horreur de ça – remet l'allumette sous son traversin pour une autre fois, se renverse largement en arrière, s'étire et bâille. C'est beau la jeunesse. Il m'a fait passer un bon moment. Il respire calmement, profondément. Il n'a pas de soucis quant à ses fins dernières. Il va bien. Il va bientôt foutre le camp. J'ai envie de lui demander pourquoi il est là. Et puis non, ces natures sont débordantes. Restons sur la réserve. Gardons nos distances.

Bon Dieu, ce que j'ai envie de pisser. Je n'y tiens plus. Il me faut demander le pistolet à la demoiselle. Quel déshonneur. Pourvu que ma prostate me laisse tranquille. Il ne manquerait plus que ça. Déjà quand on a ses jambes, ça vous fait courir. Mais s'il me faut à chaque instant demander le pistolet! Quel est le saint guérisseur de la prostate, que je lui adresse une prière? De l'autre côté, ça va. Tout ce sang avalé constipe. Tant mieux. Demander à pisser, passe encore, mais le reste. Quelle horreur. Je suis encore du temps du péché. Vingt-cinq mille bordels, je vais pisser au lit. « Mademoiselle, mademoiselle, je vous demande bien pardon, j'ai besoin de faire pipi. » Elle sourit. Elle m'apporte le pistolet. Elle me laisse pisser tout seul. Ah! pisser quand on a besoin. Quelle volupté. Le monde est bien fait. Il y a des plaisirs pour tous les âges. Ah! Pissons, pissons gaiement, pissons à n'en plus finir, pissons jusqu'à la goutte ultime, plouf. Pissons et pensons. Tiens, pas mal ça. Qui pisse bien, pense bien. Oui. Réfléchissons. J'ai été un peu brusqué depuis ce matin. Lamiral a besoin de faire le point. Surtout après la visite de cette après-midi, et les projets abominables de mes neveux. Lamiral est encore debout. Enfin, presque. Demain. Il refait surface. Il remonte, comme les petits chats qu'on n'arrive pas à noyer dans le baquet et qu'il faut assommer.

Ah! Si j'avais des enfants! Je sais, j'en connais beaucoup que leurs enfants ont laissé choir comme de vieilles savates. La reconnaissance, ça ne court pas les rues. La reconnaissance! La voix du sang, bon Dieu! Il ne me serait jamais venu à l'idée de laisser tomber mon père et ma mère. Le déshonneur. Je m'en serais voulu toute ma vie. Pas ma faute s'ils sont morts jeunes. Ils m'ont coupé l'herbe sous le pied. Regardez Charreton. Quand il s'est mis à battre la campagne, son fils l'a fait enfermer. Il a passé dix ans à l'asile départemental avant de mourir. Ils allaient le voir deux fois par an, et encore, en vitesse, il y avait toujours un match aller ou retour avant ou après. Les gens disaient que le vieux se traînait à leurs pieds pour qu'ils l'emmènent. Rien à faire. Les médecins prétendaient qu'il pouvait devenir furieux. Charreton furieux ! C'était la crème des hommes. Sa femme lui a joué tous les tours possibles. Tout le pays en rigolait. Lui, il la gardait. Elle a quand même fini par passer dans la batteuse. A peine si la machine a renâclé. Le commis l'a vue arriver dans un sac. Eh bien, c'est à partir de là que Charreton a commencé à ne plus tourner rond. Son humeur a noirci. Sa femme, c'était une traînée, une gourgandine, une moins que rien, et puis voilà, quand elle est passée dans la batteuse, il a perdu le nord. Quelle connerie. Une fois, il a réussi à apitoyer ses enfants. Ils l'ont sorti pour le lundi de Pâques. Je ne sais pas comment le vieux s'est débrouillé, s'il a fumé en cachette ou bien s'il a laissé tomber un mégot dans la paille sans le vouloir. Il a foutu le feu à la grange. Un lundi de Pâques, vous voyez dans quel état étaient les pompiers. Inutile de dire que depuis ce temps-là, Charreton est resté à l'asile. Ça l'avait encore plus dérangé. Il criait la nuit dans les dortoirs « Au feu, au feu. Mélanie est dans la batteuse ».

C'est à vous dégoûter d'avoir des enfants.

Les femmes s'en tirent mieux. Elles ont leur train-train toute leur vie. Elles ont l'habitude. Le compagnon s'en va, on va le fleurir à la Toussaint. C'est pas drôle, mais elles ne sont pas perdues, elles savent cuire un œuf sur le plat sans qu'il soit tout sec, elles font des nouilles autrement qu'en compote, elles reprisent une chaussette sans se repriser la main. Et puis, elles ont leur télé. Le même pitre qui faisait rire leur mari est toujours là. Il finit par les faire rire à nouveau. Il a pris des rides, il est encore plus ringard. Mais ça rappelle les bons jours. Pauvre défunt, les derniers temps il ne pouvait plus le voir, ça lui donnait des crises d'asthme. Il est bien mieux où il est. L'air y est plus léger. Moi, j'ai pas la télé. J'en veux pas. J'aime pas ces gens qui viennent regarder à l'intérieur de chez vous. Je n'ai que la mère Degrasse. Croyez-vous qu'elle retienne mes chemises, qu'elle vérifie si un bouton manque, s'il y a une patate à un talon ? Pas du tout. Elle me rend tout tel quel. Autant dire que j'irai sans bouton, avec des chaussettes pleines de patates. Je ne sais pas comment je m'y prends, mais moi, quand je me baisse, je fais toujours péter mes caleçons à l'entre-jambes. Ça n'est pas d'hier. Chaque fois que je donne mon linge, je dis : « De grâce, madame Degrasse, visitez l'entre-jambes de mes caleçons. » Elle visite une fois, deux fois, et après elle laisse tomber. Et mes roubignoles brinquebalent, j'ai horreur de ça.

Hélas !

Voici déjà qu'on éteint les lampes. Le jour s'en va.

Par-delà ces murs je sais une constellation qui monte à l'orient.

Élisabeth.

Je n'ai que toi, petite morte au berceau des temps.

Viens me redonner courage.

Seules vacillent les veilleuses qui nous accompagneront dans la nuit.

C'est la lumière qui te convient.

Je t'attends.

Élisabeth, Élisabeth. Saint-Intestin-les-Grêles. C'était au retour de la procession du *Corpus Christi*, l'année où les pommiers avaient gelé en boutons, vers cette époque malheureuse où l'Église se sépara d'avec l'État – ou plutôt l'État d'avec l'Église. La procession s'était étirée dans la campagne jusqu'au reposoir dressé par les saintes femmes, là où les routes de Saint-Clou-le-Planté et de Saint-Son-l'Ane se séparent elles aussi. La matinée flambait. Plus jamais je ne revis cette lumière. Le père curé chamarré d'or sous le dais que portaient ces messieurs du conseil de fabrique avait entonné le *Veni Creator*. Un bœuf avait beuglé, un âne avait brait, la foule avait répondu *amen*. Sous la rosée du goupillon un champ de trèfle incarnat avait fleuri blanc. On était revenu par un chemin plus court, les souliers du dimanche craquaient dans la poussière. Sur la place, à la terrasse du tavernier Frivole, le maire radical buvait une anisette. Il parlait haut pour défier les catholiques. Il ne s'était pas découvert au passage du saint sacrement. Il mourut l'année suivante, foudroyé sous un foyard où il s'était réfugié pendant l'orage. Imprudent. Quand on crie « A bas la calotte », on ne s'abrite pas sous un arbre quand il tonne. Le feu du ciel vient vous y chercher. La fraîcheur de l'église m'était apparue comme la récompense promise aux élus. L'air y embaumait de toutes les fleurs de juin qui roulaient de l'autel. La grande allée coulait jusqu'au transept comme un fleuve de pétales que les enfants puisaient à pleines mains dans les corbeilles suspendues à leur cou et jetaient en gerbes, au signal impeccable du sacristain ailé. Les petites filles avaient le front ceint de roses, les petits garçons la tête de Rudolf Valentin bambino. L'orgue vrombissait dans les hauteurs. Une à une les bannières s'inclinaient pour passer sous le porche. La procession exténuée s'était laissée choir dans les travées. Seuls nous étions restés debout, elle et moi. C'est là que je la vis pour la première fois, frêle et pâle sous sa capeline. L'aurore avait brodé sa robe, un châle la gardait du chaud et froid pervers.

J'étais du côté des hommes, sur la droite de la nef. Elle, au bout du rang des prie-Dieu cossus, juste après le banc d'œuvre, à la hauteur de saint Intestin. Le rang des Van Dale, pensai-je, mais ils ne sont pas là. Je voyais son profil droit se détacher sur le halo des cierges qui brûlaient devant l'autel de saint Joseph. L'*Asperges me* fit se lever l'assistance à regret. Une fois encore le goupillon nous arrosa. Puis ce fut l'*Introït*. Le soleil tomba sur elle du vitrail rouge et bleu et joua sur ses cheveux, sur ses épaules, sur ses bras menus, sur les longs gants de filoselle qui tenaient son missel. Je me sentais comme un automate me lever, m'asseoir, me mettre à genoux. Les mots de la prière me venaient naturellement aux lèvres. Un bref instant elle se tourna. Je vis son visage de face, son front bombé nimbé de blond, sa bouche où flottait un imperceptible sourire d'énigme, ses yeux dont je ne pus distinguer la couleur. Je n'ai jamais su dire la couleur de ses yeux. Ils étaient sans pupille, ils n'étaient que profondeur. Rieurs et graves tout ensemble, ils s'ouvraient sur un inconnu de calme et d'outre-monde. On eût dit que la lumière intérieure et la lumière du jour, venant à la rencontre l'une de l'autre, s'y faisaient équilibre en un mascaret sans fin dont la frange sinueuse montait et descendait des estuaires immenses.

Pendant tout le prône elle demeura attentive, la tête légèrement inclinée en avant, un peu de côté, une fois elle arrangea une boucle sur son cou. Je n'entendis rien de ce que dit le père curé. Je crois qu'il prêcha longtemps, je sentais vaguement les gens s'impatienter. J'aurais voulu qu'il parle éternellement. Une catastrophe arriva au moment du pain bénit. J'étais si loin dans mon adoration que je n'avais pas vu circuler la corbeille. Quelqu'un me toucha l'épaule. Surpris, je donnai un coup de coude dans la panière qui se renversa. La moitié des morceaux tomba. Affolé, je voulus les ramasser, je fis glisser la canne de mon voisin, qui chut sur les dalles dans un bruit de tonnerre. Le porteur de pain siffla un « psstt » qui me montrait du doigt. Éperdu, je passai la corbeille à moitié vide, oubliai de prendre un morceau, y revins, tombai sur un tout petit, me signai, l'avalai de travers, m'étranglai, toussai, tentai de trouver mon mouchoir, le sortis en faisant dégringoler toutes les pièces que j'avais dans ma poche, elles n'en finissaient pas de rouler sous les bancs, les têtes se retournaient, j'arrivai juste pour plaquer le mouchoir sous mon nez au moment que j'éternuais, j'éclatai, les yeux pleins de larmes, j'étais la risée de tous. Enfin le calme revint. Je repris un port digne. Je regardai vers elle. Elle n'avait rien vu. Elle n'avait pas disparu comme un songe pendant cet épisode burlesque. Elle était là, droite, immobile, dans son aura rayonnante. Justement arrivait un *Deo gratias* que je repris très haut. Je restai ainsi à la contempler jusqu'à la fin. Après l'*Ite missa est*, dans le brouhaha, les fermoirs des sacs qui claquent, la toux du rhume des foins, le fracas des grandes orgues, je la vis prendre son aumônière, elle resserra son châle sur ses épaules. Elle fit une génuflexion qu'on eût dit une révérence et descendit l'allée. A quelques pas de moi, je voyais son autre profil. Puis elle sortit dans la lumière sous l'ogive du portail grand ouvert, dans le jaillissement des pétales que deux rangées d'enfants jetaient à nouveau sur la foule. Les cloches sonnaient à toute volée. Le vieux vaisseau tressaillait jusque dans ses assises. A la limite du porche dont on vantait l'élégance – mais qu'en avais-je à foutre – une marche descendait sur la place. A travers les chapeaux des dames et les têtes rasées des messieurs, je vis la capeline rose onduler doucement quand elle la franchit, puis se perdre. Ça n'avançait pas. Je poussais sans oser dépasser le convenable, on était poli dans ce temps-là, j'aurais pourtant botté ces postérieurs surannés et claqué ces figures poudrées de riz. « Plus vite, bon Dieu », grondais-je. Enfin je fus dehors. Je retrouvai toute la souplesse de mes muscles tendus. Je volais. La place était jonchée d'herbe neuve que Dardanus, l'agent voyer, avait fauchée le matin. L'odeur d'herbe coupée emplissait la tête, les gamins se roulaient dans les tas. Le soleil ruisselait des platanes, les cloches carillonnaient toujours, les conversations s'animaient, çà et là flottait le relent de naphtaline d'un costume noir un peu verdi – c'est de ce jour que j'ai gardé ma passion pour la naphtaline –, le cimetière lui-même avait un air de résurrection. Eh! n'était-ce pas le triomphe du *Corpus Christi?* Ce matin-là, j'étais prêt au martyre pour tous les dogmes catholiques.

Je ne l'avais pas perdue des yeux. Elle allait, accompagnée d'un garçon un peu plus vieux que moi – un fiancé, m'atterrai-je – et d'une dame imposante qui saluait comme un évêque. Les groupes se défaisaient. Je la voyais toute, maintenant. Dardanus avait oublié une rangée de boutons d'or. Ils frôlèrent sa longue robe, les cloches se turent, les voix baissèrent, l'instant s'immobilisa, que je pris pour le dernier temps du monde et la vie du siècle à venir. *Et vitam venturi saeculi. Amen.*

« Oh ! pardon, madame. » Je venais de bousculer

la pharmacienne. Dieu, quelle place forte ! Je ne pensais pas l'avoir endommagée. Elle me fusilla du regard derrière son face-à-main de presbyte qui lui faisait l'œil d'une pendule. Une fleur de camomille était restée accrochée aux cerises de son chapeau. Ça ne faisait pas sérieux. Je me souvins brusquement que sa mère était au plus mal. Je pris de ses nouvelles. La situation fut sauvée. Alors, d'un air très dégagé, je lui demandai quelle était donc cette jeune personne accompagnée de ce monsieur qui semblait être son frère et de cette dame si, si, si... « Si quoi, jeune homme ? » Elle attendait mon épithète, sévère. « Citerne, madame. » Elle parut satisfaite. Le cercle de son œil se fit ellipse. Il y a un esprit d'équipe entre donjons, qui exige le respect d'un confrère de même taille et de même époque. « Entre grand-tour de Montlhéry et fier donjon de Tonquedec, on se fait des salamalecs », dit-on par chez nous. « Comment, vous ne connaissez pas, jeune homme ! répondit-elle d'une voix perchée mais avec une alacrité qui me combla. On voit bien que vous n'êtes pas du pays. » Je n'étais pas de sa caste non plus, à peine avait-elle pu m'apercevoir, infime manutentionnaire de petits paquets chez Lugbull et Cie. Mais j'allais à la messe. Je n'étais pas radical. Quoi, cette jeunesse n'était donc pas toute dépravée ! Hé non ! Elle allait gagner la guerre, c'était écrit dans les étoiles, pas vrai, mon Capitaine ? « Cette demoiselle est la nièce de madame Van Dale, la dame est sa mère, le jeune homme son cousin. Ils habitent Paris. » Van Dale ! C'était bien ça. Ce nom me glaça les sangs. Les Van Dale occupaient à l'entrée du pays, sur la route de Saint-Pif-le-Goth, un camp retranché en forme de très belle propriété derrière un mur d'enceinte sauvage. Le vieux Van Dale, un colosse poil de carotte, était mort l'année d'avant dans une crise de démence. Au lit après carrousse – les sectaires disaient qu'il entonnait comme un Valaque – il était devenu subitement furieux et avait saccagé sa chambre à coucher. Il s'était rué sur une énorme armoire à glace, avait passé au travers, le meuble lui était tombé dessus et il avait fini là, on ne sait si c'était d'apoplexie ou assommé sous le coup. Il avait fallu mander le menuisier pour l'en tirer, lequel avait mis cinq jours pleins pour faire son cercueil, que dix hommes et non six comme c'est la coutume, avaient dû porter. « Du beau monde, du très beau monde », disait madame Soljenitsyne, ma logeuse. « Inaccessible, pensai-je, je suis perdu. » Et tout haut :

– Mais je ne vois pas madame Van Dale.

– Justement, elle est souffrante. C'est pourquoi sa sœur et sa nièce sont ici. Elles ne viennent jamais à cette saison. Seulement quelques jours au mois d'août, pour la Saint-Intestin, quand on tire le feu d'artifice.

Que de détails d'un coup ! Mais il me manquait l'essentiel. J'allais me trahir, paraître ridicule. Tant pis. Il le fallait. C'était mon premier tournoi. Je portais ses couleurs. Je pris l'air le plus indifférent.

– Comment s'appelle-t-elle ?

– Qui donc ?

Pour moi il ne pouvait y avoir qu'une Elle. J'étais furieux.

– La nièce de madame Van Dale.

En disant ces mots, j'eus l'impression de ramener vers le bas, vers l'épais, vers je ne sais quelle filiation un être incréé, loin dans la lumière, je ressentis comme une profanation.

– Élisabeth, me dit la pharmacienne avec un sourire entendu. Bonne famille. Beaucoup d'argent.

Quelle vulgarité. Je l'aurais écrasée comme un cloporte.

– Au revoir, madame, dis-je un peu trop sèchement.

Elle me fit un petit signe de la main. Là où s'arrêtait son gant, son poignet s'enflait en un gros bourrelet mou.

Élisabeth, Élisabeth. J'avais du mal à ne pas courir sur la place en hurlant son nom. Toute la violence que je ne pouvais pas jeter jusqu'au ciel refluait en moi comme la mer. Je jubilais. Je riais et je pleurais de joie. Mon être tout entier n'était que hosanna. Je vis Élisabeth, sa mère et le cousin monter dans une calèche qui disparut sur la route en direction de Saint-Pif-le-Goth.

Je ne pouvais pas rester là. J'allais éclater. J'étais comme ivre, je perdais l'équilibre. Les clients attablés chez Frivole me prendraient pour un fou. Je m'éloignai de plus en plus vite de la place et m'engouffrai dans une venelle, une traverse où il ne passait jamais personne, où ne donnaient que des portes de granges ou de celliers. Et là, me déchaînant d'un seul coup, je me livrai à mille excentricités. J'accrochai ma cravate à un clou. Je parcourus la traverse d'un bout à l'autre en folles cabrioles, sautant, de droite, de gauche, sur un pied, sur l'autre, prenant soudain mon élan pour faire un bond prodigieux, faisant rouler mon chapeau dans la poussière. Grimpant sur un perron je ratai une marche, m'étalai en travers du chemin, la main droite en sang, hurlant : « Élisabeth, Élisabeth » dans l'air brûlant de midi. Cela ne me suffit point encore. Je repris ma cravate et m'enfuis par le chemin creux qui mène à la rivière. Dans la grande herbe de juin écrasée de chaleur, je me remis à bondir, j'étais leste en ces temps, je faisais la grande roue, le grand soleil, cul par-dessus tête, mon paletot voltigeait, mes poches se vidaient, je ramassais tout à la hâte, je n'ai jamais retrouvé mon peigne. Je tombai sur un braconnier blême qui se terrait tout plat derrière un buisson, il me prit pour le garde-pêche échappé de l'asile. La rivière faisait un coude en contrebas de la forêt. Je gravis la côte rude, croisai Laocoon en feu dévalant la citadelle de Troie, filai à toute vitesse dans les sentiers. Les branches me fouettaient au visage, j'arrivai à une clairière où je me repris à bondir, je prenais à bras-le-corps les énormes foyards, je collais mes lèvres à leur écorce rêche et hurlais vers leur cœur le nom sacré. Je me plantai devant le plus gros et là, échevelé, débraillé, aveuglé par le soleil, entamai une prosopopée sauvage, ma main ensanglantée faisait encore plus barbare. Un souffle passa qui fit bruire le feuillage, l'arbre applaudissait. Je sortis mon oignon. Midi et demi. Je déjeunais à midi et quart juste, jamais en retard. Ma logeuse devait être dans tous ses états. Je bondis dare-dare pour revenir au bourg, mon cœur sautait dans ma poitrine, je caressais les fleurs au passage, je m'arrêtais pile et revenais sur mes pas, haletant, quand j'avais heurté trop fort une herbe ou une branche, je les touchais, je leur demandais pardon. Je passai devant Fontvieille. C'est une belle fontaine avec un grand bassin de pierre. Un éclair, l'envie me traversa de me déshabiller et de m'y jeter. Je pensai que je n'avais pas le temps. Alors j'y plongeai d'un grand coup mes deux bras avec mes manches de chemise. Ça me rafraîchit les idées. Quelle immersion, quel baptême et quel gâchis ! Quel beau gâchis ! J'aspergeai ma figure en feu. Mes habits du dimanche dégoulinaient et fumaient, je repris ma course dératée. A peine mes pieds touchaient-ils le sol. Je n'étais que course, vent, lumière, amour galopant plus vite que phtisie. Je m'évaporais en Élisabeth. Arrière, Satan, ne viens point me souffler qu'au même instant ma bien-aimée avait les pieds sous la table et mangeait du rosbif, ou pis encore du fromage. Arrière, négateur ! Rentre sous terre, je te l'ordonne, ou je te pourfends de mon épée qui flamboie. Mon Dieu, pardonnez-moi cette pensée. Le désir me prit de revenir à Fontvieille me purifier dans l'eau lustrale de ce sacrilège immonde. J'hésitai. Je vis madame Soljenitsyne, ses derniers cheveux qui tombaient de sa tête. J'eus pitié. Je repartis. Arrivé à la lisière des bois, je remis un peu d'ordre dans ma tenue. Sans grand succès, à en juger par l'étonnement de ma logeuse. Elle m'attendait sur sa porte. Elle me demanda d'où je sortais, moi si soigné et si ponctuel. Que m'était-il arrivé ? M'étais-je battu ? J'avais plus d'une demi-heure de retard, elle m'avait fait le soufflé au fromage du dimanche, il n'en restait rien, elle ne savait pas si elle oserait me le servir. Je lui dis qu'il était parfait, que c'était un parfait au fromage, que j'étais allé me promener un peu dans la forêt, que c'était le *Corpus Christi*, l'été, les foins, l'éclatement du gazomètre. Elle était discrète, mais je vis bien qu'elle avait beaucoup de souci. Elle exigea de soigner ma main, c'est vrai, je l'avais oubliée, elle était dans un sale état. Sainte douleur. Enfin, le dessert serait bon. Elle avait fait des œufs au lait. Ça, ça pouvait attendre, il faut les préparer longtemps avant, au bain-marie, plus c'est froid, meilleur c'est. Elle les démoula. Ça tenait bien debout, les dessins du moule faisaient comme un pâté de sable. Elle me remit du caramel. Je l'aimais bien, madame Soljenitsyne. Je l'aurais bien embrassée sur les deux joues malgré sa barbe et son menton en galoche. Elle n'aurait pas compris. Malgré toute sa bonté, elle aurait pu me foutre à la porte. Je me retins. Elle était de Rostov-sur-le-Don. J'ai beaucoup ri depuis qu'Alexandri est devenu célèbre. Jamais je n'aurais pensé que personne pût devenir célèbre dans la famille Soljenitsyne. Mais peut-être que c'est un nom très répandu là-bas, comme Barbapoux ou Duguesclin chez nous. J'ai à peine connu le vieux père Soljenitsyne. Il mourut d'une fluxion de poitrine lors de mon premier hiver à Saint-Intestin. Triste fin pour un moujik habitué à avoir les pieds dans la glace que de venir mourir d'un refroidissement en Occident. Les Soljenitsyne avaient émigré en 96, bien avant les chauffeurs de taxis qui n'arrivèrent qu'en 17. On avait accusé le vieux Soljenitsyne d'avoir fourré une bombe dans le lit de l'impératrice. Le lit avait sauté, mais l'impératrice n'était pas là. Où était-elle ? Secret d'alcôve, secret d'État. Soljenitsyne avait échappé de peu au billot. Pour couper court à tous les commérages, on s'était empressé de le bannir. Ils s'étaient enfuis avec, comme tout bagage, lui, son vieux jacob, elle son samovar et une icône noire devant laquelle une petite lampe brûlait en permanence dans la cuisine. Elle m'offrit une goutte de vodka pour me remettre et me conseilla une sieste. Ce que je fis. Je sentais monter la fatigue, et l'ombre de ma chambre serait douce à mon secret.

Je m'éveillai vers les quatre heures, abruti, ayant dormi comme une souche. Le soleil filtrait à travers les volets, des milliers de poussières valsaient dans les rais de lumière, la joie de leur danse m'emplit de leur joie. Je me levai, ma main me tirait, je mis un autre costume – heureusement j'en avais deux – je vis l'autre roulé en boule sur la chaise de paille. Je sortis. Il fallait que je passe par la cuisine de madame Soljenitsyne. Elle me regarda, inquiète, laissa rouler par terre les petits pois qu'elle écossait, me demanda si je partais encore, si je serais à l'heure pour le dîner, je le lui promis, dévalai quatre à quatre les trois marches qui descendaient dans la rue, me retournai, lui fis au revoir avec mon chapeau et m'en fus à grands pas. Je pensai que je ne ferais pas le travail que j'avais réservé pour le dimanche. Je m'étais inscrit au Cours Émancipateur par correspondance pour m'élever dans l'échelle sociale. Justement, j'avais un devoir de schizophrénie à expédier le lendemain. J'envoyai paître tout ça d'un revers de manche, jetai mon veston sur l'épaule et courus à l'église. Élisabeth serait-elle aux vêpres? Le vertige me reprit. Arrivé sous les platanes de la place j'entendis le *Tantum ergo* à l'intérieur. Retenant mon souffle, je poussai le vantail, refermai et laissai retomber le loquet qui fit un coup de tonnerre sous les voûtes de la nef en prière. Quatre ou cinq visages de vieilles dames enchapeautées se tournèrent, sourcilleux, et toutes les têtes des enfants du catéchisme qui pouffaient sur les bancs devant l'autel. Rouge de confusion, je me glissai derrière le pilier de droite. Je pensai que les églises n'étaient pas mon milieu naturel, pour que j'y fisse tant de bruit. Je cherchai Élisabeth. Elle n'était pas là. Sa place était vide. Personne au rang des Van Dale. C'était mieux ainsi. De rien, je pouvais la recréer. Elle avait laissé son empreinte en creux dans l'air calme et mon imagination brûlante insufflait dans ce moule le corps divin de ma bien-aimée. L'encens s'appesantissait sous les voûtes, il me sembla qu'il respectait les contours de cette forme sainte. Comme cet office de l'après-midi était différent de la messe du matin! A l'éclatante commémoration sacrificielle succédait un climat de piété retenue, le soleil avait tourné, les vitraux étaient sombres, mon enthousiasme envahissait l'église, j'étais immense et quand l'assistance entonna le *Salve Regina* je crus que c'était l'univers tout entier qui chantait l'hymne à la Vierge et à l'Enfant nouvelle, les mêmes éternellement confondues et glorifiées. Je me sentais une force irrésistible. Ce pilier contre lequel j'appuyais mon front était l'arbre formidable qui joignait le Ciel et la Terre. J'entendais au profond de ses veines de pierre le bruit sourd et continu de la sève qui nourrit les mondes. Il me semblait que, si j'écartais les bras, il en tomberait des étoiles.

Je restais là, perdu dans mon action de grâces, et ne remarquais point que l'office était terminé. Tout le monde était sorti. Je sentis qu'on me touchait l'épaule. Je sursautai. C'était le curé. Il avait enlevé ses ornements, il était en soutane, il avait sa barrette sur sa tête ronde et la lèvre purpurine d'un curé oint avant le petit père Combes. Il paraissait tout surpris de me trouver là, et dans un état pareil. Je le connaissais peu. Nous ne nous étions pas parlé souvent, nous avions échangé quelques propos insignifiants sur le temps et les poires de son jardin. Je faisais mes Pâques. Dans un grand élan je lui dis que le *Corpus Christi* était vraiment une grande fête, qu'il lui avait donné un éclat solennel. Son sourire tendit encore plus ses lèvres charnues. Ses dents se découvrirent, qu'il avait fort gâtées. Il fumait comme un sapeur, il sentait terriblement le curé, mélange de pipe froide et d'autre chose. Ça m'avait toujours ennuyé au confessionnal, je tâchais d'y respirer de côté, ça troublait ma contrition, j'y étais très mal à l'aise, coincé entre le sacré et l'haleine forte.

– La belle journée, dis-je.

Il crut à mon chemin de Damas.

– Avez-vous une statue de sainte Élisabeth dans votre église, monsieur le Curé ?

Il parut perplexe.

– Sainte Élisabeth, la mère de saint Jean-Baptiste ? C'est des vieilleries tout ça, mon enfant.

Non, il n'avait pas.

– Mais si vous voulez, nous avons autre chose.

L'Église est riche de la grande phalange des saints.

Il me prit le bras, me fit remonter l'allée, je vis au passage le pain bénit renversé le matin, j'en eus un sentiment à la fois de confusion et de délices à la pensée de la présence réelle d'Élisabeth.

– Nous avons sainte Marie Alacoque. Vous connaissez ?

J'hésitai.

– Mais peut-être ne supportez-vous pas les œufs. Dans ce cas, je vous propose notre saint patron, saint Intestin, très miséricordieux pour les maux de ventre, le père de l'élixir parégorique. Et saint Pie V, le grand saint Pie V, savez-vous qui c'est ?

Je fis la moue. C'était sainte Élisabeth que je voulais. Il n'insista pas. Son five o'clock attendait.

– Ah ! jeunesse, dit-il. Allez en paix, mon enfant.

Je le remerciai et m'éclipsai. Il faisait encore chaud dehors. Je me sentais léger, léger, je traversai la place et pris, résolu, la route de Saint-Pif-le-Goth vers le camp des Van Dale.

Je m'y engageai comme sur la Voie Sacrée.

De loin, je voyais les tilleuls séculaires, les acacias en fleurs, les ormeaux sous le vent. Les corneilles voltigeaient bruyamment et se posaient sur les hautes cheminées du manoir qui émergeaient des frondaisons épaisses. Des étourneaux inlassablement allaient et venaient, portant dans leur bec de grosses chenilles à leurs petits. Derrière ces grands murs, j'imaginais le parc dans la magie de l'après-midi, les pièces d'eau calme où passaient les nuages, les ruisseaux qu'enjambaient les ponts de verdure, les parterres chamarrés, les gazons, les massifs, les statues pudiques, les jets d'eau dans les vasques, la fragrance des lilas, les tonnelles croulant sous les vignes vierges, les glycines lourdes entrant dans les salons, les ampullaires glissant sur les mousses des cascades, les machaons buvant aux fleurs de la passion, les argynnes fauves au vol saccadé dans les allées secrètes, les libellules du Togo sur les nymphéas blancs, les cicindèles du Bénin corusquant aux orchidées anthropophages, les cacatoès à huppe se poursuivant dans les baobabs, la haute fenêtre d'Élisabeth surplombant l'étang où montaient les bulles, où rêvait une barque. Monsieur Claude Debussy était là, peut-être. On avait installé un piano sous le temple d'amour. Il improvisait.

Une bête à bon Dieu se posa sur mon bras. J'y vis un bon présage. La route blanche m'aveuglait. Plus j'allais, plus l'air devenait subtil, comme l'odeur de sainteté qui flotte autour des sanctuaires perdus au fond des vallons, où psalmodient les moniales. J'aspirais à longs traits cet air qu'elle respirait, et que Dieu consentait que j'inspire dans mes poumons indignes de prolétaire. J'aurais voulu faire une immense brassée des fleurs du talus, des nielles, des coquelicots, des bleuets, des scabieuses, enfoncer les lourdes grilles, braver les dogues allemands et, prosterné sur le tapis, déposer ce bouquet aux pieds d'Élisabeth. J'aurais voulu, j'aurais voulu...

Mais voici que le portail s'ouvrit. La calèche sortit. Trois personnes s'y trouvaient avec le cocher. Élisabeth était là, assise à gauche, de mon côté. Je fus pris de court, voilà une sortie à laquelle je ne m'attendais pas. Vite je me ressaisis, je me dis que je soutiendrais l'assaut, que je ne baisserais pas les yeux, que je ne regarderais pas le bout de mes souliers comme d'habitude. Je continuais d'avancer. L'attelage venait à moi, au petit trot. Je ne voyais qu'Élisabeth. Ses cheveux flottaient libres sur ses épaules, le soleil l'auréolait. Sa jaquette marron clair s'ouvrait sur une blouse boutonnée très haut. Elle tenait ses mains sur ses genoux. Elle regardait droit devant elle. Me verrait-elle ? Je m'arrêtai. Tendu, ramassant toute ma force, prenant appui au pilier de l'église où circulait la puissance des mondes, fort de cette énergie surnaturelle, j'attendais, je voulais, j'exigeais le choc. Quand l'attelage ne fut plus qu'à quelques mètres, elle tourna la tête vers moi, je la fixai dans une angoisse qui me coupa les jambes, chargeant mes yeux de toute la violence de mon amour. Elle hésita, elle sourit, ses paupières cillèrent, une longue vibration me parcourut, je chancelai, nous nous étions aimés, j'en étais sûr, touché, la pointe de mon regard était si forte qu'elle avait touché, cet instant avait infléchi l'éternité. Déjà l'attelage était passé, les bagages rangés à l'arrière. Elle regagnait Paris jusqu'au mois d'août. Tout était consommé. J'exultais. Je me jetai dans la grande herbe et m'abîmai en une prière de louange. Désormais, pour toujours, j'entrais en Élisabeth comme on entre en religion.

Le 1er mai

Minuit. C'est minuit que je viens d'entendre sonner. Minuit déjà. Attention ! La pendule sonne pour la seconde fois. Minuit. C'est bien minuit. La minuit du 1er mai. Le sabbat majeur.

Quel calme. Ce n'est pas la première fois que je suis à l'hôpital. Souvent, la nuit, j'ai eu l'impression que ces lourdes machines larguaient leurs amarres et voguaient dans l'ombre stellaire, immenses vaisseaux de l'espace, filant sans bruit avec leur cargaison de malades, de moribonds et de morts. Un vague ronflement vient de la profondeur des cales. A travers les hautes fenêtres dont on n'a pas tiré les rideaux, la clarté des étoiles entre dans la pièce. Une vibration vague accompagnée d'un sifflement léger indique qu'on va très vite. L'appareil à perfusion avec ses tubes recourbés se détache sur la vitre comme une raffinerie de pétrole éteinte. La fièvre ambiante de tous ces gens endormis entretient un subtil délire chez ceux qui veillent. Au profond de la nuit, quand on ne dort pas et qu'on n'a pas d'appareils de bord pour vous donner le point, on prend facilement la tangente vers la quatrième dimension. Quelquefois un bruit sec. Un aérolithe vient de percuter la carcasse du monstre. C'est la nuit du 1er mai, la nuit de Walpurgis. Nous passons en vue du Blocksberg. Les jeunes sorcières nues dansent en chantant autour du feu glacé.

Mon voisin de gauche ne ronfle même plus. Il respire doucement comme un bébé. A droite, le silence. Une étrange absence. Les veilleuses répandent doucement leur lumière irréelle. On dirait qu'un peu de brume traîne dans la chambre. Ou bien ce sont mes yeux fatigués qui se troublent. Pourtant je n'ai pas sommeil. La nuit, il me semble vivre l'envers des choses. Mon esprit est clair. C'est bien. Je sais que j'ai une décision grave à prendre. Mais avant il me faut finir de raconter Élisabeth. Sinon je ne serai pas en repos. Elle m'aidera. Je sens sur mon front moite la main fraîche de la bien-aimée. Je suis heureux.

Élisabeth partie, je vécus en elle. Elle était la toile de fond sur quoi se déroulait ma pantomime. Je cherchais des présages dans le vol des oiseaux. Le grand rosier qui grimpait à la pauvre maison de madame Soljenitsyne ne donna jamais de fleurs si belles. Très tôt, quand je partais à l'usine, je croyais la voir paraître dans la brume matinale que le soleil n'avait pas encore dissipée. L'été fut radieux. Quelques pluies chaudes au début de juillet firent éclater les arcs-en-ciel sur la campagne. Quand mon travail le permettait, j'entrais à l'église à la nuit tombée et, seul dans la nef déserte, éclairée seulement par la lampe du sanctuaire, je m'agenouillais à côté de la place où, dans la splendeur du *Corpus Christi*, elle m'avait été donnée. Quelques souffles de l'air qu'elle avait respiré flottaient peut-être encore sous les voûtes, et j'en vivais. Ou bien je prenais la route de Saint-Pif-le-Goth et touchais, furtif, les grands murs austères du camp. Les dogues allemands aboyaient de leur grosse voix terrible, je m'enfuyais comme un voleur. Ou bien encore je montais au sommet du vieil oppidum celte. La plaine vivait dans l'ombre. Sous l'abri des grands chênes, je regardais vers Paris. Par-delà les centaines et les centaines de kilomètres, plus loin que l'océan des blés, je la voyais dans la grand-ville. La nuit faisait moins longues les distances. Je l'imaginais dans ce monde que je ne connaissais pas. Quand le vent soufflait du sud, je lui confiais des messages. Se souvenait-elle de moi, cet instant où nos regards s'étaient étreints demeurait-il en elle aussi comme la septième porte ouverte sur l'infini ? Inquiétude et joie tout ensemble. Quand le vent soufflait du nord, il me semblait chuchoter sa réponse. Et je redescendais heureux, vibrant de certitude, me replonger dans mes livres.

Je faisais des progrès fulgurants en schizophrénie. Mon correcteur émerveillé m'écrivit même une lettre personnelle, m'invitant à venir le voir. Je n'avais pas le temps. Je me tuais au travail. Ma lampe brûlait tard dans la nuit. Madame Soljenitsyne me disait avec un ton de reproche qu'à deux heures du matin elle avait encore vu la lumière filtrer sous ma porte. Quelquefois elle frappait doucement et m'apportait, en peignoir, un bol de café brûlant. Elle n'avait jamais eu d'enfant, elle était heureuse d'en avoir un sous son toit. Je remarquai qu'elle améliorait beaucoup mes repas sans augmenter d'un sou le prix de ma pension.

Lugbull et Cie, chez qui je travaillais, avaient une importante usine de fusées antigrêle. Je décidai que je deviendrais directeur. Je m'abîmais dans la physique et le calcul différentiel. J'achetai tout Leibniz. Mes économies y passèrent. Je m'endettai pour faire venir un fort manuel de prosodie. Je fabriquais des alexandrins qui sonnaient comme un marteau-pilon. J'apprenais l'orthographe, pour ne pas faire de fautes dans les lettres qu'un jour peut-être je lui écrirais. Je me lançai à corps perdu dans l'étude de la fugue, du contrepoint et de la ritournelle. Je commandai à Budapest un grand Pharamond de concert. A crédit. Il arriva sur un char à bœufs. Impossible de l'entrer dans la petite maison de madame Soljenitsyne. Je le fis mettre dans un hangar attenant. J'y composai immédiatement ma *Grande Catéchèse en ut majeur à quatre mains avec cinquième obligée*, de préférence innocente, pour fouiller dans les trilles hauts. Le piano ne tarda pas à se casser sous la violence des coups qu'y frappait ma passion. Un jour que je jouais pour madame Soljenitsyne et un cercle de voisins, six touches et une pédale y restèrent. Le 14 juillet, il n'en subsistait que des décombres et le soir nous en fîmes un feu de joie. Je dansais furieux devant l'ébène crépitante, je cognais avec un gourdin sur le monceau des cordes rebelles. A chaque coup l'hydre se détendait, son rugissement couvrait la retraite aux flambeaux. Il me semble que j'étais en érection.

Vint ainsi le mois d'août, tant attendu et tant redouté. Je n'y tenais plus. Madame Soljenitsyne s'inquiétait de ma santé. J'écrivais et récrivais la déclaration que je ferais à Élisabeth. Il ne fallait pas qu'elle fût trop longue, j'étais sûr de m'embrouiller. Je changeais les mots de place, je remettais des virgules pour ménager mon souffle, et des points d'exclamation, partout des points d'exclamation. Quelques jours avant la Saint-Intestin, j'épiai de plus près le camp des Van Dale. Rien. Pas un mouvement de troupes. Déjà les roulottes multicolores arrivaient, portant la fête foraine. Les manèges se montaient, cachés sous d'épaisses bâches vertes. Une grande roue, réduction de celle de 1900, un parquet, des tirs, des loteries, la femme tronc – ses jambes étaient à la consigne – des baraques de lutteurs. La place était pleine. Une voyante extra-lucide s'était installée au pied de la fontaine, madame Pomponia, je me souviens, je revois les grosses lettres de son nom, rouges sur fond noir. Je faillis aller la consulter, mais elle me fit peur avec son énorme chignon roux d'où pointait un peigne en raquette, ses joues de vermillon et ses yeux de charbon. Les pompiers travaillaient à l'échafaudage du feu d'artifice sur le champ de foire. La veille de la Saint-Intestin, toujours rien. Je n'osais demander à Édouard Lugbull s'il avait des nouvelles. C'était un familier des Van Dale, il devait être au courant. Mais comment lui dire ça? La pharmacienne était aux eaux.

Puis ce fut le matin du grand jour. C'était fête chômée. L'effervescence était partout. Les gamins nerveux dans leurs habits neufs couraient avec des hélices en celluloïd, soufflaient dans des mirlitons, se barbouillaient de barbe à papa, lâchaient des pétards dans les jambes des filles. Que resterait-il ce soir des belles culottes de velours à boutons de nacre! Déjà, j'étais allé voir sur la route de Saint-Pif-le-Goth. Il arrivait beaucoup de monde. J'avais eu du mal à remonter ce flot déferlant de carrioles, de chars à bancs bondés, de bicyclettes à hauts guidons. Un cul-de-jatte qui venait au bal ouvrait son chemin en brandissant ses fers à repasser. Une De Dion-Bouton fumant comme l'Erebus actionnait sa trompe dans la mêlée. Mais rien du côté des Van Dale. Seuls les dogues allemands, furieux de ce tapage, se déchaînaient derrière la grille. Fou d'angoisse, un vide affreux au fond de moi, je revins chez madame Soljenitsyne. Il y avait des invités, avec des gosses qui pissaient dans les pots de fleurs. Ça sentait la ferme et l'eau de Cologne bon marché. On s'affairait. On avait sorti le grand service et le vin bouché. Le repas était terrifiant. Je n'avais pas faim. Un doute mortel me glaçait. Je pris pourtant de tout pour faire plaisir à ma logeuse. Après le colossal Saint-Intestin à la crème, je lui demandai la permission de me retirer. Tout émoustillée, elle parut contente que je me décide à m'amuser, à mon âge, enfin, faire valser les jeunesses, c'était le jour d'en profiter, de mon temps en Ukraine, monsieur Alcindor, fallait voir comment ça y allait, à la balalaïka et à l'accordéon. Elle se mit à danser sur un rythme endiablé, tout le monde tapait dans ses mains, elle me donna un sac de dragées et m'embrassa. Elle avait épilé ses joues, je l'avais vue la veille devant la glace avec sa petite pince, elle faisait une grimace chaque fois qu'elle arrachait un poil. Je lui dis que je ne viendrais pas dîner, je mangerais des saucisses sur le champ de foire. Je passai dans ma chambre nouer la somptueuse lavallière achetée au Chic Parisien et sortis.

Cinq heures sonnaient. Cinq heures déjà. On s'était bien tenu à table. Les orgues de Barbarie jouaient aux carrefours, les singes faisaient des cabrioles, les chèvres grimpaient sur leur trépied, les ours de Russie attrapaient les cacahuètes, envoyant des baisers en levant le poing. Une fois encore je pris la route de Saint-Pif-le-Goth. Rien. Il ne passait presque plus personne. Les dogues s'étaient tus, on avait dû les enfermer. Je m'assis sous un lavoir, non loin de la propriété. Je pouvais voir sans être vu. J'y restai longtemps. Le tintamarre des manèges venait jusqu'à moi. Les coups de carabine claquaient dans l'air électrique, une chienne en chaleur passa suivie d'une meute efflanquée, la langue exorbitée et le poil terne. Le feu d'artifice était prévu pour neuf heures et demie. Il était inutile de rester là. Ces dames, si elles étaient arrivées – mais quand ? – ne se mêleraient point à cette tourbe. Elles devaient siroter quelque orangeade en s'éventant à l'ombre des palétuviers. Ma dernière chance était de me poster dès neuf heures. Si elles ne venaient pas, j'avalerais le tube de gardénal de madame Soljenitsyne. Demain serait mon dernier matin. Gagné par les fourmis, dévoré de moustiques, je m'en fus à travers la campagne. J'arpentais les chemins poudreux, mes beaux escarpins jaunes pâlissaient. Des souffles brûlants passaient sur les chaumes. L'horizon vacillait dans la brume de chaleur. Je fis des ricochets dans une mare. J'avais jeté ma veste dans les roseaux et, en manches de chemise, hirsute comme Ravachol, je jetai, furieux, des dizaines de pierres sur l'eau. Je me disais « Si j'en fais cinq, j'aurai gagné. Elle sera là. » Une fois j'en fis cinq. Je rugis de triomphe. Je voulus recommencer. Je n'y arrivai plus. D'ailleurs il n'y avait plus de pierres plates, il n'en restait que des rondes. Par chance, je trouvai un trèfle à quatre feuilles. Je repris espoir. Je le rangeai bien à plat dans la poche de mon porte-monnaie.

Déjà le soir tombait. Le soleil déclinait rosa la rose. S'ouvraient les belles de nuit. Je revins au bourg. Le champ de foire regorgeait de pique-niqueurs. Les victuailles débordaient des grands paniers d'osier. Le cidre bouché fusait. Des rustres dépoitraillés avaient ouvert leur chemise blanche et dans leur encolure les reflets du couchant donnaient à leur peau tannée des teintes de cuivre. Je parcourus la fête en tous sens, je m'arrêtai aux baraques, je fis un carton, mais je tremblais tellement que je mis tout à côté. Le patron me jugea dangereux, il me pria de m'abstenir, j'avais payé deux cartons d'avance, il me remboursa. Je donnai un sou à un pauvre gosse des cités qui n'avait rien pour faire un tour de balançoire. Les galopins m'envoyaient des serpentins, mais je n'étais pas d'humeur, je me dépêtrais de ça en maugréant. J'allais, les poings serrés dans mes poches. Le temps n'en finissait pas de passer. Je répétais le texte de ma déclaration. Je le savais par cœur, par tout mon cœur. La nuit était venue. On avait allumé les lampions. Les chauves-souris affolées virevoltaient autour des becs de gaz. De gros insectes maladroits s'assommaient au cristal. Enfin sonna la demie de huit heures. La fête se vidait. Une à une les balançoires s'arrêtaient. Les manèges tournaient tout seuls. Je remis un peu d'ordre dans mes vêtements devant un miroir déformant où je me vis en haricot de trois mètres. Dans celui d'à côté je me vis en montgolfière. Je laissai tomber. J'avais les cheveux pleins de confetti. La foule se ruait vers le champ de foire, déjà noir de monde. J'allai m'embusquer à la sortie du bourg. Un grand arc de verdure ruisselant de lampions et de girandoles y enjambait la route. Je ne pouvais pas la manquer, si elle venait. Je n'avais presque plus d'espoir. Mes jambes fléchissaient, j'aurais dû manger une saucisse, au moins un cornet de frites. L'air était lourd d'orage. Personne sur le chemin. Tout le monde était installé depuis longtemps.

Soudain je crus entendre un attelage. Je scrutai l'ombre. Une calèche, la calèche, émergea de la nuit. Déjà elle s'engageait sous l'arc de triomphe illuminé *a giorno.* Élisabeth était là, assise entre sa mère et sa tante. Pas de cousin. Je crus défaillir. Je pris appui aux pierres du mur encore tièdes. J'avais les joues en feu. Tapi dans l'ombre comme une bête rousse je vis passer devant moi l'équipage. Le cocher eut du mal à se ranger. Il trouva une place tout près de moi. Je retenais mon souffle. Élisabeth paraissait inquiète, elle pressait le mouvement, les dames avaient peine à suivre. Elle allait vite, si souple et si légère, ma vierge de Lydie. Elle ondoyait dans sa longue jupe de soie puce aux plis religieuse. Une blouse ajustée couleur paille prenait son buste étroit. Un fichu mauve au crochet enserrait ses épaules. Ses cheveux retenus très haut par un nœud de velours tombaient en lourdes anglaises. J'aurais voulu courir, me jeter à ses pieds. Je sortis de ma cachette et suivis prudent, rasant les murs. Élisabeth cherchait quelqu'un. Un espoir fou me dit que c'était moi. Elles entrèrent dans la foule et, quand la muraille humaine fut trop dense, elles s'arrêtèrent. J'étais tout proche d'elle. Elle se retourna, me vit. Une pâleur immobilisa ses traits d'infante. Elle hésita. Elle fit un pas vers moi. Un colosse aux pieds d'armoire en profita pour se glisser entre elle et sa mère. Bienheureux rempart élevé par la Providence. Je ne l'avais jamais vue de si près. Elle était plus belle encore que l'image sainte que j'évoquais au fond de mes nuits. L'incarnat de sa peau, ses pommettes hautes, sa frange sur son front, une fossette où mourir au coin de sa lèvre et toujours cet imperceptible sourire d'énigme. J'étais planté là, balourd. Je ne savais que faire de mes mains bêtes, j'avais oublié mon texte, il n'en restait que les points d'exclamation qui dansaient devant moi, la pointe en l'air, la pointe en bas. Je crus deviner dans ses yeux une petite flamme de bonheur. Je vis soudain qu'elle portait un petit chat sur son bras droit, blotti dans son fichu, sa petite tête noire dans le mauve, ses pupilles vertes dilatées dans l'ombre. Je m'entendis lui dire, faussement désinvolte, stupide :

– Comment s'appelle-t-il votre petit chat ?

– Il a le même nom qu'Agamemnon. Il s'appelle Agamemnon.

Beau début. Où était ma tirade ? Puis d'une voix sourde :

– Je vous ai attendue, Élisabeth, quand donc êtes-vous arrivée ?

Elle parut surprise que je connusse son nom.

– Aujourd'hui même, vers midi.

Midi, bon Dieu, j'en étais aux zakouski de madame Soljenitsyne !

– Vous resterez longtemps ?

– Non, nous repartons demain matin en Angleterre.

Demain, déjà.

– Ma mère ne voulait pas venir. C'est moi qui l'ai suppliée. Je suis toujours venue au feu d'artifice, tous les ans, depuis toute petite.

Vraiment, elle n'était là que pour ça ? Elle sourit. La première fusée partit. Oh ! la belle bleue ! Saisie, elle prit ma main. Je crus que la terre me manquait. Je la serrai très fort, chargeant cette étreinte de tout ce que je ne savais dire. La clameur de la foule monta comme une mer. Agamemnon fit ses oreilles toutes plates et cacha sa barbe plus profond. Les gerbes succédaient aux gerbes, l'air sentait la poudre. Elle avait une bague de petite fille qui s'enfonçait dans ma chair. Elle riait, heureuse. Je n'avais jamais entendu son rire. Il coulait comme l'eau de Fontvieille. Je regardais dans ses yeux éclater le firmament. Je vis qu'elle me regardait aussi à la dérobée. L'humidité de la nuit avait fait ses anglaises plus lourdes. Des mèches folles flambaient sur ses tempes étroites. Et des gerbes encore, des cascades, des bouquets. Le bonheur explosait en nous. Sa main serrait plus fort, tout son corps frémissait. Puis ce fut la fontaine lumineuse, splendide, torrentielle. Édouard Lugbull avait bien fait les choses. Il lui fallait reconquérir la mairie que lui avaient volée les radicaux. La lumière était si vive que j'eus peur que sa mère ne nous vît. Mais sa main me redonnait confiance, je soufflais de son souffle, son sang courait mes veines. Une fois ma main quitta la sienne. Elle sembla s'étonner. Je pris dans mon porte-monnaie le trèfle porte-bonheur. Elle le porta à ses lèvres et, très sérieuse, le glissa dans son corsage. Mon texte m'apparut dérisoire. Je voulais quand même montrer que je savais quelque chose, que je n'étais pas l'ignare que je paraissais. J'eus recours au truchement du poète. Une fulgurance traversa mon esprit. Dans le fracas du bombardement je murmurai à son oreille quelques vers de la *Huitième Cantate pour la nuit qui vient*, là où Ulrich met fin à ses jours près de la dépouille de la petite Léna von Büreau. Dans ce triomphe de la vie, était-ce prémonition qu'il me faudrait redire bientôt près d'une tombe fraîche cette berceuse funèbre? Il y eut un moment sublime. On avait reconstitué le vieux château de Saint-Intestin. D'un coup les tours s'embrasèrent, et les murailles, le donjon, les échauguettes. Les fenêtres n'en finissaient plus de s'allumer. La foule poussait des « Oh ! » d'extase. Élisabeth trépignait, elle riait aux éclats, la peau mate de son visage flamboyait dans l'incendie. Puis déflagra le bouquet final. De la voûte ignée dans toute son immensité s'abattaient les étoiles, les comètes, les soleils, le feu lustral de Dieu à la consommation des siècles. La canonnade faisait vibrer la terre, la fumée âcre des feux de Bengale nous prenait à la gorge. On craignait toujours que ce ne fût le dernier cataclysme, il en éclatait encore, encore, encore un autre. Oh ! mourir, mourir avec toi, Élisabeth, dans cette incandescence, t'emporter dans mes bras puissants au ciel d'où tu venais.

Puis ce fut vraiment la fin. Un soupir de déception monta de la multitude. On espérait, mais on savait bien que c'était fini. Une lourde torpeur retomba du ciel noir. Elle me serra très fort et retira sa main. Je crus quitter l'éternité pour retomber dans la prison du temps. Il me sembla qu'elle avait froid. Je remontai sur ses épaules son léger fichu de laine.

– Je vous enverrai une carte postale de Londres.

– Mais vous ne savez ni mon nom ni mon adresse.

Elle plissa son front pour bien se rappeler Soljenitsyne, ça n'était pas commode, Sol-je-nit-syne, où mettre l'*i*, où mettre l'*y ?* Déjà la foule refluait. Elle prit son petit chat et, m'enveloppant de ses yeux noirs, longtemps, longtemps, elle l'embrassa. Je sus que ce baiser était pour moi. Le grenat de sa bague jeta une lueur sombre. Elle s'éloignait. Elles remontèrent dans la calèche. Sa fine bottine escalada le marchepied. Elle se retourna une fois, et je regardai s'éloigner les flammes vacillantes des deux lanternes qui disparurent dans la nuit.

Quatre jours plus tard je reçus une carte de St Andreas the Crossman (Kent). Élisabeth me donnait son adresse. Vrai, elle me permettait de lui écrire ! Je me ruai sur mon porte-plume, je couvris quatre pages d'un trait, sans une rature, sans une faute d'orthographe. Je paraphai comme un ministre. A combien affranchir ? Il me fallut attendre le lendemain pour demander au postier. Quand je revins, madame Soljenitsyne me tendit une autre carte. Et chaque jour ensuite. Et chaque jour je répondais quatre, huit, douze pages. Il me fallait faire peser à la poste pour coller le bon timbre. Le postier me demanda si j'envoyais les plans de nos fusées au roi d'Angleterre. Bientôt Élisabeth remplaça ses cartes par des lettres. Madame Soljenitsyne m'attendait sur sa porte pour me les tendre d'un air malicieux. Ah ! ces lettres bénies. Mon cœur bondissait en voyant l'enveloppe bleue, à l'écriture haute et appliquée, avec dans la boucle des *l* de Lamiral – il y en avait deux, un majuscule, un minuscule – un rien de langueur abandonnée. La nuit, je poussais mon gros Leibniz pour les relire. J'en étais aux deux tiers de la *Nova Methodus pro maximis et minimis*. J'avais appris par cœur tout Grillparzer et vingt-quatre fables d'Ésope. J'arrivais au 151e exercice pratique de schizophrénie. L'été continuait d'être splendide. Les jours raccourcissaient, mais qu'il fît jour ou qu'il fît nuit, cela m'était égal, Élisabeth brillait au fond de moi.

Elle me dit qu'elle rentrait à Paris le 15 septembre. J'écrivis à Paris. Que disaient donc ses parents de cette correspondance quotidienne ? Avait-elle soudoyé la concierge ? Je la voyais lire mes lettres et les enfouir dans le tiroir de son meuble à secret. Un jour, début octobre, je ne reçus rien. Madame Soljenitsyne était toute contrite, comme si elle me refusait mon pain quotidien. Je crus à une grève du tri et pestai contre les syndicats. Le lendemain rien non plus.

Huit jours passèrent, interminables. Un après-midi, à l'usine, le portier me remit un télégramme que madame Soljenitsyne avait apporté en courant. Je décachetai, fébrile. On m'y disait de venir de toute urgence. Élisabeth était souffrante. Je montai comme un fou chez Édouard Lugbull. J'entrai sans frapper. Je lui demandai la permission de partir tout de suite. « Pourquoi? » dit-il, interloqué. Il tomba des nues quand je donnai la raison. « Comment, vous connaissez... ? » Je lui tendis la dépêche. Je crus qu'il allait me féliciter. C'était bien le moment. Je passai me changer. Madame Soljenitsyne était en larmes. Elle se tordait les mains devant son icône, elle invoquait à grands cris saint Paphnus de Borovsk et saint Joseph de Volokolamsk. Elle me donna un en-cas avec une bouteille de vin vieux et un tire-bouchon de poche. Je pris le train de nuit. Je priai pendant tout le voyage. Arrivé à Paris, je me fis conduire place Royale. J'y cherchai un marchand de peignes, je n'en trouvai point. Élisabeth m'avait dit qu'elle habitait au deuxième étage. Je savais tout de la place, de ses hôtels, de ses ormes, de ses fontaines. Je gravis en courant l'escalier monumental, la rampe de fer forgé était glacée. Je ratai une marche et me fis un gros bleu. Je sonnai. Sa mère vint m'ouvrir. Elle avait les yeux rouges de larmes et de veilles. Manifestement elle ne m'avait jamais vu. Mon air égaré lui fit peur. Je me nommai. D'une voix entrecoupée de sanglots elle me demanda pardon de m'avoir ainsi dérangé, Élisabeth avait tant insisté qu'elle n'avait pu faire autrement. Je me précipitai à l'intérieur. Dieu! quel appartement! Elle me conduisit à la chambre d'Élisabeth et se retira.

J'entrai. On avait un peu écarté les rideaux, le soleil du matin errait dans la pièce silencieuse. Élisabeth dormait, sa respiration était difficile, ses pommettes étaient rouges, elle semblait suffoquer. Je contemplais ce visage enfantin dans ses longs cheveux défaits. Agamemnon était là, couché en boule à ses pieds, ses pupilles vertes dilatées m'imploraient. Je rassemblai en moi une force formidable pour la lui donner. « Lève-toi, Élisabeth, murmurai-je. Lève-toi. » Elle ouvrit les paupières, je pris sa main brûlante où brillait le grenat. Elle me serra très fort. Elle voulut dire quelque chose que je ne compris pas. Nous restâmes ainsi. Elle paraissait apaisée. Brusquement un grand frisson la parcourut. Elle ouvrit tout grands ses yeux, son regard s'enfonça jusqu'au plus profond de moi, un instant j'y crus voir exploser le feu d'artifice, et ce fut la nuit. Je sentis dans mon bras une onde brusque, comme si elle m'avait transmis son âme. Sa tête s'inclina, sa main devint inerte. Sur la table de chevet, les *Cantates pour la nuit qui vient*, une page marquée d'un signet. J'ouvris, j'y trouvai un trèfle à quatre feuilles. A travers mes larmes j'y lus les quelques vers que j'avais dits à son oreille pendant cette brève soirée d'août où nous avions été ensemble.

Tout était parfait.

Agenouillé, perdu, ne sachant que faire, m'enfuir ou demeurer, je pleurais en silence. Je lui fermai les yeux. En abaissant ses paupières, je murais pour toujours en elle la source de ma vie.

Je me levai comme un automate. Je trouvai sa mère dans l'antichambre, je lui eus une gratitude immense de nous avoir laissés seuls. Je l'embrassai comme un fils et sortis. Je marchai dans Paris je ne sais combien de temps. Quand je revins il y avait très peu de monde encore. Je courus à la chambre. On avait refait le lit. Élisabeth reposait, la rougeur de ses joues s'était estompée, elle était très pâle, son visage rayonnait d'une lumière calme. Un imperceptible sourire d'énigme flottait sur ses lèvres. Je fermai les yeux et fis effort de tout mon être pour imprimer dans ma mémoire ce visage éternel, comme pour en prendre le moulage sur la matière même de mon cerveau. Je passai au salon. Sa mère m'offrit d'habiter chez une de ses amies. Je déclinai. Je demandai le jour et le lieu des obsèques. Le surlendemain jeudi, à quinze heures dans le petit village de Vendée d'où la famille était originaire. J'entendis qu'on parlait de caveau ancestral. Cela me fit horreur. Je ne sais quelle violence brutale s'empara de moi, mais au prix d'une muflerie qui m'étonne encore, je hurlai que je ne voulais pas de caveau, que cette prison de ciment allait contre toute nature, que les corps devaient reposer à même la terre où ils revivraient. Il était bien suffisant déjà de l'enterrer dans un cimetière. S'il ne dépendait que de moi, j'irais seul en secret l'enfouir au fond des bois. Je m'attendais à un éclat de la part de ces gens pour qui je n'étais rien. J'étais prêt à foudroyer la réplique. Personne ne répondit. Je pris congé et sortis. Je partis pour la Vendée. Le jeudi matin je fus au cimetière. Une tombe était creusée à côté du caveau de famille. La Terre-mère, la Terre nue recevrait ma bien-aimée. J'eus pour ces gens une reconnaissance infinie. Je suivis l'inhumation de loin. Quand tout fut terminé j'allai embrasser sa mère et saluer son père, et disparus. A la nuit noire je revins et pris une poignée de terre sur la tombe fraîche parmi les roses amoncelées. Je l'ai toujours, au tréfonds de ma maison.

Il y a si longtemps.

La mort m'est venue en aide. Elle a sauvé pour moi son jeune visage du temps.

Un soir, peu après qu'elle fut partie, je vis monter

à l'orient une constellation nouvelle. Élisabeth s'était inscrite aux cieux, comme Cassiopée morte. Sa lumière lointaine, que je suis peut-être seul à percevoir, veille sur moi du fond de la nuit.

Voilà. Je suis en paix. Elle est mon inépuisable.

Quel est ce bruit furtif dans le couloir ? On est pourtant loin de l'aube. La porte s'ouvre. Deux spectres blancs avec des lampes électriques. Ils poussent un chariot à transporter les malades – ou les morts. Ils viennent chercher le petit cadavre. Ils le prennent dans son drap. Pas un mot. On dirait des voleurs. Un rapt sinistre dans le halo des veilleuses. Où l'emmènent-ils? Au crématoire? Il n'y a pas de crématoire ici. D'où me vient cette terreur des crématoires qui me point quelquefois la nuit ? Est-il mort au moins ? Peut-être va-t-on le balancer par un hublot. Météorite qui dévalera de monde en monde. S'il entre dans la stratosphère de quelque planète, il finira en étoile filante. Des amoureux feront un vœu. Ils sont partis. J'ai dû rêver.

La pendule sonne un coup. Une heure du matin ? Une demie ? J'attends. Si ça resonne, c'est qu'il est une heure. Ça resonne. Une heure. J'ai encore le temps. Ce retour sur moi me fait du bien. Je ne suis pas sûr de mon présent, mais je ne doute pas de mon passé. Je ne suis que par ce que j'ai été.

Après l'inhumation d'Élisabeth, j'avais repris le train pour Saint-Intestin-les-Grêles. Ces transversales sont mal desservies. Enfin j'arrivai à destination. Madame Soljenitsyne prit peur en me voyant. « Ivan Denissovitch, me dit-elle – elle m'appelait souvent ainsi, je ne sais pourquoi – j'ai là mon samovar qui fume. Voulez-vous un peu de thé ? » J'acceptai et me mis au lit. Le lendemain matin je me rendis vaillamment aux établissements Lugbull. Monsieur Édouard Lugbull m'offrit ses condoléances. Il n'avait pas pu se rendre aux obsèques. Il alla jusqu'à me prier de l'en excuser. Il me souhaita du courage, beaucoup de courage. Je repris mes occupations. Je rouvris Leibniz, réappris tout Grillparzer à l'envers. Je maîtrisai la vingt-cinquième fable d'Ésope et passai au 152e exercice pratique de schizophrénie. Mais la vie me semblait inutile désormais, j'étais obsédé par le désir de la quitter. J'élaborais mille plans pour cela. Le gardénal de madame Soljenitsyne m'apparaissait trop simple. D'ailleurs, elle l'avait caché. Un jour, monsieur Lugbull tomba sur les croquis d'une machine infernale actionnée avec le pied. Il me demanda ce que c'était. Devant ma confusion, il comprit. Paternel, il me dit que j'avais besoin de changer d'air. Il me proposa de m'envoyer à l'Ile du Diable, toute ruisselante encore des larmes du capitaine Dreyfus. Lugbull et Cie y avaient installé un poste de guet pour l'étude des orages qui allaient crever au loin sur la mer des Sargasses. Le chef de poste, un brave homme, quarante-cinq ans, solide, sa femme très douce et leurs cinq enfants seraient pour moi une famille où je reprendrais goût à la vie. J'acceptai, dis au revoir à madame Soljenitsyne, passai une lettre à mes parents et m'embarquai sur un cargo. J'arrivai quarante-cinq jours plus tard. Monsieur Lugbull n'avait pas menti. Je fus reçu par ces gens comme l'enfant de la famille. On mit une assiette de plus à table. Je me replongeai dans mes calculs et retrouvai un peu de calme. C'est là-bas, sur ce rocher perdu, que j'eus la chance de faire ma première invention, la fusée antigrêle à effet différé (vers 1910 apr. J.-C.). L'idée était simple, la réalisation plus délicate. Il s'agissait d'expédier une grosse fusée dans les nuages près de s'abattre en grêle et de différer précisément cette précipitation, en la retardant d'une demi-heure, d'une heure ou plus, au choix. Il n'était pas question de faire tomber sur le champ du voisin la grêle qui nous était destinée. C'eût été une perversion de la science. Mais on pouvait concevoir de faire s'abattre les grêlons sur des terres de moindre intérêt agricole, comme de vaines pâtures, voire des garrigues ou des maquis. L'avantage du procédé n'échappa point à l'État-Major, et, pendant l'été de 1914 – temps des orages, précisément – il fut exploité en plusieurs points du front franco-allemand. Nous tirions derrière nos lignes dans les cumulonimbus menaçants, les vents dominants d'ouest poussaient les nuages qui éclataient au-dessus des lignes adverses. Le tintamarre des grêlons sur les casques à pointe affolait l'ennemi et ralentit sa progression vers Paris. Là, Gallieni et ses taxis firent le reste. Je le dis sans forfanterie, j'ai gagné avec Joffre la bataille de la Marne. Sur le front des Vosges, moins enfoncé, nos tirs permirent d'écraser sous des montagnes de grêle les houblonnières d'Alsace, privant l'Allemagne d'une bonne quantité de bière, et sapant ainsi le moral de ses troupes. Il fallut bien sûr s'arrêter fin septembre, faute d'orages. C'est de là que je tiens ma première Légion d'honneur à double rangée de dix croix de bois d'ébène. Les étés suivants, la guerre de mouvement s'étant transformée en guerre de position, les Allemands s'étaient mis à l'abri dans leurs casemates et devenaient moins vulnérables aux grêlons. De plus, ils déménagèrent leurs plantations de houblon loin vers l'arrière, hors de portée de nos orages. Mais encore un peu, et Pershing arriverait. On peut encore voir mes canons dans un grenier des Invalides. Allez-y. En principe, on ne visite pas.

Demandez au gardien. Vous pouvez vous recommander de moi.

L'Armée voyait que je travaillais si bien là-bas sous les tropiques qu'elle m'avait accordé un sursis pour mon service militaire. Une prouesse à l'époque. Je n'en profitai point pour aller à la plage. J'avais entrepris de traduire en décasyllabes du haut Moyen Age la Bible et *l'Odyssée*, puis *les Travaux et les Jours* d'Hésiode. J'en étais à la quarante-cinquième fable d'Ésope. Celle du chat et du pied-bot.

Un jour un pied-bot partit
Au bois joli
Tireli.
Il rencontra un chat qui lui dit
« Bonjour vilain pied-bot »
Tirelo.

C'est court. Mais ça rafraîchit la mémoire. Je déclamais ces vers devant l'océan, face au soleil qui s'abîmait dans les flots. J'avais amené ma schizophrénie à un point de perfection irréversible. Depuis longtemps mes manuels ne me servaient plus à rien. Je volais de mes propres ailes. Mon sursis expirait. Les adieux furent déchirants. La cadette s'était amourachée de moi. Je l'avais déniaisée maladroitement, elle avait eu un enfant, de sexe masculin selon les apparences, mort-né, Dieu merci. Je revins faire mon service militaire dans une ville enfumée de l'Est. Moi, l'artilleur génial, on m'avait versé dans les zouaves. Je n'en eus pas d'aigreur. Entre deux manœuvres, je mettais la dernière main à Hésiode. Je traduisis la *Bhagavad-Gitâ* en cobol, en algol et en fortran. J'appris le sanscrit. J'entamai de brosser une vaste fresque cosmogonique, *Dieu est-il un amuse-gueule ?* qui ne fut jamais couronnée par l'Académie des

Sciences Morales ni Politiques. Ayant épuisé toutes les fables d'Ésope, j'en fis d'autres, apocryphes, mais aussi belles. Je profitai d'une permission pour passer mon exeat de schizophrénie majeure. Je fus reçu haut la main, avec les félicitations du jury.

A la déclaration de guerre, j'étais fin prêt. Pas un bouton ne manquait à ma braguette.

C'est à la revue de braguette que je connus mon Capitaine. N'est-ce pas, mon Capitaine, vous décelâtes vite la fente de mon cœur fêlé. Vous déridiez mon humeur avec vos boutades. Nous étions de tous les coups durs et quand nous partions à l'ennemi avec le commandant Siegfried, j'oubliais ma tristesse. Vous disparûtes trop tôt, mon Capitaine. La balle qui vous coucha siffla à mes oreilles. Mais j'étais pris par la grande aventure. Je demandais les reconnaissances les plus dangereuses pour venger votre mémoire, mon Capitaine. Plus je montais en ligne, plus je montais en grade. Je devins plus simple soldat. La belle guerre que je fis. Mais je n'en dirai rien. Quand je revins en 18, dans l'ivresse de la Victoire, j'allai dire bonjour à mes parents et pris le train pour Saint-Intestin-les-Grêles. Madame Soljenitsyne n'était plus, emportée par la grippe espagnole. Mais tous les Lugbull étaient encore, miraculeusement indemnes. Ils avaient fait tourner vaillamment l'usine pendant le combat. Édouard me proposa immédiatement un poste au Siège, à Paris. Je m'y rendis. Et là dans le tourbillon fou des années folles, je tourbillonnai follement. Je reçus ma seconde Légion d'honneur dans des circonstances assez obscures. En 35, il me semble, pris de tournis, fatigué du restaurant, j'épousai Estelle qu'on m'avait présentée au château des Lugbull. Ce n'était pas le grand amour. Estelle ou une autre, pensais-je, me voici sur la pente, il est temps de me ranger. Rien à signaler, mon Capitaine, pendant toute ma vie avec Estelle. Si. Deux fausses couches, qu'elle fit, l'une en étendant son linge, l'autre en tombant dans les escaliers de la cave. Elle ne tenait pas les enfants. Après ça, plus d'alerte. Le bébé est l'exception qui confirme les règles. En cadeau de noces, Lugbull et Cie m'avaient confié la direction d'une de leurs usines à Saint-Procope-d'Oust-Youg, dans le centre, un peu à gauche, au pied des collines. C'est là qu'en 36, en plein Front populaire, j'eus l'avantage de faire ma seconde invention, la fusée à faire pleuvoir chaud. En réglant la charge du projectile qu'on expédiait dans les nuages, on pouvait donner à la pluie la température désirée, de 4 à 100°, ou plus, ça dépendait de la pression atmosphérique. On voit aussitôt l'intérêt stratégique qu'on aurait pu tirer de pareil ébouillantement de l'ennemi. Les Allemands le comprirent bien. Un soir de Noël que je retournais à l'usine, ne sachant que faire, je surpris un de leurs espions fouillant dans mon tiroir. Je l'arrêtai et le conduisis à la gendarmerie sous la menace de mon presse-papiers. Les Français dédaignèrent, comme beaucoup d'idées géniales. Je n'expérimentai qu'une fois, mais une bonne. Je dispersai ainsi le grand meeting du Front populaire sur le foirail de Saint-Sein-les-Deux-Mamelons. Tirant un coup dans les nuages, je fis s'abattre un déluge de vapeur. J'avais réglé ma température à 50°, pour ne brûler sérieusement personne. Mais l'effet fut radical et tout le monde se précipita chez soi. Le foirail fumait comme un hammam. Les orateurs ne tinrent pas longtemps. Les drapeaux rouges déteignirent. C'est ce qui me valut, à la chute du Front populaire, ma troisième Légion d'honneur, à triple rangée de vingt palmes à la française, la cravate que me ficela le président Albert Lebrun. Je n'en obtins plus par la suite.

Hitler ouvrait le bal avec Lily Marlène et envoyait

des wagons de choucroute aux parlementaires français, lesquels, souvent, il faut le reconnaître, les renvoyaient, encombrant les gares de triage. Tous ces convois de choucroute en souffrance étaient encore là en 40, ce qui gêna nos armées et les empêcha d'arriver à temps. Hitler nous mit dans sa poche de Sedan, et son mouchoir par-dessus. C'est là un point d'histoire qu'on n'a pas élucidé, trop de grosses légumes ayant pataugé dans la choucroute. Un de plus.

Après mon coup d'éclat de Saint-Sein-les-Deux-Mamelons, je menai l'usine sans histoire. Je ne dirai rien de ma Seconde Guerre mondiale. Cela ne regarde que moi. Je me retirai des affaires l'année de la comète. Estelle et moi achetâmes une propriété au pays de mon enfance, ici même, à Saint-Hématome-le-Stylite, un peu en dehors du bourg. Il m'arriva de m'y emmerder. Estelle mourut seize ans plus tard. Et voilà, je reste tout seul.

Quelquefois je songe à ce petit mort-né que la cadette du chef de poste à l'Ile du Diable abandonna sur les varechs. Il irait sur ses soixante-dix ans. Il serait encore raisonnable. Il commencerait à avoir des douleurs. Il comprendrait celles de son père. Et peut-être m'aurait-il donné deux, trois, quatre, cinq, six petits-enfants qui eussent empli ma maison et qui, à leur tour, m'eussent fait présent de dix, quinze, vingt-cinq, trente arrière-petits-enfants. Quels beaux Noëls ! C'est comme ça qu'on meurt asphyxié dans le métro. Le ciel m'a refusé la paternité. A moins qu'une fille de laboureur, sentant ma fin prochaine, mon adresse retrouvée, ne m'apporte sur mon lit de mort un grand garçon de quarante ou cinquante ans dans ses bras. Il me dirait papa. La tête de Bernard ! Non. Ce n'est pas souhaitable. L'enfant de l'adultère est la bête noire des familles. J'avais en moi tant d'amour paternel. Il m'en monte encore des bouffées. J'ai dû rentrer tout ça, et ma vie en a pris une drôle de teinte.

Avec Estelle j'étais prudent. Brisée la ruée téméraire qui se fout des calculs. Je me disais « Je suis sur le retour. C'est pas vieux. Mais faire un enfant maintenant, d'ici à ce qu'il soit majeur, quelle fatigue. » En ce temps-là, la majorité était à vingt et un ans. Aujourd'hui on peut les larguer avant, à moins qu'ils ne se larguent tout seuls. Ça me faisait peur. Quitte à se reproduire, il faut être un beau modèle. Quand je me regardais dans les glaces, je devenais triste. Je ne m'aimais déjà plus. Mon premier accouchement à l'Ile du Diable n'était pas encourageant. J'avais beau me dire que sous la température des tropiques le foutre tourne vite, j'étais inquiet. J'ai un copain qui s'est bien foutu de ma gueule quand je lui ai annoncé mon mariage. Il s'est marié deux ans après. Il a eu un gosse quinze jours plus tard. Un rouquin, bigleux, bossu, hydrocéphale, avec une oreille sur la fesse droite, il en a fait un manutentionnaire chez un revendeur de nouilles. Quel Golgotha quotidien, pas seulement le vendredi saint. Et puis Estelle n'était pas portée sur la chose. Elle disait que ça lui faisait mal. Elle s'érigeait en obélisque quand j'entrais en érection. Ça soufflait mes candélabres. Je n'y mettais pas d'entrain. Estelle tenait mal les enfants, certes, mais moi je ne les accrochais pas mieux. Fiasco. Je voyageais souvent pour mes affaires. Estelle préférait rester à la maison. Ça me détendait. J'ai toujours inclus mes faux frais dans mes factures. Sans préciser. D'autorité. Lugbull et Cie étaient discrets. Ils payaient, cash. C'était une espèce de gentleman's agreement, une sorte de treizième mois. Après tout, c'étaient eux qui m'avaient présenté Estelle, les marieurs doivent prendre leurs risques. D'ailleurs j'étais correct. Quand mes faux frais étaient trop faux, j'en prenais une partie à ma charge. Mais j'ai vu des collaborateurs présenter leur total sans vergogne, avec la mention « On n'est pas de bois ». Les impudents. Et j'en reviens toujours à Charreton. Le jour où il visita sa femme, il aurait mieux fait de courir la gueuse. C'est plus attrayant et ça tire moins à conséquence.

J'ai un neveu. C'est tout. Fils de Pute, feu ma sœur cadette. Mais ce n'est pas pareil. C'est un collatéral. Nous l'avons pris en 40 quand son père, l'explorateur Léopold Lapistole, que je ne pouvais pas sentir, qui n'a jamais rien exploré, s'était perdu dans le Massachusetts. Qu'il disait. A mon avis, il se cachait dans la banlieue. Un bon petit, Bernard. Il promettait bien. Il a fait des études brillantes. Il a épousé Angélique, et là, il a tout plaqué. Il s'est mis à écrire des chansons. Et à chanter. Lapistole est entré en fureur. « Aberrant, qu'il hurlait, avec tous les diplômes que je lui ai payés ! » Tu parles. C'est moi qui envoyais des mensualités à Pute, Lapistole n'avait jamais un sou vaillant. Moi, je comprenais bien Bernard. Si c'était à refaire, je me mettrais à chanter. J'avais une bonne voix. J'étais le clou des banquets. Il est vrai qu'aujourd'hui la voix ne compte guère. Que les temps ont changé. Susurrez ou gueulez, la sono fera le reste. On accusait Angélique d'être pour quelque chose dans cette déviation. Si oui, elle a bien fait. Et vlan, Léopold. Tu t'es perdu dans le Connecticut, deux ans plus tard, définitivement.

Je l'aime bien, Bernard. Entre oncle et neveu, on peut toujours se demander s'il n'y a pas une petite histoire d'héritage qui fermente. Avec Estelle on se posait quelquefois la question. Pourtant il ne faisait pas beaucoup d'efforts pour nous cultiver. Une lettre au nouvel an pour souhaiter la bonne année, histoire de recevoir un mandat. Ils nous ont emprunté deux cent mille francs – anciens – qu'ils ne nous ont jamais rendus. Même pas payé les intérêts. Ils se sont beaucoup rapprochés de moi depuis la mort d'Estelle. Il faut dire qu'Estelle n'était pas très aimable. Elle m'avait même fait mettre une petite maison en viager. Pas très gentil pour eux. Elle avait toujours peur de manquer. Elle n'en a pas profité, la pauvre. Elle a placé chez un homme d'affaires véreux la somme de départ, il est parti avec. Je perçois le viager, mais il ne fait guère que payer mon tabac. Je ne dis pas que, quand je m'en irai, leur chagrin ne sera pas tempéré par mon magot. On ne peut pas demander l'impossible. Aux fins de mois, ils trouvent peut-être le temps long. Est-ce qu'il ne va pas bientôt se décider le vieux ! C'est naturel. Je crois que j'en ferais autant. Mais ils n'en parlent jamais. Et moi, j'aime ça, j'aime qu'on respecte les formes. J'ai un souci maladif de la forme. Leurs affaires ont l'air d'aller mieux maintenant, à voir ce qu'ils prennent comme vacances. Ils me rendent visite deux fois par an. Et je sais que je peux compter sur eux en cas de malheur. Hier, ils ont accouru tout de suite, et en avion. Je suis sûr maintenant que ce n'était pas pour mon enterrement. Quand ils sont là, c'est la fête. Angélique cuisine bien. Ça me change de mon rata et de la soupe de madame Solidor. Même à la roulante, en 17, quand ça allait mal, qu'on fabriquait le pain des soldats avec la craie de la Champagne pouilleuse, c'était meilleur. J'aime bien quand ils viennent au mois de juin. Angélique me fait des clafoutis aux cerises. Elle a le tour de main pour ça. Bernard ne dit pas grand-chose, sinon des abracadabras, mais que j'apprécie sans en avoir l'air. Quand il repart, il m'embrasse bien. Avec Angélique, on parle beaucoup. Elle est bonne. Ça l'ennuie que je sois toujours submergé par mes soucis quotidiens. Elle me dit que j'oublie l'essentiel. Et alors elle commence à me prêcher l'essentiel. Ça m'agace. J'ai toujours eu ma foi, qui m'a fait vivre jusque-là. Qui dit mieux ? Ou je n'en ai pas eu, et j'ai vécu quand même. C'est mon affaire. Ce qui me hérisse, c'est quand elle me pose des questions, pour savoir ce que j'en pense. Je ne réponds rien. Je n'ai jamais été prosélyte. J'ai bien trop peur de me tromper. Si, semeur imprudent, j'allais jeter en elle une graine d'ivraie. Dieu m'en garde. Dans le doute, je m'abstiens. Elle me tarabuste. Elle voit qu'elle m'emmerde. Alors elle me dit : « Pensez-y. » Là, je sais que c'est fini pour cette fois. Oui, petite, j'y penserai. J'y ai même déjà beaucoup, beaucoup pensé. Ma lanterne est sourde à la musique des anges. Ma réponse est plutôt dans ma façon d'être avec eux, dans la tendresse que je ressens pour Angélique. Bernard a de la chance de l'avoir. Mes petits-neveux aussi sont gentils. Mais ils ont autre chose à faire que de venir voir le grand-oncle. Je comprends, je comprends. Dormez en paix, mes enfants, comme dort mon or en vous attendant. Il n'a peut-être plus longtemps à attendre. Je n'ai même pas fait de testament. Bernard est mon héritier par le sang. Dormez, dormez en paix, vous dis-je. Il n'est point encore temps de vous éveiller.

Mais il y a un point sur lequel je serai ferme, rien à faire pour me faire changer d'avis. A l'issue de cette nuit sans sommeil où j'ai passé en revue toute ma vie, je le déclare tout net. Je n'entrerai pas en maison de retraite. Je ne vous l'ai pas dit hier parce que j'étais trop fatigué. Et je ne voulais pas foutre à la porte Pinder qui peut encore servir. Maintenant, j'ai décidé. Tant que je serai debout, tant que je me sentirai capable de faire mes petites affaires, tant que la carcasse tiendra, je resterai chez moi. D'accord, je ferai poser le téléphone. D'accord, je prendrai madame Solidor six matinées par semaine. Là, je fais un gros sacrifice, hein, je l'ai déjà quatre matinées sur le dos, la revoir encore sur mes talons deux autres jours à secouer mes carpettes, c'est beaucoup. D'accord, je prendrai mes médicaments. D'accord, d'accord, d'accord. Mais pour le reste, ma décision est sans appel, irrévocable. Je dis bien, irrévocable. Je sais que ça va vous ennuyer. Vous aimeriez mieux me savoir bien rangé dans un tiroir. Mille milliards d'étrons secs au soleil d'Afrique, je suis encore responsable de moi-même, sacré nom d'un chien. Le vieux loup est libre de vouloir rester dans sa tanière. On ne l'en délogera pas, sinon à la force des piques. Il partira, peut-être même pour la maison de retraite, mais quand il l'aura librement choisi. Un point, c'est tout. A la ligne.

Sacrebleu, cette fureur m'a mis en nage.

Tiens, un choc mou. On a dû se poser. On n'entend plus de sifflement comme cette nuit quand on naviguait dans les étoiles. Le ronronnement s'assourdit dans les cales. Les moteurs tournent au ralenti, c'est la petite aube. Ces grandes machines, ça rentre chez soi avec le jour, comme l'oiseau de Minerve ou les loups-garous. On a atterri au même endroit qu'hier, je vois le même arbre par la fenêtre. L'air résonne de bruits plus proches. Tout a changé d'un coup. Les veilleuses sont mortes, les colleurs d'affiches n'ont plus de colle, les rêves rentrent dans leur trou. Ça s'agite dans les coursives. Ça s'engueule à côté.

Voici justement l'infirmière de la température. Le soleil tape sur les fenêtres. Mon voisin de gauche se met sur son séant. Il étire ses bras, bâille un grand coup, porte deux doigts à la casquette qu'il n'a pas pour me dire salut. Le petit cadavre a disparu.

C'est le 1er mai.
C'est la fête du muguet.
Enfilons le thermomètre.

29,6 Réaumur. Oh ! Oh ! Aucune raison pour qu'on me garde ici. Diable, je n'ai pas d'habits pour sortir ! Où trouver Angélique pour qu'elle apporte mon costume ? J'avale en rage mon petit déjeuner. Je ne sais même pas ce qu'on a eu.

Entre le médecin. Petit, rond, rapide. Il est pressé. Il veut aller au muguet. Une grande diablesse d'infirmière le suit avec peine. Elle a la tête de plus que lui. La quille et la boule. Elle souffle. Il la crève. Ses yeux clignotent derrière ses lunettes fines, cerclées d'or. Il a le cheveu rare, mais plat et tiré. Son front brille. Il est bien bronzé, le gaillard. Il a dû aller en croisière aux Bahamas pour la Mi-Carême. Il fait peut-être du tennis. Ça m'étonnerait, avec le ventre qu'il a. Ou alors, il joue en double-messieurs. Il y a moins à courir. On laisse faire son coéquipier. On ne monte pas souvent au filet. Il n'est pas encore arrivé à mon lit qu'il s'exclame, jovial : « Alors comment va-t-il notre saigneur ? » Oh ! J'ai honte pour lui ! Oh ! J'ouvre la bouche. L'infirmière répond à ma place. Il consulte ma feuille de température. « Bah ! mais c'est inespéré. Il faut le laisser sortir ce garçon. » Je jubile. « Demain, inscrivez-le pour demain. » Je veux protester. Il n'écoute pas. « Vous avez ses résultats d'analyse ? » L'infirmière les lui tend. Il relève ses lunettes sur son front pour lire. « Ouais, ouais, ouais. Eh ! Eh ! – il siffle entre ses dents – le joli diabète qui se cache là ! » Il ne va pas me garder pour du diabète, quand même ! Ses lunettes retombent sur son nez. Il me fixe par-dessus, sévère. « Vous suivez un régime, jeune homme ? – Oui, Docteur. » Ce sont les deux premiers mots que j'arrive à placer. Un mensonge ! « Voyons ce cœur. » Il m'ausculte. Il fronce le sourcil. Il prend ma tension. J'entends mon sang qui fait touf touf dans mon bras. Ça me met toujours mal à l'aise. « Pas brillant, pas brillant tout ça. Il a un cœur de vieux noceur. On a trop tiré sur la ficelle », qu'il dit en me faisant à la barbichette. Il rit. Tout seul. L'infirmière est au garde-à-vous. Aurait-elle fait dans sa culotte ? « Il a un médecin traitant ? – Docteur Pinder, Docteur. » Il fait la moue. Veut-il dire que Pinder soit un zéro ? « On va quand même le laisser s'envoler. Il va le regretter, hein ! On était bien ici. Il a perdu beaucoup de sang. Donnez-lui en une bonne tasse à midi, une autre ce soir. Prévoyez un jéroboam pour la nuit. Il a des journaux ? » Je fais signe que non. « Qu'on lui apporte des journaux, ça le distraira de ses artères. Mais pas de journaux olé olé. C'est pas bon pour vous, mon bonhomme. » Des journaux, qu'est-ce qu'il veut que j'en fasse, surtout s'ils ne sont pas olé olé, je n'ai pas mes lunettes. Elles ont dû se casser quelque part dans ma cuisine. Il n'y a pas de journaux imprimés en grosses lettres pour gens qui ont perdu leurs lunettes. Ma tante avait un missel comme ça, une vingtaine de mots par page. Il était épais. C'est pas rentable, pour un quotidien. Il expédie déjà mon voisin de gauche. Pure forme. Il sort aujourd'hui. Il lui tapote la joue. Il lui dit « mon lascar ». « Eh bien, j'espère, triomphe-t-il en reculant de trois pas. Ça marche dans cette turne. Tout le monde s'en va. » L'infirmière lui indique timidement le lit du petit cadavre. Il avait oublié. « Eh oui ! dit-il, il y a de nombreuses sorties dans la maison du Père. » Il sort.

Tout compte fait, je ne suis pas trop déçu de ne pas m'en aller aujourd'hui. Ça aurait trop pressé le mouvement. J'ai horreur de ça. Angélique aura le temps d'apporter mon costume. J'ai reçu la visite du barbier. Il a eu du mal, avec ma peau toute en ravines. Moi, j'ai le coup. Je sais comment tendre ma joue, je reprends à rebrousse-poil, c'est long, mais j'y arrive. Lui, il a attrapé ma tête comme si j'avais vingt ans. Il a peut-être une cinquantaine de têtes à faire. Un matin de 1er mai! Et après il va chez les femmes. Il m'a fait une estafilade. Ça n'a pas raté. Il a couru chercher de l'alcool et du coton. Ça m'a piqué. Quel manche.

Il n'y a pas de contre-indication pour que je me lève. Au contraire. Mais je ne peux pas me promener en caleçon dans les couloirs. C'est pas convenable. Et pas joli. J'ai les caleçons longs mais les jambes maigres. Je ne ferai qu'un tout petit tour de chambre. La femme de mon voisin est entrée pendant ma promenade. Je me suis précipité dans mon lit, rouge de confusion. J'avais les pieds tout froids sans mes pantoufles. Elle m'a dit gentiment bonjour. Elle avait deux brins de muguet. Elle m'en a donné un. Elle apportait une grosse valise pour les affaires de son mari. Il s'est habillé en vitesse. C'était son costume du dimanche, apparemment. Ça lui va moins bien qu'une salopette. Il avait l'air d'aller à la messe. Sûr qu'il allait à la manif. Il doit brailler fort dans ces cas-là, avec un coffre pareil. Il y a eu une discussion à propos de la bouteille. Il voulait l'emporter, elle pas. Il ne restait pas grand-chose dedans. Finalement elle l'a vidée dans le lavabo et jetée à la poubelle. Il s'est donné un long coup de peigne devant la glace, il s'est fait un joli cran sur le front. Il perd ses cheveux, son veston en était plein, sa femme les a enlevés un à un. Elle était furieuse, elle avait oublié sa brosse. Ils sont partis en me serrant la main. Pourtant je ne les connaissais ni d'Ève ni d'avant. Et me voilà seul.

Arrive le déjeuner. Ce n'est pas la même petite qu'hier. Elle arrange quand même bien mes oreillers. Mon estafilade a un peu saigné dessus. Je déjeune de bon appétit. Mes neveux seront bientôt là. La tasse de sang est bonne. J'espère que ce n'est pas le sang d'un damné.

Voici Angélique. Ça m'ennuie de devoir lui faire de la peine. Pourtant il le faut. Ma volonté n'a pas fléchi. Ma volonté ne fléchit jamais. Elle m'apporte un bouquet de muguet. Et mes lunettes. Et mon rasoir. Et mes pantoufles. Et aussi mes brosses à dents. Elle sait le souci que j'en ai. Une pour les trois dents qui me restent, une pour mes râteliers, une pour mes gencives qui tombent en décadence. Et trois tubes différents. Un pour chaque opération. Merci Angélique, merci. C'est dur de te savoir au courant de ma déconfiture. Bernard n'a pas pu venir. Il est en pleines démarches pour me trouver une place à la maison de retraite. Ils vont vite, sacrebleu, quand ils entreprennent quelque chose. Ils le mènent rondement. C'est bien ce que je pensais. Ils sont descendus chez Dupanloup, le député-maire de père en neveu – les Dupanloup ne se reproduisent qu'en ligne collatérale – de Sainte-Verge-des-Glandées, le pays des cochons noirs. Bernard et lui ont fait leurs études ensemble. Ils sont comme cul et chemise. Dupanloup fait venir Bernard au centre culturel de Sainte-Verge, mais le public n'est pas fameux, il ne sort pas de ses cochons noirs. Je ne puis m'empêcher de penser que c'est très bien, ils n'auront pas à payer d'hôtel. Dupanloup a le bras long. Sûr qu'il m'aurait trouvé une place là où il n'y en a pas. C'est alors que j'annonce ma décision à Angélique. Elle semble recevoir le ciel sur la tête. J'en suis désolé mais je demeure inflexible. Elle essaie de m'expliquer que ce n'est pas raisonnable. Je reste de glace. Elle n'insiste pas.

Elle me connaît. Je lui demande bien pardon de leur causer tant de peine.

Voilà qui écourte la visite. Il faut qu'elle rattrape Bernard elle ne sait où pour qu'il arrête de tirer les sonnettes. Sinon Dupanloup va passer pour un imbécile. Oui, oui, elle apportera mon costume. Ils viendront me prendre demain à onze heures en voiture. On déjeunera à la maison, non, pas au restaurant, mon oncle, ça vous fatiguera moins, elle aura tout préparé. Madame Solidor a déjà tout remis en ordre. Pas de nouvelles du coq ! Elle me quitte, elle m'embrasse, elle remporte sa petite valise, elle me laisse son sourire.

Ce coq, par la sambleu ! La bohémienne l'aurait-elle emporté sous ses jupes ?

Je suis soulagé. Bernard piquera une charge. Il se calmera. La nuit passera là-dessus. Dupanloup, je m'en contrefous. Je ne vote pas pour lui. Et puis ils se diront que je ne suis pas leur père, après tout, leur oncle seulement, que si je veux faire des conneries, eh bien ! que je les fasse. Je me sens fatigué tout d'un coup. Je m'allonge dans mon lit. Je somnole. Je suis réveillé par l'infirmière de la température. Ce n'est pas la même que ce matin. Bon Dieu, que de personnel ici, même un 1er mai. Ils font la semaine de vingt heures.

96 Fahrenheit. Tant de monde pour en arriver là. C'est scandaleux.

On apporte le dîner. J'ai mes pantoufles, je le prends à table. J'ai mes lunettes, j'arrive à traquer les petits pois dans mon assiette.

Bizarre. Personne pour prendre la place des deux qui sont partis. Passerai-je la nuit seul ? Ça ne me déplairait pas. Une suite avec personnel nombreux. Non. Merde. Deux nouveaux, coup sur coup. Le premier, un grand escogriffe roux, a des convulsions. Il est en avance, ce n'est pas encore la Saint-Médard. On a dû le ficeler sur une grosse planche de chêne pour le maintenir. Il est d'une force cyclopéenne. Il va tout faire péter ! Sa carotide joue du cor comme celle de Roland. On l'a posé tout emplanché sur le lit. Un bond furieux. Il est par terre. Il progresse vers la fenêtre comme une limande. Les infirmiers cherchent à l'assommer. Il leur échappe toujours, d'un formidable coup de queue. Limande ou phoque ? La chasse au phoque fait rage dans la chambre. Finalement le démon sort de lui avec un grand cri. Il se calme. Il ne tarde pas à s'endormir. L'autre, un ancien fumiste, a avalé un litre d'alcool à brûler, puis une allumette. Il est tout rôti à l'intérieur, ramoné comme un tuyau de poêle. Pourtant il n'y paraît pas. Il parle, il siffle, il fume même, il avale la fumée. Par où ressort-elle donc ?

Eh bien, voilà ! J'ai de la compagnie et les paupières lourdes. Et le sentiment du devoir accompli. Mes insomnies me laisseront-elles en paix cette nuit ? Je compte les moutons tout blancs, tout blancs, dans le muguet tout blanc, tout blanc, tout bl... Chut ! Je dors.

Le 2 mai

Je suis réveillé par le jour. J'ai dormi toute la nuit. D'un trait. Je me sens tout neuf. Revoici l'infirmière de la température. La même qu'hier matin. Je m'attendais à en voir une troisième. J'aurais écrit à l'Assistance publique pour vitupérer la pléthore de fonctionnaires.

Combien m'annonces-tu, gentil thermomètre ? 36°9 ordinaires. Guéri, mon Capitaine.

Petit déjeuner. Je me rase tout seul. Le médecin n'est pas passé. Il a reçu une balle dans l'œil. J'avais bien dit qu'il jouait au tennis. Un interne le remplace. Il ne m'a même pas considéré. Je suis classé. Bon pour le service. En avant !

J'attends Angélique et mon costume.

Onze heures. La voici. Son sourire n'a pas changé. Elle sort mon costume. Je l'enfile, allègre. Elle remballe mes pantoufles, mon rasoir, mes brosses à dents. On partage mes roses entre mes deux voisins. Je leur serre la main. Celle du fumiste tombe en suie. On est sortis.

Bernard nous attend. Dupanloup lui a prêté sa voiture. Et son chauffeur. Il n'a pas l'air de mauvaise humeur. On démarre. On arrive chez moi. Je jette un regard alentour. L'œil du maître. Tout semble en ordre.

Le coq, corbleu, où est-il ? Il faut que j'en aie le cœur net. Nulle part. La souillarde ? Rien. La caisse à bois ? Quatre plumes blanches. Alors ? Aucun doute, la bohémienne l'aura pris. Myope comme elle est, madame Solidor n'aura pas vu ses grosses pattes rouges sur le carrelage. Ou bien elle se sera dit que c'était moi qui avais marché sur mes petites mains. Non-lieu. Mon casier judiciaire est vierge.

Angélique a tout préparé. C'est trop tôt dans la saison pour les cerises. Elle a fait un clafoutis à l'ananas. On bavarde comme si de rien n'était. Ce n'est qu'au moment de partir qu'ils me disent d'être sage. Je promets sincèrement. Quand je promets, je tiens. Sinon, je ne promets pas. Dupanloup va intervenir pour qu'on m'installe le téléphone. C'est très bien.

Ce voyage aura servi à quelque chose. Pendant qu'Angélique a fait la vaisselle et remis de l'ordre, je suis allé au jardin leur chercher quelques bricoles. Du thym, du laurier, un bouquet de persil. Ils ne repartent jamais sans rien. Quand ils viennent à la saison des lentilles, ils en emportent de pleins paniers. Ils en emportaient, maintenant je ne vaux plus grand-chose, je ne sème plus de lentilles, c'est trop long à cueillir. J'y vois mal. J'y rajoute des petits cailloux. Et croyez-vous que Bernard m'aiderait ? Que non. Sa sciatique, qu'il dit, et puis c'est mauvais pour ses doigts de guitariste. Il se balade sous les arbres, le nez en l'air, à fumer un havane. Il joue bien de la guitare. Les rares fois qu'il a daigné me donner un concert, j'ai apprécié. Il a une très bonne main gauche, meilleure que la droite. Quel son et quel tempérament ! J'adore quand il me joue la *Grande Variation, sur un thème immobile,* opus n° 1 posthume, de Déodat von Sifflet, un génie mort trop jeune, un descendant des Sifflet, ces huguenots chassés par la révocation de l'Édit de Nantes, qui ont trouvé une particule abandonnée dans un pavillon de chasse près d'Eckernförde, Schleswig-Holstein.

C'est l'heure des adieux. Je les reconduis au portail. Bon Dieu, on a oublié le chauffeur ! Ne veut-il pas un morceau de clafoutis ? Non. Ils montent dans l'auto. Ça démarre. Ils me font au revoir loin, loin, avec leurs bras par les portières. Il y a toujours un petit débordement au moment du départ. Trois quarts tendresse, un quart cinéma. Mais oui, oncle, on reviendra bientôt. Bientôt ; c'est quand ? Quelques larmes me montent aux yeux. Leurs mains font signe encore, une dernière fois. Ils ont disparu.

Bernard se cale dans son siège. Un grand poids lui glisse des épaules. Ils restent muets. Ils sont à la fois contents de s'être débarrassés de moi pour un temps, et un peu lourds de me laisser seul. Angélique dit « Quand même, sa vie n'est pas rose. » Bernard répond « Qu'y faire, bâti comme il est. » Eh oui. Qu'y faire ? Je reste un temps planté là, devant mon portail, un peu perdu, ne sachant plus très bien où j'en suis. Ça fait un vide.

Allez, il faut réagir. « Lamiral c'est comme Paris, ça ballotte, mais ça coule pas. » Demi-tour, gauche ! Gauche ! Je rentre. Je referme mon portail. Un tour de clé, deux tours de clé. Comme ça personne ne viendra prendre des nouvelles de ma santé. Ça m'humilie. Je me retourne. J'ai devant moi mon domaine. J'ai comme une joie d'être là. Lamiral Alcindor, seul maître à bord. Trompettes.

Je jetterai un coup d'œil à tout ça tout à l'heure. Pour l'instant, j'ai autre chose à faire.

Objectif numéro 1 : la lunette.

Sacré nom d'un chien, deux jours pleins sans lunette, pour moi, ça se perd dans la nuit des temps ! Même en 36, sous le Front populaire, quand je travaillais dare-dare à ma fusée à faire pleuvoir chaud, j'ai pris soin de m'y présenter chaque matin. Et j'étais toujours récompensé. Il y a des choses qui doivent se faire à heure fixe. Ne jamais remettre. Ça décale tout. On porte ça comme un poids pendant toute sa journée. On n'a pas l'esprit libre. Et après, quand on est pris par l'agitation de ses affaires, il y a toujours plus urgent. Comme si ce n'était pas l'urgence des urgences. La bonne santé commence par là. Ou, si elle n'y commence pas, elle y passe. On ne dira jamais assez à la jeunesse l'importance des lunettes. Si par hasard ça ne marche pas, alors clystère. Sans hésiter. Ni pilules ni pharmacies. Foutaises. Poison. Clystère. J'ai un appareil à ça dans mes archives. Un beau. En cuivre. Je lui mets de l'huile une fois par an, régulièrement, le vingt et unième jour de mars, des fois que j'aurais une panne. Je me demande si je ne vais pas être obligé de le sortir cette fois. Voilà vingt minutes que je suis là. Toujours rien. Il faut persévérer. Ça ne vient pas tout seul. Rien ne vient jamais tout seul. Il y faut souvent un travail intérieur. On finit par commander à cette mécanique. Comme à toutes les autres.

D'ailleurs, je ne suis pas mal ici. J'ai la chance d'avoir une lunette spacieuse, avec une fenêtre. Il faut dire que j'ai aidé la chance. Quand j'ai acheté cette maison avec Estelle, on en a visité des dizaines. Estelle regardait la cuisine, moi la lunette. On a laissé tomber pas mal de belles choses parce que la lunette n'était pas à la hauteur. Souvent elle était reléguée n'importe où, apparemment on ne savait pas où la mettre. Un cagibi. Pas moyen de se retourner. Comme dans les avions. Ah bon Dieu ! dans les avions, c'est une misère et pour peu qu'il y ait des turbulences, vous vous cognez de partout. Comment voulez-vous acquérir la sérénité là-dedans ! Il y a une hérésie que je ne supporte pas, c'est physique, j'ai horreur de ça, c'est la lunette dans la salle de bains. C'est à la mode maintenant. A fusiller ces opticiens qui mettent les lunettes dans les salles de bains. A fusiller comme ennemis du genre humain, gâcheurs, perturbateurs intestinaux. A fusiller avec une pancarte dans le dos et un bonnet d'âne. Même pas à fusiller en face.

Ici, j'avais été séduit précisément parce que la lunette était séduisante. Elle était suffisamment éloignée pour qu'une petite promenade à travers la maison fût nécessaire afin de s'y rendre. On a le temps de songer à ce que l'on va faire, on a conscience de faire quelque chose. La porte ne donne pas sur la cuisine ni sur la salle à manger. C'est une démarche. On se retire. Une fois enfermé dans sa pièce, car c'en est une, on peut faire tous les bruits qu'on veut, chanter même, si ça vous chante. Que de fois j'ai chanté *la Tosca*, *Carmen*, *Manon* ou Messiaen, ou que sais-je encore, au fond de mes lunettes, du temps que je chantais. On médite longtemps dans le silence. Personne ne sait où l'on est. C'est comme un ermitage, avec le chauffage central en sus. L'acte de déféquer y devient accessoire. Est-ce un progrès spirituel ? Je sais, j'ai contre moi le Zen qui s'en va répétant « Quand tu manges, mange. Quand tu bois, bois. Et cætera. » Serait-ce une perversion intellectuelle que de penser aux chiottes ? J'accepte. Je prends mes risques. Quand ça se passe mal, on est préoccupé uniquement de ce pour quoi on est venu. Mais quand ça se passe bien, que ça devient un acte réflexe, ah ! quelle ivresse, on peut laisser galoper son imagination. Et qui peut m'empêcher de faire zazen dans ma garde-robe ?

Je ne reçois plus de visites. Mais du temps d'Estelle, il en venait. Et quand elles me couraient trop sur l'haricot, je m'éclipsais. Estelle savait bien où j'allais. Elle me faisait les gros yeux, ce n'était pas mon heure. C'était pour le plaisir. Un acte gratuit. Je revenais plus tard, détendu. Souvent les gens n'avaient pas attendu mon retour pour prendre congé.

Je l'ai dit, j'aime les lunettes avec une fenêtre. Les lunettes c'est fait pour y voir. Et une fenêtre qui s'ouvre. Pas de lucarne. Le matin, quand tout le monde dort et que personne ne risque de passer devant, on ouvre au grand large. On est là, dans le calme. On pose un acte en accord avec soi-même. L'air frais vous lave des cauchemars de la nuit. La fenêtre ne doit pas donner sur des communs fétides. Pas de tas de charbon, de poubelles, de casiers à bouteilles ou pis, de bouteilles sans casiers. Non ! Votre cour, vos arbres, un coin d'architecture élégante, votre fontaine de Trévise.

Trente minutes. Je crois qu'il faut perdre tout espoir pour aujourd'hui. Sûr que ça vient du siège. C'est la seule chose qui me chagrine dans ma lunette. La posture n'est pas naturelle. Assis est médiocre. Les animaux ne s'assoient pas. Ils s'accroupissent. Les Turcs l'avaient bien compris. Longtemps j'ai turlupiné Estelle pour faire poser un siège à la turque. Elle n'a jamais voulu. Et depuis que je suis seul, ça m'effraie d'entreprendre des travaux.

Je me souviens de l'humble pagode de madame Soljenitsyne au fond de son jardin. On y était assis, c'est vrai, mais quelles délices. Je ne sais pas comment c'était dans sa steppe. J'ai déjà dit qu'elle n'était venue qu'avec son samovar et son icône. Elle n'avait pas eu le temps d'emballer son cabinet. Elle avait bien dû accepter celui qu'elle avait trouvé en Occident, mais quelle sollicitude elle lui portait. Une planche de chêne percée d'un trou, si polie et tant cirée qu'on s'y mirait dedans. Un broc d'émail à motifs multicolores y était toujours plein. L'hiver c'était dur. Il fallait mériter ça. Mais l'été, on écartait le lierre pour y pénétrer, par les petits cœurs de la porte on voyait un arbre dans le ciel, on entendait chanter les oiseaux, il en nichait sous le toit. O temps des lunettes de madame Soljenitsyne ! Je crois bien que c'est là, un matin très clair de mai, que m'apparut en songe la première esquisse de ma fusée antigrêle à effet différé, que je devais parfaire à l'Ile du Diable.

Longtemps j'ai inscrit sur un carnet le résultat

de mes lunettes quotidiennes. Je l'ai toujours dans ma poche. Voulez-vous que je l'ouvre ? A l'année 38 par exemple, 1er janvier : R.A.S. 2 janvier : R.A.S. Etc. Jusqu'à un accident. 21 février : lunette venteuse. Une série noire. 22 février : lunette nulle. 23 février : lunette néante. 24 février : lunette lapin. A partir de là, R.A.S. jusqu'à la Saint-Sylvestre. Je reportais tout ça sur un graphique. Je n'ai plus le temps. J'ai abandonné. C'est l'anarchie. Tout fout le camp.

Cinquante-cinq minutes, il faut lever le siège. Demain matin à sept heures tapantes, je me présente. Ça va se faire en dormant. Sinon, je n'y vais pas par quatre chemins. J'ai dit. Clystère. *Clysterium Draconis*.

Objectif numéro 2 : Voyons comment tout le reste s'est comporté en mon absence. Il suffit de tourner le dos pour que les choses prennent des initiatives. La suie tombe dans la cheminée. Ça fait un nuage dans la pièce, ça se dépose partout sur les fauteuils. Si vous n'êtes pas à pied d'œuvre pour ramasser, ça s'incruste. La mère Solidor, qui n'y voit rien, passe son plumeau automatique, elle étale bien et vos fauteuils sont bons pour le ramoneur. Ou bien un robinet se met à fuir, tout seul, de son propre chef, le siphon vote la grève par solidarité, c'est le trente-neuvième jour du déluge. Sitôt qu'on n'est plus là pour mater la révolte, les objets inanimés prennent l'âme anarchiste. Et l'électricité, quand j'y pense, je suis pris de courts-circuits. Tous ces fils dénudés qui courent dans mes combles ! Quand je touche le bouton de la souillarde, ça allume la T.S.F. J'ai toujours dans le nez une odeur d'électricité. Je cours de la cave au grenier pour voir si le feu ne prend pas quelque part.

La menace est partout.

Il me faut décréter des mesures radicales en prévision de mon prochain départ, qui ne saurait tarder. Je punaiserai dans ma cuisine un avis bien en vue, écrit gros :

AVIS

En cas d'accident ou de décès précipité, prière de :

1. Fermer le robinet d'arrêt général de l'eau qui se trouve dans la cave à gauche de la porte dans le sens extérieur intérieur à 0,87 m environ de haut et à 0,36 m du chambranle. Faire une contre-épreuve avec un robinet quelconque. L'ouvrir et s'assurer qu'il ne coule pas. Sinon, vérifier à nouveau le robinet d'arrêt général. Si ça coule encore, appeler immédiatement veuve Cliquetis et bru, plombières, téléphone 12.34.56. Avant de couper, ne laisser ouvert aucun robinet, au cas où le robinet d'arrêt général se rouvrirait tout seul.

2. Couper le circuit électrique au compteur en appuyant à fond sur le bouton rouge. Faire une contre-épreuve en allumant une lampe. Si la lampe s'allume, vérifier qu'on a bien pressé à fond sur le bouton rouge. Si la lampe persiste à vouloir s'allumer, appeler immédiatement Electric Allgemeine Unlimited, ou l'exorciste, père Toquebure, sur la liste à ne pas communiquer, téléphone 12.34.57. Avant de couper ne laisser allumée aucune lampe, au cas où le bouton rouge se déclencherait tout seul.

3. Ouvrir le réfrigérateur pour éviter les odeurs. Évacuer le contenu selon préférences.

N.B. Au cas où le chauffage marcherait, en hiver par exemple, ne toucher surtout à rien.

Appeler immédiatement Brette et Cuvoc, fils et gendre, par la fenêtre, ils habitent en face.

Le Propriétaire.

Merci.

Je ferai ça dès demain. Quelle tranquillité. Surtout ne laisser aucune initiative à madame Solidor. Elle est nulle. Elle ne sait qu'astiquer tous les jours à la même place, ça en devient une patinoire creuse. Et secouer mes carpettes par la fenêtre. A propos de fenêtre, je parie qu'elle n'a pas rentré mon courrier. Mon volet doit être encore tiré, avec mon courrier derrière. Le facteur, encore un celui-là! je serais mort depuis un mois, déjà fétide dans ma cuisine, qu'il empilerait encore mes journaux sans donner l'alarme. Quand le tas serait trop haut, il en commencerait un autre à côté, quitte à tout laisser à la pluie. Il ne ferait pas l'effort de grimper sur son cadre de vélo pour continuer sur le même tas. Quoi? Qu'est-ce que vous dites? C'est pas son boulot de sonner le tocsin? Il est payé pour mettre le courrier, il le met, c'est tout. Tas de grévistes. Moi, si je voyais le courrier s'empiler anormalement dans la boîte aux lettres du facteur, j'irais sur le champ prévenir les gendarmes. Pourtant je ne suis pas payé pour ça. Il a toujours un verre dans le nez. Il lève le coude à chaque lettre recommandée. Et ça pleut ça, maintenant que personne ne veut plus payer ses dettes. Je t'y foutrais un coup de vent dans tout ça.

Qu'est-ce que j'ai au courrier? Ma gazette. Ça revient souvent. Et le reste? Rien. De la pub, encore de la pub, toujours de la pub. Un type qui m'envoie une petite maison à construire, pendant mes loisirs. Comme si j'avais des loisirs. Et j'ai déjà une grande maison. Quel scandale que cette pub. Toujours sur papier premier choix. On ne peut même pas s'en servir à la lunette. C'est épais, c'est glacé, ça ne marche pas. Encore s'ils vous envoyaient de la pub sur papier de vair. Aïe ! Qu'est-ce que c'est ? Une punaise ! Elle s'est enfoncée dans ma pantoufle, elle a traversé la semelle, elle s'est piquée dans mon calcanéum. Viens ici, punaise, que je t'écrase. Et d'où vient-elle cette punaise ? C'est celle de mon petit bénitier de Compostelle, bon Dieu. En morceaux mon petit bénitier de Compostelle. Je suis trop vieux pour faire le pèlerinage de Compostelle et racheter un petit bénitier. Ma pendule est arrêtée. Évidemment, les poids sont par terre. Ils vont du lundi au lundi. Lundi, c'est moi qui étais par terre. Vrai, il n'est pas gai mon tour d'horizon. Je n'ai pas encore trouvé un billet de mille que j'aurais oublié dans une bonbonnière. Ah non, je n'accuse pas madame Solidor ! Ce n'est pas une femme à ça. Elle trouve deux sous dans une raie du plancher, deux sous d'avant-guerre, elle me les apporte. Le temps qu'elle y passe me coûte plus cher que deux sous, mais le geste est là. Oh ! Une mouche qui a chié dans mon rideau. La salope. Une sacrée giclée. Ça se voit de loin. Peux pas nettoyer, ça ferait une auréole. Tant pis. Je vivrai avec ça devant moi. Et où est-elle, cette mouche ? Hein ? Elle s'est tirée après son forfait. Ah ! la voilà par terre, sur le dos. Quand même. Elle n'est pas allée loin. Évidemment madame Solidor ne l'a pas ramassée. Elle se baisse pour deux sous, pas pour une mouche. Et cette chaise qui est toute décollée. Moi, je le sais. Je ne m'assieds pas dessus. Mais quelqu'un viendrait, qu'elle dégringole et qu'il se casse le col du fémur, qui est responsable ? Le fabricant, l'usure ou moi ? Moi, c'est sûr. On me tomberait dessus. Il faut que je vérifie ça dans mon Code Civil. Où ? A l'article chaise ou à l'article responsabilité ? Il est vieux mon Code Civil. Il date de Napoléon. Avec toutes les nouveautés qu'ils y ont inaugurées, belles soirées en perspective. Même le Code Militaire est en déroute. Plus de Bat'd'Af', plus de Biribi. Pétaud partout.

Regardez-moi ce tas de gazettes. Je me demande pourquoi je m'abonne à la gazette. Je les fous régulièrement à la poubelle sans les lire. Pas le temps. Et pour ce qu'il y a dedans. La politique, toujours le même merdier. Les faits divers, ils me mettent en fureur. On ne retrouve jamais les assassins. Si on les retrouve, on les envoie en permission. Des petites annonces sur dix pages. Une page de matrimoniales. La semaine dernière, je suis tombé sur un comble : six dames cherchent six messieurs en rapport pour faire douzaine le samedi soir, sérieux s'abstenir. Et de la pub, toujours de la pub. Je regarde un peu la météo. Elle se trompe une fois sur deux, ça ne me sert strictement à rien. Vraiment je plains les marins qui s'embarquent avec des renseignements pareils. J'aime encore mieux consulter ma grenouille. Alors, Brakakouax, qu'est-ce que tu nous annonces pour aujourd'hui ? La pluie, encore. Tu veux la mouche ? Tu l'auras si tu annonces le beau temps. Tout ça me donne le bourdon. Tu veux mon bourdon, Kouax Kouax ? Assez de cette ignominie. Je sors. Je veux la voir de l'extérieur.

Je la vois.

Peu, qu'est-ce qu'il a fait, Peu ? Rien. Quand je suis là, il ne fait déjà rien, quand je n'y suis pas, c'est encore moins que rien. Je prends un homme deux matinées par semaine pour m'arranger mon fourbi, il m'étrille, toujours à demander des augmentations, il n'a pas de santé, c'est un ancien mangeur de lames de rasoir, en congé de maladie la moitié du temps et chaque fois qu'il y a les foins en vue, il se coupe un doigt. Il n'en a plus qu'un. Autant dire que je ne l'ai plus que pour un an. Il est vrai que d'ici là... Ça coïncidera juste avec sa retraite. Il ne pourra même pas se tourner les pouces. Il boit deux canettes de bière d'un coup et, l'hiver, il faut lui préparer du vin chaud avec de la cannelle, sinon il fait la gueule. Mais qu'est-ce qu'il a foutu, bon Dieu ? Quelle colique d'être obligé de recourir à des gens comme ça. Il a tondu ma pelouse. Il faut voir comme. Il a fait des échelles partout. Il était coiffeur avant d'être jardinier, c'est là qu'il avalait ses lames de rasoir. Pas étonnant qu'il ait fermé boutique.

Il y a beau temps que ma tondeuse est cassée. Elle n'a jamais marché, cette tondeuse. C'est le quincaillier qui m'a refilé ça, une bonne machine, qu'il disait, une mécanique anglaise, les Anglais sont portés sur le gazon. Un rossignol. Si je n'ai pas démonté la bougie cinq cents fois, je ne l'ai pas démontée une seule. Je la lance. Elle veut bien partir au bout de dix coups que j'ai tiré la ficelle, elle fait ratatatatata pouf. Et pouf. Elle décède. Il faut recommencer. Elle ne ressuscite pas. A la fin, je suis dans une telle rage, je lui allonge un coup de pied, je l'engueule et je la refous dans son coin. Il y a cinq ans qu'elle y est. Je ne veux pas en racheter d'autre. A mon âge, je ne l'amortirais pas. Et puis c'est une affaire de principe, je n'achèterai pas de tondeuse quand j'en ai déjà une chez moi. Alors Peu apporte la sienne. Il me la loue. Au prix fort. Non seulement il me fait payer ses heures de travail, mais encore ses heures de tondeuse. Il gagne sur tous les tableaux. Et en plus il se fait payer par la commune des heures qu'il a faites chez moi, et que je lui ai payées. Je l'ai vérifié.

Elle a une supériorité sur la mienne, sa tondeuse. Elle marche. Et puis elle est tractée. Feignant comme il est, il n'allait pas prendre une tondeuse qu'on pousse. Une tractée ça tire, ça va plus vite. Il s'arrange toujours pour traîner quelque part, à perdre le temps qu'il a gagné. Quand j'ai acheté ma tondeuse, il y avait aussi des tondeuses tractées. Beaucoup plus chères. Je n'ai pas voulu de ça. Je ne renâcle pas devant la besogne, moi. Mais des comme moi, on n'en fait plus. A quoi ça va nous mener ? On le voit bien. A la faillite, à la banqueroute. Aux petits vieux qu'on assassine. Quand on ne veut rien foutre, il faut bien prendre les sous dans la poche des autres, et c'est la poche des petits vieux qui est la plus béante. Ils n'iraient pas fouiller dans la poche de Charles Rigoulot. Charles Rigoulot, qui s'en souvient encore ? Pour être dans le vent, disons qu'ils n'iraient pas faire la bourse ou la vie à Maciste. S'il la réglait bien sa tondeuse ! Mais avec son doigt unique, il ne peut même pas tourner un écrou. Il y a des coins où elle ne coupe rien, et d'autres où la terre est toute raclée. On dirait que ma pelouse a la pelade. Il se baisserait pour arracher les mauvaises herbes ? Allez donc. Il tond, il passe, il marche sur ce qu'il a tondu. Il croit que je ne m'apercevrai de rien. Il laisse les pissenlits, les boutons-d'or, le pourpier et toute la chienlit. La mauvaise herbe, ça gagne comme la vérole. Quoi de plus joli que le petit trèfle rouge ? Laissez-le faire. Au bout d'un an vous aurez une pelouse de petit trèfle rouge au lieu d'une pelouse en gazon. Et la vraie pelouse, c'est du gazon. Il n'y a pas deux vérités. C'est comme la foi. Il n'y a que la foi qui sauve. L'autre ne vaut rien. Et la minette ! Je vais vous montrer. Je sors mon opinel, je coupe un pied, profond, sinon mieux vaut péter dans un hautbois, je tire, elle a déjà marcotté ici, je retire, elle a marcotté là-bas, je reretire, elle a reremarcotté plus loin, jusqu'à perpétuité, comme les concessions. Je m'arrête, j'en ai déjà plein la main. Et vogue la galère. Voyez les trous que ça fait dans le gazon. Il faut apporter du terreau millésimé, ressemer, arroser, chasser madame Solidor qui vient marcher dessus. L'œil profane ne voit pas le travail. Les gens vous disent : « Ah ! monsieur Lamiral, quel beau gazon vous avez là. On s'y roulerait. » Roulez-vous, iconoclastes, vous ne savez pas sur quels seaux de sueur vous vous roulez. Et mes bordures. Je n'en parle même plus. Perdues dans la nuit mérovingienne, quand le soleil restait des mois sans se lever tant il avait froid. Ç'a été quelque chose dans ma vie, mes bordures. Caresser chaque matin ces petites fleurs écloses de la rosée. Quand je n'ai plus joui des femmes, j'ai joui des bordures. Catholique et Français toujours, d'accord. Mais fuséiste et bordurier avant tout. Telles furent mes deux vocations. Maintenant, bordures et bordurier, c'est tout comme. La débine. Et mes rosiers. Avez-vous jeté un œil sur mes rosiers ? Vous avez du temps à perdre. Des résidus, des trognons. Il faut couper, arracher, foutre au feu. Au feu mes grimpants, mes remontants, mes pompons, mes Grande Pudeur de Shéhérazade, mes Pleurs de Badampudur. Au feu. Au feu. Et moi avec. Adieu mes roses.

Pourtant, que j'ai aimé les roses ! Bien avant d'être rosiériste. J'ai couvert mes femmes de roses. J'en voulais partout. Dans les halls, les salons, les boudoirs, jusque sur les lits, on les écartait pour entonner l'épithalame. Impossible de prendre le métro avec ces chargements. Je faisais livrer. Je frétais des fiacres. Pour le coup par coup, quand je me sentais un peu de désœuvrement, j'avais une recette infaillible. J'achetais une rose chez la marchande des quatre saisons. Une belle. Ça m'a toujours porté bonheur ces petites charrettes. J'abordais une fraîcheur sur le boulevard, mon canotier respectueusement levé. « Vous plairait-il, mademoiselle, d'agréer ceci pour votre soliflore. » Un instant de surprise. Un déclic d'émotion. J'embuais mon œil d'une langueur décisive. Elle baissait sa garde. Embarquée. Elle montait dans mon bateau, moi dans son escalier. Ah! l'odeur aigre-douce de ces petites arpettes au sortir de l'atelier, quand elles n'avaient pas encore eu le temps de se frictionner. Il y a des parfums qui vous déferlent comme des vagues à l'âme. Qui pourrait croire, à me voir porter ma main à mon cœur douloureux, que j'ai tant galopé dans les étages à la poursuite d'un soliflore? Ça avait du style. 1925. Charleston. Quand mes petits-neveux me racontent comment on drague de nos jours! Tas de malotrus. Moi, en partant, je laissais une belle rose, un lambeau de mon cœur aux épines, pas seulement des mégots écrasés, le bras du pick-up même pas relevé.

Oh merde! Mille merdes! Il m'est tombé une tuile. Une tuile ne tombe jamais seule. Si mes toits s'envolent maintenant, il est temps de dénicher un pigeon et de tout bazarder. Allez trouver des tuiles anciennes par les temps qui courent. Et je ne suis pas de ceux qui dévalisent les petits lavoirs au bord de la rivière. Il n'y en a plus, je l'ai déjà dit avant-hier. C'était beau, ces petits lavoirs tout le long, le long de l'eau. Avec leurs lavandières multicolores qui chantent, qui battent, qui tordent, qui essorent et qui ont le cul en l'air. Un cul peuplé de festons et de culottes à troutrou. Si vous passez par là avec votre épingle de cravate et votre canne à pommeau, vous faites sensation. Vous pouvez demander qu'on vous lave votre pochette et qu'on la repasse. Vous vous feriez un plaisir d'aller la reprendre à domicile. Sincèrement je le dis, je n'ai jamais tenté le coup. Je me promène rarement en épingle de cravate et canne à pommeau le long de la rivière. Et puis, les sociétés de femmes m'ont toujours terrorisé. Que cette chair épanouie, d'un seul coup se redresse comme un seul homme, carnassière, tous battoirs levés et vous coure sus, pour vous laver la tête et la plonger dans le courant qui sent le cresson et le savon de Marseille, cette horreur m'a toujours fait reculer. Je passais mon chemin, mon archétype insatisfait, ma symphonie inachevée. Mon coït interrompu.

Qu'ai-je à divaguer ainsi sur les lavandières ? C'est hors de mon sujet. Encore les vieux jupons qui me remontent. Quand j'avais comme ça des flottis de luxure, Estelle me disait de sa grosse voix exécrable : « A quoi rêves-tu, Alcindor ? » Tu as raison, Estelle, tu as toujours raison.

Revenons à notre inventaire. On n'en sort pas. J'en aurai des sueurs froides cette nuit, je prendrai envie de pisser, il faudra que j'y aille, ça finira de me réveiller, arriveront mes brûlures d'estomac, j'avalerai le plâtre à Pinder et jusqu'au matin je me retournerai dans mon lit, je me lèverai tôt pour un nouveau jour de malédiction.

Allez, passons au jardin.

Ça commence bien. La porte est ouverte. Parbleu, un gond a sauté. La rouille a bouffé les vis. C'est encore Peu qui a cassé ça. Il pousse une porte de jardin comme une porte de banque. Il ne voit pas que c'est vieux. Je ne voudrais pas qu'il me touche avec son doigt, il me casserait un gond. Quoi faire pour réparer une antiquité pareille ? Rafistoler avec du fil de fer ? Ça va être joli, et le ticlet ne viendra jamais à la bonne hauteur, ça battra par grand vent. J'aime encore mieux ficeler avec une ficelle. Ça fait provisoire. C'est une porte ouverte sur l'éventualité. Je la regrette cette porte, elle tournait comme une valse, elle avait l'air d'une petite porte de jardin pour y cueillir du romarin. C'était un passage, une étape, une station. Quand je la tirais derrière moi, il me semblait franchir un parvis. J'entrais dans mon royaume.

Mon jardin.

Il fut.

Comme furent Sparte ou Carthage. A parcourir leurs sites déserts, on se demande si elles furent vraiment. On accuserait l'Histoire de mensonge, comme on peut me traiter d'imposteur quand j'ose parler de mon jardin. Et pourtant j'aimais le foisonnement menu des graines au printemps, la candeur des jeunes pousses que je disputais au gel et aux oiseaux, leur âge ingrat où l'on se demande si elles vont mal tourner, l'éclatement brutal de leur toison, la force de leur âge et leur maturité qui me récompensait de toutes mes peines. Quand j'étais à cueillir mes haricots ramants, je me croyais en pleine forêt d'Amazonie. Je prenais peur. Je sortais précipitamment de cette luxuriance sombre en renversant mon panier. La sérénité des pommes de terre me rendait le calme, et je m'enfonçais à nouveau dans la selva.

J'étais le roi de la citrouille. Monarque absolu. Primé tous les ans au concours agricole. Je montais et descendais les gammes chromatiques des courges pour jardin bien tempéré. Dans les graves, les potirons. Boum, je plaquais des accords sur leurs fesses de Bataves. A l'automne quand je les engrangeais, j'étais Atlas portant le monde. La Terre enfantait dans mes bras. Boum, boum, deux octaves plus haut, c'était le médium des courges de Hubbard, des courges coutors, des courges de Patagons. Boum, boum, boum, montait le contralto sucré des melons noirs des Carmes, des melons brodés de Tours, des melons à rames. Boum, boum, boum, boum, le soprano des concombres. Ping, ping, tout en haut, les pizzicati des cornichons. Ah ! les cornichons. Les cueillir avant le soleil, les brosser, les mettre à dégorger dans le sel. Estelle s'essoufflait sous les cornichons, les bocaux s'alignaient aux fenêtres, ses amies repartaient croulantes de cornichons, le curé en raflait pour sa vente de charité. Maintenant, plus de cornichons, plus d'Estelle, plus d'amies d'Estelle, plus de curé, je les ai foutus à la porte, ils ne rapportaient jamais les pots vides. Il y a des gens qui mangent des bonbonnières sans pouvoir se retenir, moi, je piquais un cornichon dans le pot, hop, ex abrupto, et je repartais à ma musique. Concertos pour citrouille et orchestre, sonatines pour poireaux et salsifis, suite pour petits pois serpettes, branle de panais solo, duos de lentilles, passacailles aux choux, pavanes de radis, chants profonds des raves, passions selon courges saint Jean, fanfares de topinambours, ariettes de sarriette, largos d'épinards, tutti de betteraves, barcarolle pour Flora, ma belle romaine. Alors, les cheveux en bataille, j'arpentais l'ombre des pommiers plein vent et des pêchers tétons de Vénus pour écouter les échos de cet Alléluia que répercutaient les collines. Bientôt tomberaient les prunes et j'en ferais de la blanche. Oui, monsieur, de la blanche, car j'avais, et j'ai toujours, et j'en suis fier, le privilège de bouilleur de cru. Oui, monsieur. Mais je n'ai plus rien à bouillir.

Et maintenant le requiem.

Des dix ares que j'ensemençais, j'en ai laissé tomber un, puis deux, puis trois, puis tous. J'ai tout remis en gazon. Peu tond, impassible et bestial. Jardinier qui voit son jardin tondu voit sa déconfiture. Les semeurs de quatre sous qui regardent pardessus ma haie rigolent de la honte de Lamiral. J'ai gardé un maigre carré de persil, de cerfeuil et de ciboule. Je transporterai bientôt ça sur ma fenêtre dans un bac en plastique que je bassinerai de mon fauteuil à roulettes avec un arrosoir d'enfant. Plus possible d'arracher un séneçon sans que le cœur me serre, la tête me tourne, tout craque dans mes vieux os.

J'en ai assez de parler à l'imparfait.

Quelquefois, à voir ma ruine, il me vient la furie de piétiner ma vie comme un parterre de giroflées, d'en faire de la bouillie verte et de la prendre à pleines mains pour en maculer un grand mur blanc. Comme avec de la bouse de vache.

J'entends dans mon verger ricaner les petites bêtes. Vingt ans, j'ai tenu en respect ce grouillement ignoble. L'homme contre la petite bête. Les ennemis héréditaires. La lutte à mort. Pas de quartier. Jamais d'armistice. Ça n'attaque pas de front, cette infamie-là. S'il vous arrive un vol de sauterelles, vous pouvez sortir votre mitrailleuse lourde. Mais contre ces minuscules qui vous prennent à revers, qui coupent vos communications, qui minent vos cuirassés, que faire ? Tirer en l'air ? Les moineaux s'envolent, mais les marteaux piqueurs continuent dans l'ombre. Lever le drapeau et partir à l'attaque, n'est-ce pas, mon Capitaine ? Le plus bel officier, si son pantalon est bouffé au cul, perd toute contenance. Ça rigole sous les écorces. Vous ouvrez grand la bouche pour hurler « En avant ! » Un kamikaze s'y engouffre, vous l'avalez, il est mort, mais vous éternuez. Ça fait : « A vos souhaits, ouhaits, ouhaits... », dans les termitières. Vos oreilles sont trop grosses, elles n'entendent pas. Prenez un cornet acoustique. La nature n'est que craquements, rabotis, vrillades, vacarme de machines-outils. L'horloge de la mort sonne dans vos meubles. C'est le bon Dieu qui a créé cette engeance ? Allez donc. Il dormait un dimanche matin, les cloches ne l'ont pas réveillé. Un sous-fifre a pris les commandes, il a lâché tout ça comme un pet. Un gaz, c'est extensible à l'infini, ça prend les dimensions du récipient. Le pet du sous-fifre a empli l'univers. Voilà ma Weltanschauung. Allez rattraper un pet. Les minuscules araignées rouges, les pucerons lanigères, les plus petits, les infimes, les moins d'un micron, les qui tarasquent, qui sucent, qui turbinent, qui râpent, qui vibrionnent, qui vrillebrequinent, qui vous foutent la diarrhée, voilà l'avenir. Le Bon Dieu s'est réveillé devant le fait accompli. Il est débordé. Dans sa déroute, il nous appelle à son secours, nous, les jardiniers. Il s'enfuit en Zeppelin, après nous avoir refilé à la sauvette un paquet de D.D.T. Le sous-fifre rebelle devient Prince de ce monde et nous, nous faisons un baroud d'honneur avec la pompe à Flytox. Vous vous croyez à l'abri dans votre bunker. Inconscients. Vous grouillez d'œufs.

Déjà quand on peut voir ça à l'œil nu, ça inquiète. Mais habillez votre œil et vous gèlerez sur place. Tarières, rostres, suçoirs, dards, mandibules, trompes, palpules, ventouses, cisailles, pinces, broyeurs, concasseurs, ça n'a plus face d'animal. Un loup, un tigre, un dinosaure, même un gros poisson, ça fait peur mais c'est encore de la famille. On dit « Peu, il a une tête de méduse ». « Souriceau, il a une gueule de rat. » C'est abordable. Mais les autres, les yeux en acier qui ne vous regardent pas, qui n'ont pas un cil, qui transmettent votre photo à leur cervelle à transistors, les jugulaires en ferraille, les masticatoires en platinum, quel forgeron a fabriqué ça dans ses antres ? Jamais le répit d'un sourire. Quelle prière adresser à ça ? Ou vous écrasez, ou vous êtes laminé. On n'a jamais traité personne de tête de cochenille, tête de ciron, tête de virus. Ça ne veut rien dire. Ce n'est même pas une injure. C'est d'un autre monde. Vous êtes sous le feu d'un tas de témoins de votre humanité acculée. Et leur expliquer quoi ? Qu'est-ce que ça entend ça, qu'est-ce que ça dit ? Ça n'a pas de langue, seulement une lame vibrante microscopique. Ça pense en logarithmes. Regardez un escargot. C'est sympathique. Ça mange vos salades, mais avec de la patience, on sent qu'on aurait quelque chose à mettre en commun. Tandis que, vers les autres, vous pouvez toujours agiter vos sémaphores et lancer vos signaux. Si, j'ai connu des puces savantes sur les foires, jadis. Elles tiraient de petits chariots. Voilà peut-être une issue, une brèche dans tous ces sourds-muets. Voilà ce qu'il faudrait exploiter pour soulager le pétrole qui défaille. Faire marcher toutes les petites bêtes dans le même sens. C'est minuscule, mais il y a le nombre. C'est courageux. Ça travaille nuit et jour pour un petit salaire. Ça finirait par faire tourner de grosses roues. C'est la dernière chance. Sinon, c'est le génocide, le grand gargouillis dans leurs hachoirs rotatifs, l'Antéchrist. Ça me gratte de partout, ça me piétine la cervelle, ça me digère la mémoire. Chevalier du trombidion, franc-tireur de l'aoûtat, je lève le drapeau blanc. Je n'en puis plus. Sauve qui peut. Au secours ! Au secours !

Tiens, on sonne. Je n'entends jamais sonner, mais je crois bien qu'on a sonné. Tiens, on resonne. Qui diable peut sonner à cette heure ? Il est temps de dîner. C'est Souriceau trotte-menu, bon Dieu, je vois ses petites pattes sous le portail. J'ouvre ? J'ouvre pas ? Il a dû m'entendre appeler au secours. Il resonne une troisième fois. Il insiste, le bougre. Allez, allons-y, il faut y aller. « Oui, voilà, on vient. »

Mais oui, c'est Souriceau.

– Bonsoir, monsieur Souriceau, comment ça va ?

– C'est à vous qu'il faut le demander, monsieur Lamiral.

– Eh bien, me revoilà ! Je suis revenu.

– Oui, je vois.

– On a la peau dure.

– Sûr.

Je le fais entrer ou je ne le fais pas entrer ? Si je le fais entrer, il ne ressortira plus.

– Entrez donc un moment, monsieur Souriceau.

– Il est tard, monsieur Lamiral. Avec la Mulote, on a vu que vous étiez de retour. Je venais seulement aux nouvelles. Je ne voudrais pas vous déranger.

– Mais vous ne me dérangez pas du tout, monsieur Souriceau.

Gros mensonge. J'allais dîner. Et puis, il me dérange toujours. Tout le monde me dérange toujours.

– Je n'étais pas encore au moment de dîner, monsieur Souriceau. Mes neveux sont partis tard.

– Un tout petit instant alors, monsieur Lamiral. On est tellement contents de vous revoir.

Il faut que je lui offre un petit quelque chose. Ça m'emmerde, mais je ne peux pas faire autrement.

– Vous prendrez bien un petit verre, monsieur Souriceau.

– Oh ! monsieur Lamiral, je ne voudrais pas abuser.

Il faut que j'insiste. C'est décent.

– Mais vous n'abusez pas du tout, monsieur Souriceau. Il faut fêter mon retour, je reviens de loin.

– Tout ce sang, monsieur Lamiral. Pour une fois qu'une bohémienne sert à quelque chose.

Tonnerre. Revoici la bohémienne.

– Il s'en est fallu de peu, monsieur Lamiral. Quand je pense que ce matin-là je ne suis pas venu chez vous de peur de vous ennuyer. Je vous avais trouvé un peu fatigué la veille.

C'est lui qui me fatigue.

– Vous voyez, monsieur Lamiral, souvent quand on veut bien faire, on tape à côté. Je m'en serais voulu jusqu'à la fin de mes jours.

Brave homme. Je ne lui ai pas encore demandé ce qu'il voulait.

– Que prendrez-vous, monsieur Souriceau ? J'ai là un petit fond d'arbouse et quelques larmes de Papageno.

– Quoi ! Des larmes de Papageno ! Mais ça ne se trouve plus, monsieur Lamiral. Pour des larmes de Papageno, je crois que je me laisserai faire. Ça me rappellera le bon temps. Seulement un doigt en travers.

Je ne vais pas lui dire que j'en ai encore trois bouteilles de contrebande. Je verse les larmes de Papageno.

– Tenez, monsieur Souriceau, j'en prendrai un peu avec vous pour trinquer.

– Vous m'en avez trop mis, monsieur Lamiral.

– Bah ! monsieur Souriceau. Ce n'est pas tous les jours qu'on arrose une résurrection. A votre santé.

– C'est à vous qu'il faut dire ça, monsieur Lamiral. A la santé des absents et de la bohémienne avec.

Encore cette bohémienne.

– Cette bohémienne, vous la connaissez, monsieur Souriceau ?

– Non, monsieur Lamiral. C'est une jeune. Elle était pressée. Elle allait aux Saintes-Maries pour le 25 mai.

– Ah !

– Elle était drôlement enceinte, monsieur Lamiral. Elle avait une grosse bosse sous sa jupe, mais pas au milieu.

– Ces gens-là ne sont pas faits comme nous, monsieur Souriceau.

Je ne vais pas lui dire que c'était le coq à Mafrance.

– Quand même, elle n'arrivera pas aux Saintes-Maries, monsieur Lamiral. Elle accouchera avant.

– Elles ont l'habitude, monsieur Souriceau.

Elle a accouché un peu plus loin, derrière la haie, d'un beau coq bien constitué, déjà tout emplumé.

– Ce qu'elles sont bonnes vos larmes de Papageno, monsieur Lamiral. Pas du tout amères.

Le gaillard. Il en voudrait encore !

– Un peu plus, monsieur Souriceau ?

– Ah ! non. Sans façon, monsieur Lamiral. Il ne faut pas abuser des bonnes choses. Et puis je dois me rentrer. La Mulote a dû tremper la soupe.

Il se lève. Un silence.

– Bon. Je m'en vais, monsieur Lamiral. Je vous remercie de ces larmes de Papageno. Mais, mais, je voudrais vous dire quelque chose encore...

Quoi donc, diable ?

– Dites, monsieur Souriceau.

– Heu, heu, la Mulote et moi, on se demandait si, si vous alliez rester ici.

– Comment, rester ici.

– Oui, dans cette grande maison, tout seul, ça n'est pas prudent.

– Et où voulez-vous que je sois mieux, monsieur Souriceau ? On va me poser le téléphone.

– A la bonne heure, le téléphone c'est déjà une sécurité. Non, on se demandait ça parce qu'on aime bien vous avoir comme voisin. Et puis on avait entendu des bruits, que vous entreriez peut-être en maison de retraite, enfin, je sais pas, en l'air, comme ça.

– Comment, en l'air ! Qui vous a parlé de maison de retraite ?

Y aurait-il eu des fuites ?

– Personne en particulier. Ça vient à l'idée quand on voit quelqu'un d'un peu âgé, oh ! vous n'êtes pas vieux, monsieur Lamiral, ce n'est pas ce que je voulais dire. Mais enfin on se dit que ce serait plus commode.

Vais-je le foutre à la porte pour se mêler de ce qui ne le regarde pas ?

– Non, monsieur Souriceau, rien n'est prévu. Je reste. Jusqu'à nouvel ordre.

– C'est très bien monsieur Lamiral. Comme ça, on est fixés. Je suis content de vous voir debout. Je suis déjà parti.

– Merci de votre visite, monsieur Souriceau.

– Surtout si quelque chose vous manque, ou si... quelque chose ne va pas, ne vous gênez pas, monsieur Lamiral. Vous savez qu'on est là. Ça sera toujours avec plaisir.

– Encore merci, monsieur Souriceau. Bonsoir à madame Souriceau.

– Bonne nuit, monsieur Lamiral. Je passerai demain si vous voulez.

Que je le veuille ou non, il passera.

– C'est ça, monsieur Souriceau. A demain.

Il est parti. Pas trop perdu de temps. Un quart d'heure. M'en suis bien tiré.

Et le coq ! Fini ! Les camps-volants l'ont mangé. Plus de pièce à conviction.

Allez, je vais en profiter pour fermer mes volets sur la rue. Et mon portail. Un tour de clé, deux tours de clé. Si on sonne, je n'ouvre pas. D'ailleurs je n'entends jamais la sonnette. Ah ! Grande journée !

Allez, rentrons. Ce soir, c'est formidable, pas de cuisine à faire. Angélique m'a laissé un tas de choses.

J'ai fini le clafoutis à l'ananas.

La nuit tombe. Le couchant est rouge. Signe de beau. Je me sens las. Je ne suis plus bon qu'à aller au lit. Commençons la manœuvre. Ça prend du temps.

D'abord tout préparer pour mon petit déjeuner. Que demain matin je n'aie plus qu'à faire chauffer l'eau et à la verser sur le filtre. J'aime bien trouver tout prêt, c'est comme si quelqu'un s'était occupé de moi. Rien ne manque ? Surtout que je n'oublie pas de sortir le beurre, qu'il soit mou. Sinon, il s'étale mal, il choit dans le café, impossible de le coincer, il faut le forcer à la petite cuiller. C'est la première fureur de la journée. J'ai pris la résolution de ne plus me mettre en fureur avant midi.

Tout est paré ? J'éteins.

Passons à la suite. Au cabinet de toilette. Mes dents. Chapitre sinistre. J'ai perdu bien des cheveux à perdre des dents. Où est-il le temps des cure-dents ? C'est la mi-temps de l'âge. Qui dit cure-dents, dit encore dents. L'ère des cure-dents est reconnaissable à ce qu'on en a partout, dans ses poches, dans son gousset, dans ses tiroirs, dans son porte-monnaie. Il en tombe quand on quitte son pantalon. C'est un objet répandu à travers toute la maison. On s'en constitue des cachettes de-ci, de-là, qu'on puisse en trouver en cas d'urgence. C'est toute une politique en marge de la grande politique. On ne connaît pas son bonheur. On regrette après, quand arrive l'enfer de la prothèse volante. Aux armes ! Brosse jaune, tube vert. Ça, c'est pour mes dents proprement dites. Il m'en reste trois, on le sait. Trois chicots, vestiges des mégalithes de jadis, quand je mangeais mon assiette à la fin des banquets. A traiter avec d'infinies précautions. Brosse verte, tube rouge. Ça, c'est pour mes prothèses volantes. Brosser longtemps, de dos, de face, de trois quarts. Mettre à flotter dans un verre. Elles y passeront la nuit. Brosse rouge, tube jaune. Ça, c'est pour mes gencives. Masser, masser je ne sais quoi, mais masser prudemment. Rien ne me donne autant une impression de vanité.

Tout est paré ? J'éteins.

Traversons la salle à manger. L'horloge ne s'est pas remontée toute seule. Je n'entendrai pas sonner les heures si j'ai mes insomnies. J'aime sentir un autre cœur battre près du mien, même s'il est mécanique. Elle est arrêtée sur une heure vingt-cinq. Pour la remettre à l'heure, il me faudrait faire tout sonner, heures et demie, jusqu'à, quelle heure est-il donc ? Jusqu'à dix heures quatorze. Ça me ferait combien de coups ? Un pour la demie de une, deux pour deux *(bis)*, un pour la demie de deux, trois pour trois *(bis)*, un, quatre *(bis)*, un, cinq *(bis)*, un, six *(bis)*, un, sept *(bis)*, un, huit *(bis)*, un, neuf *(bis)*, un, dix *(bis)*. Une éternité. Je n'ai pas le temps ce soir. Me relèverai-je cette nuit à une heure vingt-cinq ? J'attendrai demain. C'est plus pratique. Je fais un nœud à mon mouchoir.

Tout est paré ? J'éteins.

Je grimpe l'escalier de ma chambre. Il devient de plus en plus raide. Je manque de compression. La marche numéro 5 grince. C'est sa façon de me dire bonsoir. Bonsoir. Madame Solidor a encore fait mon lit de travers. Quand comprendra-t-elle qu'il ne faut pas coincer la couverture ? Ça m'écrase. Je pose ma casquette sur la commode. Tous mes tricots, un, deux, trois, et quatre. J'ai maigri d'un seul coup. Il ne reste rien de moi. Quelques os qui promenaient de la laine. Où donc est ma chemise de nuit ? Elle a oublié de me la sortir. Laquelle je prends ? La première de la pile. Il lui manque un bouton. Un petit foulard autour du cou. Mes pantoufles. Je les range bien l'une contre l'autre. Je n'aime pas qu'il y en ait une qui dépasse. Là. Ça m'apaise. Mes chaussettes sur le bras du fauteuil. Mon pantalon. Inutile de le plier.

C'est mon pantalon de zouave. Mon caleçon. Encore une interrogation. Le poser ou ne pas le poser ? En avril, ne te découvre pas d'un fil. Morale stricte, on avait une règle de conduite. En mai, fais ce qu'il te plaît. Libre arbitre. *Ad libitum.* Que faire de ma liberté ? Je la garde. Je délibérerai demain. Qu'est-ce que j'oublie ? Que je n'aie pas à me relever comme tous les soirs. Mon pot ? Dans son logement. Mon mouchoir ? Sous le traversin. Il a un nœud. Pourquoi ? Je vais mettre ma casquette à l'envers pour me faire souvenir qu'il y a un nœud à mon mouchoir. Mes pastilles pour la toux. J'ouvre la boîte. Elle est dure, la vache. J'en sors deux. Si j'en ai besoin de plus, je laisse la boîte à côté, je referme le couvercle, sinon elles vont s'éventer. Elles le sont déjà, je ne tousse jamais, le matin je remets dedans celles que j'ai sorties la veille. J'ai calculé que c'était les deux mêmes qui se retrouvaient ensemble toutes les cent quatre-vingt-dix nuits. En moyenne. Mon réveil. Sur sept heures et demie. Que j'aie tout mon temps avant l'arrivée de madame Solidor. J'ai horreur de courir. La tirette est bien tirée ? J'espère qu'il ne s'arrêtera pas. Il m'a fait le coup il y a trois ans. Heureusement, je me réveille sans réveil. C'est tout ? Ma prière du soir. Vains dieux ! Le principal. J'allais oublier. Des fois que je décède. Il vaut mieux mettre les chances de mon côté. S'il y en a. J'aurais dû y penser avant. Je ne suis pas convenable en petite tenue. Je ne vais pas remettre mon pantalon pour faire ma prière du soir. Le bon Dieu m'a fait venir au monde tout nu, il m'acceptera en bannière. Courte prière. Fini cette fois ? Ma porte est bien fermée, mon rideau tiré, ma casquette sur la commode. Elle est à l'envers. Pourquoi ? Je me couche. Mon sommier geint, il se fait vieux.

Tout est paré ? J'éteins.

Foutre de foutre ! J'ai oublié de régler mon thermomètre mini-maxi sous mon arbre. Il faut que je me relève. Quelle affaire. Enfiler ma robe de chambre, remettre mes pantoufles, ouvrir mes portes, les refermer, allumer, éteindre, m'enrhumer, oublier de remettre ma casquette à l'envers, oublier de m'enrhumer. Je laisse tomber. Tant pis. Je n'ai plus de tête, bon Dieu, de bon Dieu de mille dieux. Du calme, si je m'énerve, je vais passer une nuit blanche. Je récite des actes de contrition, c'est un bon somnifère. « Mon Dieu j'ai un très grand regret de vous avoir of... » Ça marche. Je rêve. Donc je dors.

Le 3 mai

Hourra ! La lunette a fonctionné. J'en étais sûr. Un vieil homme de lunette comme moi ne se laisse pas coincer. C'est une consolation dans ma déroute. Je ne m'en irai pas de la lunette. Je trouverais ça déshonorant. Ça m'a mis d'assez bonne humeur. Le changement de caleçon est passé comme une lettre à la poste. Ne l'oublions pas, c'est aujourd'hui que j'inaugure mon nouveau planning, changer de caleçon deux fois la semaine. Ça tombe bien. Pinder doit venir. Allons, allons, ne nous laissons pas trop la bride sur le cou. Madame Solidor va arriver et je ne serai pas prêt. Elle est toujours en retard, neuf heures et quart au lieu de neuf heures. Et toujours une excuse. Sa chatte a mis bas, ou bien son mari a eu une attaque, ou vice versa, elle s'embrouille. Comme elle s'en va à midi vingt ou même vingt-cinq, elle me fait ses trois heures, elle ne me carotte pas. Mais j'aimerais mieux qu'elle arrive à l'heure. Pour le principe. Ma pendulette Second Empire sonne juste neuf heures. Elle avance de deux minutes. Ça, par exemple, la voici ! Pour une fois qu'elle est dans les temps, quel pétrin. Il faut que je me terre pour finir ma toilette. Et vite. Sinon, je serai obligé de lui donner des nouvelles. C'est pas le moment. Je l'ai bien dressée, elle n'est pas venue m'en demander hier. Elle commence à connaître l'homme. Elle ne parle que quand je l'interroge.

Pinder va sonner sans que je sois rasé. Il me trouvera encore plus mauvaise mine. Il entonnera à nouveau son couplet. Il ne pourrait pas être précis dans ses rendez-vous, Pinder ? Il dit « Je passerai dans la matinée. » Qu'est-ce que c'est, dans la matinée, neuf heures ou midi moins le quart ? Il va encore me faire poireauter, j'ai autre chose à faire, tout est en chantier ici. Parbleu, je l'aurais parié, la mère Solidor secoue déjà mes carpettes. Tous ces événements me rendent fébrile. Je vais me raser de travers. Ça me terrorise de regarder la pelouse de ma figure. Je ne peux quand même pas mander Peu pour la tondre. Monodactyle comme il est, il faudrait qu'il tienne la lame entre ses dents. Pouah ! Je le verrais de tout près. Allons-y doucement. Là au menton, de chaque côté de la bouche, c'étaient des rigoles, c'est devenu des torrents. Des talwegs, dirait mon Capitaine. Des rides d'expression, dit Angélique. Je ne manque pas d'expression. Voilà. Ça n'a pas manqué. Je me suis écorché. L'estafilade du barbier n'est pas guérie que je m'en fais une de l'autre côté. Quel jeu de massacre. Balafré comme un cracheur de feu. Ça me fait une gueule ! Quand j'étais petit je gagnais tous les concours de grimaces à la foire. Je me donnais sacrément du mal. Il en fallait des astuces pour démolir ma figure. Aujourd'hui je remporterais tous les premiers prix. Rien qu'à voir passer ma tête dans le trou, les gens hurleraient « C'est lui, c'est lui ! » Regardez, je sais faire la tête de cheval. Une tête de haridelle. Avec mes râteliers en bataille je vais prendre le mors aux dents. Ah ! Ah ! Si je les enlève, ça fait tout noir à la place. Une haridelle bouche-noire. Alcindor Boccanegra. Ah ! Ah ! C'est nouveau. J'ai encore inventé quelque chose. Au lieu de faire en hauteur, je fais en largeur. J'attrape mes joues. Le menton vient à la hauteur du nez. J'ai perdu la mâchoire inférieure. On dirait une sole. Ah ! Ah ! Plusieurs fois de suite. En long, en large, la quille, la boule, la quille, la boule. Ah ! Ah ! Je me tire un œil, je plaque le nez en travers, je mets l'autre œil au milieu de la figure. Ça fait déjà vu. Ah ! Ah ! Ah ! Attendez, j'en ai d'autres. Je tire fort sur les yeux par-dessous, j'écrase le nez, je gonfle les joues, je sors la langue, ma coupure sanguinole. Qui c'est ? Tarass Boulba après son combat contre Maciste dans le Caucase. Ah ! Ah ! Ah ! Ah !

Morguienne! j'ai le nez dans un bel état, mais je sens d'ici l'oignon qui brûle. C'est encore madame Solidor dans son ragoût. Elle ouvre la fenêtre. Ça fume comme le Krakatoa. Elle n'est vraiment pas douée cette femme-là. Déjà qu'elle ne me cuisine que des ragoûts, parce qu'elle dit que ça se réchauffe, il faut en plus qu'elle fasse brûler les oignons. Je ne peux pas être tous les jours au restaurant. Une fois par semestre, ça suffit. Ça me fait voir trop de monde. Il faut me mettre sur mon trente et un. Madame Suzy, la gargotière, veut à tout prix me faire la conversation. Elle croit que ça me fait plaisir, je n'en sens plus ce que je mange. Pour une fois qu'il n'y a pas de ragoût, je ne vais pas dilapider vingt-cinq ou trente francs pour parler la bouche pleine. J'ai horreur de ça. Surtout devant les dames. Madame Solidor a dû maîtriser l'incendie. Elle referme la fenêtre.

Pinder ! Déjà ! Dans ma cour ! Sans avoir sonné ! Le vétérinaire ! Je ne suis pas prêt. Bien fait, ça m'apprendra à jouer aux grimaces devant la glace. La mère Solidor va le faire entrer, il va lui demander de mes nouvelles, elle répondra qu'elle ne m'a pas vu, ça la fout mal. Vite. Mes dents, mes lunettes, un coup de peigne. Un coup de peigne dans quoi ? Dans le cuir chevelu. Chevelu ! Ah ! Ah ! Ma coupure qui saigne, il va croire que ça recommence. Mes souliers ? A l'autre bout de la maison. Tant pis, j'y vais en pantoufles. Ma cravate ? Au premier. Pas de cravate, j'ai horreur de ça. Il s'en passera, c'est moi le malade, après tout. Allez hop, mon veston. Ma pochette. Je boutonne quand même ma chemise en route. « Bonjour, Docteur. »

Pinder est parti à plus de dix heures et quart. Pour une fois il a mérité ses honoraires. C'est bien ce que je pensais, il est venu me faire son cirque. Il a remis ça avec la maison de retraite, Dupanloup, la surveillance. Pourquoi pas la haute surveillance, pendant qu'il y est ? Je ne l'ai pas pris comme ça, j'ai haussé le ton, je l'ai envoyé promener et Dupanloup avec. Il a vu à qui il avait affaire. Il s'est radouci, le docteur Pinder. Il m'a quand même fait une ordonnance, recto-verso. Une flopée de gouttes, de cachets, et ce qui m'emmerde le plus, des piqûres, tous les jours, à domicile. Il me faudra monter la garde à attendre l'infirmière, son cyclo est toujours en panne, écouter si on sonne, aller ouvrir quand je crois qu'on a sonné et qu'il n'y a personne, surveiller mes caleçons, qu'ils soient possibles. Elle va me les faire dans les fesses, je n'aime pas montrer ça, elles sont grosses comme des griottes, je les aurai en passe-thé. J'ai quand même reconduit la Faculté à mon portail, elle est remontée dans sa guimbarde, elle est allée plus loin porter sa Science.

Elle n'était pas partie depuis cinq minutes qu'arrive Souriceau. Il devait guetter par-dessus la haie. Il venait aux nouvelles. Il devrait bien se rendre compte que ça m'horripile, à la façon dont je lui réponds. Personne n'a à connaître que derrière mon portail, je porte souvent la main à mon cœur et que je m'arrête pour reprendre mon souffle. Est-ce qu'on me foutra enfin la paix !

D'ailleurs, ma santé n'était qu'un prétexte. Il venait en fait pour m'annoncer que son fils s'était encore élevé dans l'échelle sociale. Le voilà ingénieur diplomatique. Je n'ai pas osé lui demander ce que c'était, tant ça avait l'air d'aller de soi. Qu'est-ce qu'il peut bien faire, Souriceau fils ? Vérifier les ascenseurs du Quai d'Orsay ? Graisser les roulettes des fauteuils qu'on pousse sous le fondement des ambassadeurs pour supporter leurs restrictions mentales ? Des ingénieurs. J'en ai connu de ces petites têtes d'épingle parcheminées, prêts à tout révolutionner, alors qu'ils n'ont vu de feu que dans la cuisinière de leur mère. Ils devenaient verts quand j'approchais une allumette d'une fusée. Tas de blancs-becs. Pour Souriceau, c'est le fin du fin, lui qui était petit chef de gare sur une ligne secondaire. Un jour il m'a montré une photo. On le voyait plastronner entre deux sous-fifres, un aiguilleur et un lampiste. Il n'avait même pas d'employé au guichet. Il me disait niaisement qu'il avait un travail fou, que c'était lui qui donnait les billets. Encore, je n'ai pas pu voir ce qu'il avait sur sa casquette, ni même son sifflet. Il n'était peut-être que garde-barrière. Sur un chemin de traverse. Enfin il est parti. Je ne lui ai rien offert. Pas tous les jours. Les larmes de Papageno sécheraient trop vite.

Madame Solidor a filé comme un pet sur une tringle à rideaux. Elle devait se dire que j'avais senti ses oignons brûlés. Nous n'avons échangé aucune parole ce matin. C'est un succès. Je lui flanque des flux de ventre. Je dois avoir un air d'autorité. N'a pas d'autorité qui veut. Tout le monde me craint. J'aime ça.

Voilà à quoi s'est passée ma matinée. Une matinée de ministre. Deux visites. Et maintenant, le ragoût de madame Solidor. L'horizon est bouché.

Le ragoût est encore plus innommable que prévu. Un record. Trop cuit et coriace, tout ensemble. C'est exécrable. Il faut vraiment que je sois de la vieille école pour avaler ça. Je m'en suis endormi, le nez dans mon assiette. J'ai été réveillé en sursaut par mon transistor qui hurlait un rock'n roll à mes oreilles. Pourtant je suis sourd de la droite, celle qui était du côté du poste. Jusqu'à quand subirons-nous des agressions pareilles, nom d'un chien ? Quand fera-t-on des émissions pour les vieux, douces, reposantes, laxatives ? Ces charivaris, pour les cardiaques, c'est la mort. Je lui ai coupé la chique. Il est parti gueuler ailleurs. J'ai voulu regarder l'heure. Mes lunettes étaient tombées. Indemnes. Une chance. Une heure cinquante-six. J'avais dormi trois quarts d'heure. C'est indigne. J'ai foutu un grand coup de pied dans ma table. La bouteille de vin a roulé. Elle s'est cassée sur le carrelage. Attention à ne pas marcher là-dedans. Du vin jusque sur les murs. Je n'en avais presque pas bu. Où la mère Solidor a-t-elle encore fourré la serpillière ? Elle ne la remet jamais à la même place. Elle sait bien qu'il faut ranger ça sous l'évier, comment veut-elle que je m'y retrouve. Ça sent le vin à plein nez. Si quelqu'un entre, qu'est-ce qu'il va penser ! C'est de l'ordinaire, heureusement. En litre. Mais je perds ma consigne du même coup.

Les litres vides, ça se rend. Je n'en finis pas de ramasser tous ces morceaux. Si madame Solidor s'en pique un dans le pied, avec ses savates qui n'ont pas de semelles, accident du travail. J'ai bien passé une demi-heure à ces conneries. Toujours quelque chose pour manger avec son pain.

Même pas eu le temps de regarder mon courrier. Il doit être encore derrière mon volet. Merde! J'ai oublié mon horloge. Je dormais. Ah! Pauvre France! Va-t-il falloir que je remonte mon réveil pour qu'il sonne après les repas? Qu'est-ce que j'ai de beau au courrier? Ma gazette. Tous les jours! Au diable le quotidien! Le quotidien m'emmerde. Oh! Un faire-part de décès. Ça fait toujours plaisir. Encore un candidat reçu. Des compliments à envoyer à la famille. Qui diantre nous a quittés dans mes entours? Mafrance! Ça, par exemple! Mafrance! De la part de tous ses enfants! Il n'a pas survécu à son coq. Et Souriceau qui ne m'a rien dit. Il a eu peur de me faire un choc à ma sortie de l'hôpital. Mafrance! Il réclame un *De profundis*. A la bonne heure. C'est une bonne munition. *De profundis clamavi ad te, Domine; Domine, exaudi vocem meam.* Je le sais encore sur le bout du doigt, mon *De profundis*, tant j'en ai récité jadis, quand j'étais enfant de chœur. J'ai bien fait de ne pas l'oublier. Il va bientôt me servir. En ce temps-là, on le bâclait pour aller aux nids. On se foutait pas mal du défunt. Aujourd'hui, je reste seul en ligne. Chaque fois je me dis que c'est moi qui vais être tiré au sort. On change de bord. Si les enfants de chœur galopent à mes obsèques, on m'entendra cogner dans ma caisse. J'espère que le curé aura de l'autorité. Voire. Le Saint-Siège est une chaise percée.

Pas brillant, mon courrier.

Quoi d'autre? Un décompte de Sécurité sociale. Enfin du sérieux. Là on ne rigole plus. Il faut que je le compare à mon décompte personnel, des fois qu'il serait faux. Où est-il celui-là ? Madame Solidor a encore balayé dans mon fouillis. Je lui interdis pourtant formellement d'y toucher. J'aime mieux qu'elle laisse un centimètre de poussière là-dessus. Pas moyen de lui faire entendre ça. Elle secouerait mon bureau par la fenêtre, si elle pouvait. Alors, il vient ? La colère m'empourpre. Ça monte. Le voici, il a honte. Voyons un peu. Eh bien voilà ! Ils se sont trompés. Ça va recommencer cette épidémie. Ils m'annoncent 93,35 francs et moi je trouve 92,10 francs. Une erreur de 1,25 en ma faveur. J'en suis sûr. J'ai refait mes calculs trois fois. La routine. Une consultation. C'est juste. C'est dans la pharmacie qu'ils ont fait leur bourde. Je déclare solennellement que c'est intolérable. L'erreur, d'où qu'elle vienne, qu'elle profite à l'un ou à l'autre, doit être pourchassée. Pour l'exemple. Pour que celui qui l'a faite le sente passer. Il me faut répondre à ça sur-le-champ. Toutes affaires cessantes. Je ne pensais pas avoir à écrire aujourd'hui. Ce n'était pas dans mon programme. Mais là, rien à faire. Ordre public.

Allez. Un premier jet.

A Monsieur le Responsable
de la Sécurité sociale
E.V.

Monsieur,

En main votre décompte arrivé ce jour et daté par vous du 2 mai écoulé. Je vous en remercie.

Ce décompte se monte à F 93,35, alors que mes calculs personnels font apparaître un total de F 92,10. Soit une différence de F 1,25 en ma faveur.

Sauf erreur ou omission de ma part, le remboursement de la consultation (codée C) étant exact, cette différence paraît venir du remboursement des frais de pharmacie (codés Ph).

Je vous signale cela pour votre gouverne et à toutes fins utiles.

Je joins à cette lettre la somme de F 1,30 en timbres-poste, n'ayant pas sous la main de timbres d'un montant exact de F 1,25, étant bien entendu que si :

1. C'est moi qui ai commis l'erreur, vous me renverrez lesdits timbres.

2. C'est vous qui avez commis l'erreur, vous me renverrez la somme de F 0,05 en timbre(s) ou par tout autre moyen à votre convenance.

A vous lire.

Je vous prie d'agréer, monsieur, l'expression de mes civilités.

Paraphe en panache.

Bon. Suffit pour ce soir. Je recopierai demain.

Ah ! Grande journée !

Il me reste à faire chauffer la soupe de madame Solidor. Etc.

Se reporter hier soir à la même heure.

... Tout est paré. J'éteins.

Je récite des actes de contrition. « Mon Dieu, j'ai un très grand regret de vous avoir offensé parce que vous êtes infiniment bon, infiniment aimable et que le péché vous déplaît. Je prends la ferme résolution, moyennant le secours de votre sainte grâce, de ne plus vous offenser, d'en éviter les occasions et de faire pénitence. » Et d'un. « Mon Dieu, j'ai un très grand regret... » Bon Dieu, j'en suis au cinquantième et je ne dors toujours pas ! Ça s'annonce mal. Il faut essayer autre chose. Un acte de foi ? Je ne crois guère. Un acte d'espérance ? Je n'espère pas grand-chose.

Un acte de charité ? Je ne donne rien. Recommençons l'acte de contrition. C'est là que je suis le plus fort. « Mon Dieu j'ai un très grand regret... pénitence. » A la coda, reprendre da Capo. Da Capo. Da Capo jusqu'à obtention de l'effet voulu, fet voulu, voulu, lu. VOULU ! Sacrés mille milliards d'actes de contrition, ça va me faire dormir, oui ou ?

Le 6 mai

C'est aujourd'hui dimanche, jour de métaphysique. Le Seigneur l'a décidé ainsi.

Depuis que le vicaire a défroqué, plus personne ne vient dire la messe à notre chère chapelle Saint-Geste-l'Obscène, près de la fontaine, où du temps que les forêts recouvraient tout le pays, le pieux ermite coursait les dryades. Le vieux curé de Saint-Hématome ne s'y risque pas. Dans la réforme conciliaire il a perdu sa soutane, il ne peut plus marcher à la voile, seulement à vélomoteur, que les loubards lui ont volé depuis longtemps. Quand il fait une génuflexion, on entend du fond de l'église ses genoux craquer comme du bois sec. A partir d'un certain âge, on aurait dû laisser aux curés leur soutane, ça les aidait par vent arrière. Par vent debout, ils tiraient des bordées. Ça leur allait bien. Pourquoi les envoyer tout nus en complet veston ? Le vicaire, lui, parlait de la Sainte-Trinité comme des Pieds-Nickelés. Il arrivait en col roulé et blue-jeans. Ça n'a pas traîné. Il a posé tout ça dans la grange du sonneur, il a engrossé sa fille et s'est enfui devant le scandale.

Voilà comment s'en vont nos petits sanctuaires de campagne. Le nôtre est fermé. A peine si madame Solidor qui en a la grosse clé l'ouvre de temps à autre pour lui faire prendre l'air. Elle mettait un bouquet de marguerites à la Saint-Geste. Elle a cessé depuis l'année dernière. Le vin des burettes a tourné, les bénitiers sont secs, la bannière des Rogations est dévorée par les mites, la charpente s'écroule, il pleut sur saint Joseph, le parfum de l'encens n'est plus que remugle de cave.

Pas question pour moi d'aller jusqu'à notre belle collégiale de Saint-Hématome. Ce serait une croisade. Je m'enliserais dans les sables ou me noierais dans un oued, comme Frédéric à la barbe rousse. J'ai perdu mon missel romain. Alors, tous les dimanches matin, je fais mon culte solitaire, pendant que mon déjeuner réchauffe. Je spécule. Livré à mes seules lumières, il me semble que je dérive. Mes vieux démons me reprennent. Leur longue fréquentation me les rend presque intéressants. Le lumignon que je promène dans mes labyrinthes me fait surprendre un sourire de connivence sur ces stalactites équivoques, bonnes tout au plus à donner la foire à un spéléologue débutant. J'ai toujours mieux su parler des démons que des anges. On finit par trouver une grâce à la bosse de sa femme bossue. C'est là un moindre mal, sinon un plus grand bien. Mieux vaut caresser une bosse que taper dessus. On ne la redressera pas. Et jouer au bilboquet avec son boulet de forçat.

Rassure-toi, belle Lectrice – beau Lecteur aussi, cela va de soi – je n'ai jamais eu affaire qu'à de petits diables. Je n'aurai pas sur ma maison la plaque du docteur Faust à Wittenberg. Je n'ai jamais réussi la conjuration majeure. Aucun grand diable n'a daigné. L'Enfer ne m'a jamais prié à ses petits soupers. Le Paradis non plus. Cette société mandarine est bien trop jalouse de ses bals parfumés. Oubli? Un gratte-papier folâtre aurait-il fait une cocotte avec mon matricule? Serais-je un apatride du cosmos? Dédain plutôt, je pense. S'il faut de grandes ailes pour voler au Paradis, il faut une belle carrure pour entrer aux Enfers. Ne passe pas qui veut les portes de l'abîme, on doit montrer patte noire. Il faut du mérite dans l'abominable. On n'ouvre pas au fauteur véniel. Et j'ai la trouille d'accomplir un grand crime. J'opinerais plutôt que, tout comme le commun, j'irai me les geler dans les intermondes falots, au zéro absolu. Bienheureux si j'attrape par hasard les cheveux d'une comète, pour voir du pays et passer tous les cent ans pas trop loin du soleil. Petite, se pourrait-il que je sois pour toujours un commun, pour toujours un anonyme? J'aimerais tant un port d'attache. Veux-tu, le temps de réparer mes avaries, me recevoir dans tes eaux calmes? Je partirai après. Promis. Soucieux de t'informer, j'écrirai encore à l'instant de ma mort, ce qui sera malaisé, ne s'agissant pas de mort subite. Et même plus loin, si je trouve une boîte aux lettres au long des rives glacées de l'Eau delà, j'y glisserai un mot pour toi.

J'ai dû partir du mauvais pied pour avoir la démarche si hésitante. Tout est affaire de prémisses. J'ai mal choisi les miennes. Mets-tu de la merde dans ton plus joli chaudron, tu auras beau faire mijoter au feu le plus doux, touiller de ta cuiller la plus amoureuse, tu ne serviras à tes convives que de la merde cuite. Ils feront la grimace. Ils seront bien emmerdés. De la majeure coulante de mon syllogisme – comment éviter les écoulements à mon âge – que peut-il couler d'autre qu'une séquence conne, une conséquence? As-tu vu dans le dictionnaire combien de mots commencent par con? Qu'est-ce à dire? La connerie serait-elle primordiale? *Am Anfang war die*

Dummheit?[1] Évangile bien lugubre. Non. Simplement le con est par-devant, le derrière par-derrière. On n'a jamais vu un con par-derrière, ou alors il faut se pencher beaucoup.

Arrête, théologien! Tu nous agaces. Laisse-nous jouer avec les mots. Le trésor est dans la grammaire. Je te donne même en prime tout ce qui commence par com par ce qu'il y a un *b* ou un *p*. Con devient com devant pénis. Tu ne me refuseras pas, cuistre, que si la connerie n'est pas à l'origine, le con, irréfutablement, l'est. De là, on ne sort pas. Ou plutôt on en est tous sortis. Du con d'Ève, archicon, con d'avant les cons, parangon des cons, grotte sacrée que le Créateur façonna un jour d'inspiration, quand il était jeune et qu'il aimait encore ça. Con tout neuf sous un ciel nouveau. Pas d'hérédité trouble, Il n'avait pas la vérole, Il ne s'était jamais poivré le nez. Pas de traumatisme infantile, Il l'avait faite adulte. Premier baiser, première caresse, premier clitoris érecté, premier cri du plaisir, première grossesse, première délivrance, accroupie sous l'arbre à pain, pas de copine pour lui dire comment faire ni lui tamponner les tempes, Adam ahuri tressant un berceau d'osier de ses doigts malhabiles, tout marchait bien, Caïn arrivait, le catéchisme à l'état pur, la santé de Dieu. Gloire à ce con gros de toute l'humanité, gloire au premier instant qu'il mouilla, gloire au premier coït.

Halte. Mon vieux sang s'échauffe. Ma spéculatoire s'égare. Elle se fait apologétique. *Speculum,* non plus spéculation. Revenons au temporel. Nous sommes bien relégués, ma mie. Les Immortels nous ont quittés. Ils ont pris leurs quartiers d'hiver dans leur empyrée. Ils sont frileux, étant souvent tout nus. Ils mâchent

1. *Au commencement était la connerie.*

de la confiture de haschisch dans leurs coussins défraîchis, en dilapidant les derniers deniers du culte. Apollon délyre. Aphrodite pile un aphrodisiaque dans son mortier d'albâtre. Ce sera du joli tout à l'heure. N'y va pas, petite. Ils te tomberaient dessus, ils te feraient ton affaire. Ces Grecs te prendraient pour leur tête de Turque. Te vois-tu gravide d'un demi-dieu? Un monstre. Un handicapé. Si Dieu a déjà tant de mal à survivre, que serait-ce d'une moitié? Maintenant que le peuple a de l'opium, il n'a plus besoin de religion. *Abstine, puella.* Reste. Avec moi tu ne crains rien. Je te l'ai déjà dit, malgré toute ma coquetterie, je suis vieux, très vieux. Nous ne pouvons plus avoir de rapports sexuels, belle Lectrice – beau Lecteur non plus, cela va de soi. Je te ferai sauter sur mes genoux en te chantant l'ariette de ma grand-mère : « A dada, à dada, à cheval sur mon bidet, quand il trotte il fait des pets. » Ça n'est pas d'hier. Elle est née en 1830, ma grand-mère, c'était une des Trois Glorieuses. Mon bidet ne pète pas plus haut que son cul. Il péterait même plus bas, sympathique en ces temps de compétition.

Alors, petite? Je te prends en croupe, nous courrons la pampa? Nous n'enflerons point le vocabulaire. Entre deux mots nous choisirons le moindre. Nous ne serons point une inflation galopante. En ces temps de débâcle, s'il faut cent sous pour acheter ce qui naguère n'en coûtait qu'un, il faudra bientôt cent mots pour dire ce qu'on disait en un. Deux cents pour dire « Maman, pipi ». Pauvres enfants. Ils auront fait dans leur culotte avant la fin. Triste lessive. Qu'un boxeur marron mette K.O. la Vénus de Milo, on le proclame le plus grand boxeur de tous les temps. Qu'un autre vienne et lui fasse l'œil encore plus marron, il faudra aussi le proclamer plus grand boxeur de tous les temps. Sinon il n'y a plus de justice.

Il faut choisir entre la justice et le superlatif.

Que sait-on d'ailleurs sur tous les temps ? Quel historien sérieux me parlera sérieusement de Maciste ? Aujourd'hui les mots s'usent comme des bagnoles. Le silence est leur meilleur conservatoire. Il leur garde la force qu'ils détenaient quand le Grand Esprit les souffla à Adam. « ÈVE JE T'AIME VEUX-TU VENIR DORMIR AVEC MOI SOUS LE PAPYRUS ? » Quand saint Hématome-le-Stylite, notre saint patron, après quarante ans passés sans rien dire sur sa colonne, sentit monter les fourmis et proféra dans la brise du soir : « Je descends », on comprit sur-le-champ, on apporta une échelle, il descendit, s'ébroua, et s'en alla rouvrir son petit commerce. Seuls les silencieux ont quelque chose à dire. Il est grand temps que je me taise.

Trop tard. Mon déjeuner a brûlé, sacrés mille pétards. Bien fait pour moi. Je ne peux pas voir un presse-purée sans faire une théodicée. Au lieu de réciter modestement mon rosaire en surveillant mes casseroles.

Eh bien, puisque c'est dimanche et que je n'ai plus rien à manger, belle Lectrice – beau Lecteur aussi, cela va de soi – permets-moi de me présenter. Je suis confus de ne l'avoir pas encore fait, moi, si respectueux des formes, pour qui la politesse a si souvent tenu lieu de bonté.

Je suis donc Lamiral Alcindor. Non point l'amiral Alcindor. Pluriel invariable. Lamiral, non Lamiraux. Du temps qu'Estelle était là, on disait les Lamiral, et non les Lamiraux. Plutôt on ne disait rien, tant nous avions l'air d'un couple bancal. On se contentait de dire : « Lamiral et sa femme », ou « Lamiral et sa moitié », ce qui était inexact. Les amies d'Estelle disaient : « Estelle et machin » ou : « Estelle et son ours », ce qui me comblait d'aise. Jamais : « Alcindor et Estelle » ni : « Estelle et Alcindor. » J'ai veillé à étouffer dans l'œuf toutes ces intimités.

Je suis né dans la nuit du Nouvel An. Mais comme ma mère m'a fait dans le train en allant à des obsèques, on ne sait pas si je suis de la Saint-Sylvestre ou du premier de l'an. Il n'y avait pas d'heure, mon père n'avait pas de montre, les gares étaient éteintes. On m'a inscrit comme né le 1er janvier, pour bien commencer l'année et me rajeunir. Ce qui ne change pas mon signe solaire, qui est le Capricorne. Affolé de cette venue prématurée, mon père avait tiré la sonnette d'alarme. *In caso di pericolo, tirare l'anello.* La traduction était au-dessus : « Tout abus sera puni. » Les Chemins de Fer ont jugé qu'il y avait abus. Je suis venu au monde au son d'une contredanse.

Alcindor Lamiral, donc, né d'Ambroise, professionnel modeste, et de madame, née de la Flotte. Sang bleu marine si délavé que ma pauvre mère, ruinée foncièrement, n'apporta pas à mon père, foncièrement inapte, de quoi financer mes études plus loin que le certificat. Après, le trimard. J'étais normalement constitué, sans bec-de-lièvre. Je me suis fait tout seul, trois Légions d'honneur, dix mille blessures d'amour-propre.

Je ne suis pas tout à fait désespéré. J'ai beaucoup pratiqué Philocrate le Sédentaire qui s'en va répétant « Entre cosmique et comique il n'y a que le temps d'un S. S comme soupir ». S comme Suzanne dirait la demoiselle du téléphone. S comme sémantique, dirait le téléphone de la demoiselle.

Mes armes sont de gros points de suspension engrêlés en champ de gueules fendues à devise hypocondriaque sur banc de baleines rieuses par nuit polaire.

Voilà. Un mot encore. Rien ne m'a fait tant approcher de la conscience parfaite, indifférence et laisser-faire, que la fatigue amoureuse, quand, mon sexe rétréci quittant les cuisses d'une compagne de hasard, je regardais son corps qui ne m'était plus rien *sub specie aeternitatis.*

Je vais poser mon cilice. Il me gratte. Le printemps n'est pas une saison catholique. Il y bout trop pour contempler un dieu de renoncement.

Et si je m'ouvrais une boîte de sardines ?

Le 7 mai

Quoi ! Encore de la métaphysique ! Ah ! non ! C'est lundi, c'est fini. Vraiment la métaphysique me cherche.

Ce matin, de très bonne heure, on sonne. Je n'entends jamais ma sonnette, mais je vais ouvrir. Un messager boiteux, accoutré en petit colporteur. Déguisement hasardeux, les petits colporteurs se remarquent aujourd'hui en Occident. Dans un souffle, regardant à l'entour si personne ne nous guette, il me dit arriver d'Alexandrie. De la part d'un de mes anges gardiens, Artabael. Le mot de passe est bon. Je l'introduis. Il jette sur la table de la cuisine sa besace délavée d'intempéries, et, d'un fatras d'aiguilles à repriser, d'épingles à cheveux, de chiques de bétel, il tire un opuscule en chagrin, trois pages et demie de linéaire A, une écriture que je connais bien. *Méthode de discours pour l'utilisation efficace du Discours de la Méthode du bienheureux René Descartes, enfant de la Touraine.* Dix drachmes. Heureusement, j'en ai. Il les empoche, me donne un petit talisman sur l'épaule et s'évapore. Par la cheminée ? Par la T.S.F. ? Je ne sais. Sûrement pas par la porte. Il n'en reste qu'une odeur de patchouli.

J'ouvre le libelle. Prudemment. Le commentateur anonyme, qui s'intitule l'Instruit, déclare sans préambule que le *Discours de la Méthode* a beaucoup vieilli et qu'il convient de le réactiver. Il a raison. Le discours du 18 juin fait beaucoup plus d'effet. Donc, l'Instruit n'a aucune peine à montrer que le fameux « Je pense » malgré sa forme active, n'est en fait qu'un passif, équivalant tout juste à « On me pense » ou « Je suis pensé », attitude en retrait, tout à fait nuisible à qui veut réussir dans la vie. Mieux, pour sortir une fois pour toutes des ères périmées de la contemplation, il faut passer à ce qui est le plus actif dans l'actif, c'est-à-dire à l'impératif. C'est là le mode moderne. On ne se contente plus de constater, on commande. C'est la démiurgie, on met de l'ordre dans le cosmos. Il est temps. Il n'y a pas d'impératif à la première personne du singulier. Voyons la seconde. « Pense, donc sois. » Elle est faible, étant encore solitaire. Nous dirons mieux « Pensons, donc soyons », ce qui a l'avantage de nous insérer dans le groupe pensant, heureuse démarche en ces temps collectifs.

Prise ainsi, cette impération veut-elle dire « Pensons pour être » ou « Soyons pour penser » ? Cette permutation tout à fait dans le goût du jour déploie dans son ambiguïté un rideau de brume où chacun peut rêver pour pas cher – important pour le marketing.

Nous choisirons la première proposition « Pensons pour être ». En ajoutant la même quantité aux deux termes, ce qui ne change pas la valeur de l'ensemble, nous obtenons « Pensons fort pour être fort », fort sans *s*, adverbe, au sens de fortement. Ajoutons un *s* comme catalyseur, ça donne un beau précipité et nous proclamerons d'une seule voix « Pensons fort pour être forts », ce qui est formidable, ça éclate comme une vraie pub. On voit la force logistique que charrie ce slogan.

Nota bene. En traitant par les mêmes acides la seconde proposition, on obtient la symétrique « Soyons forts pour penser fort ». Ce n'est pas mal non plus.

Ainsi prend fin la magistrale démonstration de l'Instruit. C'est un meuble. Aussi massif que la Table d'Émeraude.

J'essaierai dès demain.

Le 8 mai

Pensons fort.

Le 9 mai

Pour être forts.

Le 10 mai

Soyons forts.

Le 11 mai

Pour penser fort.

Si je supprime mes pensées des 9 et 10 mai, ne gardant que celles des 8 et 11, il me reste : « Pensons fort pour penser fort », ce qui est évident.

De même, si je supprime mes pensées des 8 et 11 pour ne garder que celles des 9 et 10, il me reste : « Pour être forts, soyons forts », ce qui est non moins évident.

Mais pourquoi avoir perdu quatre jours à ça ? Et dix drachmes ?

Le plus canonique c'est encore saint Augustin : « *Si fallor, sum.* Je déconne, donc je suis [1]. »

Le 13 mai

C'est le dernier saint de glace. Je pousse encore mon feu.

1. *La Cité de Dieu,* XI. 26.

Le 14 mai

J'ai le téléphone depuis ce matin. On a fait un essai. Je n'entends pas la sonnette.

Le 15 mai

Le père Solidor est mort. Terrassé par la colique des ciboules. C'est le nom que l'on donne à ce fléau dans nos marches lointaines. Il s'agit d'une mousse qui vous germe à l'intérieur à la saison où les ciboules fleurissent, un peu comme les longues barbiches vertes aux lèvres des gros silènes joufflus qui crachent l'eau des fontaines publiques dans les villes mal tenues. On ne peut pas arracher, ça glisse, tout se bouche et quand c'est mûr, les millions de cupules de ces algues anaérobies éclatent et libèrent un suc foudroyant. La colique n'est qu'un symptôme accessoire dans la pourriture générale des humeurs. C'est un mal assez rare, on en cite à peine deux ou trois cas par siècle, mais suffisamment épouvantable pour que les cheveux se dressent sur la tête quand on en murmure le nom. Il n'existe aucun traitement connu, les désherbants ne faisant que décaper les muqueuses et ajoutant la souffrance à un processus qui n'en comporte généralement pas. Le patient est euphorique, il se sent doublé d'un tapis confortable. Il tombe brusquement, mais sans se faire mal, comme un gros coussin bourré de kapok. J'avais été surpris, il y a quelques jours, en voyant le père Solidor cracher tout vert. J'en avais fait la réflexion à sa femme. Elle ne s'en était pas émue outre mesure ; son mari crachait un peu de toutes les couleurs.

La vie est vraiment bizarre, tout le monde s'attendait à ce qu'il succombât à une attaque, la trente-troisième ou la trente-quatrième, je ne sais plus, j'ai renoncé à pointer. Eh bien non ! Vers les deux heures de l'après-dîner, il s'était assis devant sa porte comme d'habitude et avait demandé à sa femme un peu de laine à carder. Il voulait refaire un vieux matelas pour la sieste sous son sycomore. Il en travaillait un petit tas tous les jours. Il était tombé dedans, tête première, doucement, sans faire de bruit. Madame Solidor accourut me demander de l'aide pour le transporter sur son lit. Moi qui ne réussis pas à me transporter moi-même. Impossible de le soulever. Quand l'âme n'est plus là pour le faire voler, le corps double brusquement de densité. J'appelai chez Souriceau. Personne. Il était encore avec la petite des Docks, elle n'ouvre qu'à quatre heures. On dut arrêter un cycliste, un gaillard, une chance, qui puait la sueur. Sa grosse chemise de flanelle coton était trempée aux aisselles. Il le prit tout seul, comme une plume. Madame Solidor craignait qu'une débâcle intestinale n'intervînt pendant le transfert. Rien. Le porte-faix avala cul sec un verre de vin et repartit, sans même se laver les mains. L'atmosphère était lourde. Je proposai d'aller chez moi chercher quatre bougies pour la veillée. Je traînai un peu et me versai quelques larmes de Papageno. J'espérais que madame Solidor en profiterait pour faire la toilette du mort. J'ai horreur de ça. En effet, quand je revins, ça sentait la lavande. Solidor reposait dans une chemise blanche à ses initiales, il commençait à verdir, comme Milarepa quand il ne mangeait que des orties.

Madame Solidor semblait inquiète. Après mille hésitations elle me dit que son mari avait un fils d'un premier mariage avec une indigène, du temps qu'il était aux colonies. Un métis crépu, ivrogne, tête brûlée, qui ne pouvait pas tenir une place et qui ne venait les voir que pour faire du scandale. L'avant-veille encore il avait fait du chambard, il avait fallu fermer les fenêtres. N'avais-je rien entendu ? Non. Je devais être en métaphysique. Elle en parut soulagée. Il allait sûrement réclamer la succession. Se permettrait-elle de me demander un petit service ? Oui, bien sûr. Pouvais-je rester là pendant qu'elle courait à la poste vider le carnet de caisse d'épargne de son mari ? Elle avait procuration. Je lui dis de faire vite, ils n'avaient peut-être pas assez d'argent liquide. Elle prit son vélo. Il était à plat. Comme toujours dans ces cas-là. On regonfla en hâte. Elle démarra si fort que le pneu arrière chassa. Tout ça manquait d'huile, j'entendis le grincement de la chaîne s'éloigner sur la route. Tout redevint calme. Une grosse mouche améthyste entra et se posa sur le défunt émeraude. C'était joli mais inconvenant. Je l'abattis d'un revers de *Chasseur français*. Je m'endormis. Madame Solidor me réveilla en sursaut en rentrant. Son sac à main avait grossi. Solidor virait au vert bouteille. Discrètement je tournai la tête, le temps qu'elle enfouisse ses billets dans ses draps à l'intérieur de son armoire en ronce de noyer. Je n'osai pas lui dire que son zoulou de beau-fils irait directement là pour les chercher. Elle m'offrit de réchauffer un peu de ragoût. Dieu, elle m'en avait déjà fait à midi ! Je mangeai du bout des lèvres. Il n'était pas meilleur chez elle que chez moi. Nous restâmes longtemps sans rien dire. Puis je proposai d'allumer les bougies pour égayer la pièce. La veillée commença, interminable. Elle capitonna de coussins le fauteuil d'osier de son mari, afin que ma sciatique me laisse en paix. Les heures n'en finissaient pas de sonner au carillon Westminster. Enfin minuit. Souriceau ponctuel arriva pour prendre la relève. Il avala une tasse de café bien sucré. Je me levai, souhaitai la bonne nuit et disparus.

Et me voici à ma table, à une heure pareille, devant ce carnet de bord, tâchant de me délivrer de ce cauchemar. La petite tête verte de Solidor, posée à plat sur le fleuve du lit comme un nénuphar affalé durant la canicule, va encore me faire passer une nuit blanche. Je la vois se gonfler comme si une grosse bulle voulait sortir. Je n'ai plus de bougie en cas de panne d'électricité.

Le 17 mai

J'ai commandé une gerbe par téléphone. J'ai fait un petit brin de conduite au père Solidor. Je suis revenu dès le passage à niveau.

Je suis inquiet. La mort tient le quartier dans son collimateur. Mafrance, Solidor. En voilà deux de partis. Qui sera le troisième ?

Il fait beau ce soir. L'air est doux. Les moineaux font un bœuf dans le lierre. Les hirondelles vont et viennent. Les éphémères dansent à contre-jour, une rainette tube sa note. Bientôt les chauves-souris sortiront furtives de la grange. Le ciel est encore plein du soleil qui se couche. Mon corps ne me fait presque pas souffrir. Je pourrais être calme, sinon heureux. Ce devrait être un de ces moments suspendus qu'on porte au fond de sa mémoire, un de ces temps d'enfance où l'on se sent entrer royal aux chambres secrètes du monde. Où l'on étreint le cœur profond des chênes, où l'on chante par la voix des oiseaux, où, parfum, on sourd des lilas, où l'on devient cristal de la goutte de rosée que le soir met aux belles-de-nuit, vibration de la lumière aux jeunes feuillages. Tout est ouvert et pourtant je ne suis plus convié à la fête. Je suis un étranger. Je me sens de trop. J'ai peur. Pour la première fois.

Je n'aimais pas Estelle. Je l'avais prise par lassitude. Il y a des situations qu'on ne peut plus renverser. J'en avais presque pitié. Elle était toujours dans une porte quand je voulais passer, elle sonnait la soupe quand je voulais encore aspirer l'air de nuit, quand je ne sais quel appel me troublait, venu de la forêt. Elle encombrait mon lit. Je me suis surpris souvent à sentir une joie sauvage monter en moi en voyant le temps s'acharner sur elle. Elle n'avait jamais été belle. A peine ce qu'on appelle une belle femme. Sans charme et sans mystère. Jamais *la Valse triste* de Sibelius n'était si triste que jouée par ma triste Estelle. Hargneux, j'assistais à la progression des stigmates, à la patte d'oie qui tendait son réseau vers les paupières, aux rides qui lui faisaient la bouche amère, à l'effondrement grumeleux du cou. A la fin, quand son nez s'allongea tellement et que son menton se fit encore plus pointu, on croyait voir sur le mur, en ombre chinoise, une tête de sorcière. Heureusement, je l'ai dit, je ne l'aimais pas. Qu'eût-ce été si je l'avais aimée ! Je serais devenu fou. Malheureux celui qui voit impuissant la ruine de sa bien-aimée.

> Je te hais, temps hideux qui casses mes idoles, temps qui m'as tant détruit, qui brises mes amours, qui craquelles celle que j'aime. Qui donc m'a jeté dans ton cours, moi libre, moi éternel, à l'entrée de ce monde ? Qu'on me le montre, que je lacère sa face de mon knout. Que lutteur en sueur je le prenne à bras-le-corps et lui fasse toucher terre, qu'il me rende mon éternité et celle de celle que j'aime. Qu'on en finisse une fois de cette imposture, que les mondes éclatent, que le néant absolu me résolve en néant. J'aime trop pour durer. Que vive éternelle ma bien-aimée, ma nécessaire, et le ciel de la nuit sur qui elle resplendit. Que tout le reste tombe en cendres, balayé au vent du rien.

Il fait froid. Hésitant je cherche au ciel la constellation d'Élisabeth. Elle est là. Sa lumière vacillante entre dans mes yeux las. Jamais plus un regard ne plongera dans le mien.

Le 24 mai

Souriceau m'a montré son sifflet. C'est un sifflet, même un vieux sifflet, qui paraît avoir beaucoup sifflé. Mais a-t-il vraiment fait partir des trains ? Il peut l'avoir acheté aux puces. Il a sifflé depuis mon portail, un automobiliste s'est arrêté. Je doute. Il veut m'apporter une autre pièce à conviction. Péremptoire celle-là. Il y tient. Il veut vraiment avoir été chef de gare.

Le 30 mai

J'ai vu ce matin un tableautin charmant. Les deux enfants de l'ivrogne, un petit garçon et une petite fille, blonds, bouclés comme des angelots, passaient dans la rue en chantant, se tenant par la main. Le petit garçon serrait sur son cœur une bouteille vide. Ils allaient en acheter une pleine, à crédit, pour leur père qui, sitôt qu'il l'aurait bue, leur flanquerait leur raclée du matin, à dix heures précises, comme d'habitude.

Le 1er juin

Depuis la mort de son mari, madame Solidor n'est plus la même. Elle est encore plus triste. Elle ne porte plus qu'une robe toute noire qui me fait peur. Avant il lui arrivait de mettre un petit satin fermière, un peu sombre mais avec de petites fleurs. Elle est jaune comme un coing. Elle me bat à la jaunisse. Elle a mauvaise haleine. C'est incroyable ce qu'elle sent mauvais. On dirait qu'elle a le cul derrière les dents. Quand elle me parle, je dois prendre de grandes respirations de côté sans en avoir l'air. Je ne voudrais pas qu'elle s'en aperçoive. Elle m'inquiète.

Le 15 juin

Au Grand Tribunal, un quelconque procureur me demandera : « Pourquoi n'as-tu pas aimé tes frères? » Je répondrai : « Eh! Vieux con! Il fallait les créer plus aimables. » Alors on m'arrêtera en plein prétoire pour insultes à magistrat.

Le 1er juillet

Souriceau est mort. En pleine santé. Coupé en trois par un train au passage à niveau. Comment un Souriceau tout jeune et qui avait tout vu se fit-il prendre au dépourvu ? Il savait bien qu'il n'avait pas priorité. Mettre un pied devant l'autre est si gros de conséquences que je serais tenté de rester à la même place. Chez moi ? Mon plafond menace ruine. Au milieu de ma cour ? Par temps calme, à cause des tuiles volantes. Et encore. On est toujours sous la menace de l'épée de Damoclès ou de la chute d'un aéronef, comme cette tortue qui cassa la tête d'Eschyle. J'ai pourtant suivi tête nue le corbillard qui emmenait le chef de gare sur sa voie de garage. J'étais angoissé à la pensée de savoir si au moins on avait remis les trois morceaux dans le bon ordre. Qu'au jour de la Résurrection, s'il y en a une, il n'aille pas revenir avec la tête aux pieds, les pieds en l'air ou pire, la tête entre le tronc et les jambes. *Dies irae, dies illa.*

Le 3 juillet

La tête ou la couille. Tout le problème est là. Tête sans couille, couille sans tête sont également funestes. L'union des deux, leur marche la main dans la main sur les sentiers de la vie, voilà le secret. La tête et la couille. J'insiste sur le « et ». Non point la tête ou la couille. Le « ou » fout tout par terre. Quand la tête dit que oui et la couille dit que non, quand la tête dit que non et la couille dit que oui, c'est le temps du malheur. Il faut en sortir vite, sinon c'est le pistolet qu'on sortira. C'est une maladie à chasser par tous les moyens, même les plus drastiques. Supprimer l'un ou l'autre, soit qu'on perde la tête en laissant courre la couille, soit qu'on perde la couille en laissant courre la tête, l'un ou l'autre se vaut. Ni l'un ni l'autre ne valent rien.

Dans ma jeunesse chaste j'ai longtemps ignoré la couille au profit de la tête. J'eus beaucoup de boutons. Puis, reflux de la mer, la couille m'a régi, la tête n'a que réagi. La tête est souvent réactionnaire. Quand les chevau-légers du désir galopent à la conquête, le train des équipages, lourd des arrière-pensées, ne trouve pas le gué. Gué, gué, ô gué, marions-nous. Vint Gladys me le faire passer à sec, l'hyperboréenne qui m'accrocha par la couille à son char, laissant traîner ma tête sur le sable de la piste. Elle voulait ma couille, je voulais son con. C'était clair. Jamais contrat ne fut plus loyal. Ce fut mon dernier grand voyage. La tête ne suivait pas. Il fallut s'arrêter.

Et voilà que ma couille tombe en couilles, ma tête est sur la pente. Plus de conflit, l'un des combattants mort, et l'autre moribond. La paix romaine. Le sommeil des légions. La fin des triomphes au Capitole.

Je me souviens parfois que ma couille était ronde, et que ma tête enfilait des idées en colliers merveilleux. Je ne me reconnais plus. Je crois que c'est un autre. Heureux ceux qui tiennent un journal ou un album de photos. Ce sont des pièces à conviction. Les autres, les imprévoyants, ceux qui n'ont rien gardé, ceux qui pensaient que ça durerait toujours, quand un souvenir leur monte, ils croient que c'est un mauvais rêve. Ils secouent leur tête comme pour chasser une mouche. La soupe fume sous leur nez, ils l'avalent, mécaniques, la soupe sent bon, chaude et quotidienne, le reste est fantômes, leur horizon se rétrécit au rond de leur assiette. J'en suis là. Voyez cette photo d'avant Daguerre de 14. Comment croire que ce beau jeune homme moustachu et hautain, s'appuyant de la main sur une chaise Louis-Philippe devant la tenture du photographe, soit le même que ce reflet apparu dans la glace du corridor, quand on passe furtif et de biais, tant on a peur d'y voir son spectre ? Quel fil peut bien courir sous ce drame, qui puisse faire accroire qu'on est de la même bobine ? Les gendarmes exigent qu'on renouvelle sa carte d'identité tous les dix ans. Serait-ce qu'au bout de dix ans, administrativement, on ne soit plus le même ? Sans papiers ? Qu'il faille se remplacer ?

Bien sûr, il y a des indices. Ce grain de beauté que j'ai sous le bras gauche, je l'ai toujours connu. C'est à ça qu'on identifie les cadavres. C'est aux catastrophes qu'on reconnaît les gens. Signes particuliers : borgne, cicatrice à travers l'abdomen, frère siamois. Le Ciel vous garde du « signe particulier néant », vous êtes inintelligible. Jamais mention de crinière léonine, elle s'en ira au premier vent, air conquérant, il sera tôt conquis, torse convexe, il deviendra concave, regard d'acier inoxydable, le prochain hiver le rouillera. Ce n'est pas vous, c'est vos prothèses que cherche le médecin légiste. L'art du service anthropométrique est une quête de l'absence. Absence d'une dent, de deux dents, de toutes les dents, absence d'une jambe, de deux jambes, de toutes les jambes, absence d'et cætera. La présence d'une prothèse n'est que l'absence de ce qu'elle remplace. Devant un râtelier l'expert ne dit pas : « A de fausses dents », mais bien « Est sans dents », l'être étant plus intéressant que l'avoir. Jusqu'à la prise du pouvoir par les outils, il faudra bien continuer d'accorder plus d'importance à l'ouvrier qu'à l'engin. Vanité peut-être, séquelle des temps où l'homme se croyait la mesure de toutes choses. Car objectivement rien n'autorise à faire moins de cas d'un râtelier que de celui qui le porte. La preuve en est qu'un râtelier survit souvent à son propriétaire. Déjà pointe un ordre nouveau. Je connais des archéologues froids et dévoyés qui, pour se saisir d'un pot, bousculent de leur balayette le métacarpe gracile de la jeune fille qui le tenait serré sur son cœur depuis dix mille ans.

J'ai là dans mon tiroir mon livret militaire. J'ai tout lieu de penser que c'est le mien. Il est très improbable que ce soit celui d'un autre. Il porte Lamiral Alcindor, né dans le train le 1er janvier il y a longtemps. C'est bien la date que j'ai apprise par cœur et le nom que j'ai toujours donné quand on me demandait comment tu t'appelles. Il y a une présomption sérieuse que je sois moi. Bien des certitudes sont moins solidement étayées.

Ma tête me parle encore de moi, ma couille jamais. J'ai connu en 17 un sous-officier plein d'avenir qui avait tout perdu, couille, bras et jambes, fors la tête, et qui parlait encore de lui. L'identité aurait-elle son refuge dans la tête ? Il semblerait. A ceci près, si toutefois on accorde quelque crédit aux femmes, que certaines disent de leur pauvre mari qui a perdu la couille, qu'il n'est vraiment plus le même. C'est grave. Si vous perdez la tête – si vous devenez gâteux, j'entends, non point si on vous la coupe –, que reste-t-il de vous ? On dit d'une personne dérangée qu'elle n'a plus sa tête à elle. A qui donc est-elle ? Qui a bien pu se porter acquéreur de cette tête-là ? Les fous appartiennent à Dieu ? Alors Charreton ? Ce ne serait pas lui qui aurait mis le feu à la grange, il n'aurait été qu'une marionnette pyromane. C'est pourtant lui qu'on a jeté à l'asile et non le divin marionnettiste qui tirait les ficelles sur le toit. Sans appel, sans pourvoi en cassation. L'arbitraire. L'arbitraire, je dis.

Mille milliards de pèle-chiens, où est donc mon fusil, que j'en foute un coup dans le cul de l'arbitraire !

Ventregoi, si l'arbitraire vient de si haut, moi aussi je vais être arbitraire. Je vais houspiller la mère Solidor, comme ça, pour rien, pour lui faire peur. Pour toutes les bêtises qu'elle m'a sûrement faites, et qu'elle ne m'a pas dites. Voilà trois jours que je cherche mon pot de moutarde. Où est-il ? Elle l'a cassé et mis à la poubelle. Incognito. Ça mérite châtiment. Exemplaire. Voyons que je m'éclaircisse la voix pour l'engueuler. *Do, mi, sol* dièse, *ré*. *Ré, ré,* oh ! mon *ré* du haut n'est pas beau. Il me faudrait refaire des vocalises. Trop tard. Voix enrouée fait encore plus sauvage. Où est-elle ? J'y vais.

Le 4 juillet

Hier, je n'ai pas eu le courage d'engueuler madame Solidor. Elle s'échinait à quatre pattes à ramasser la cendre sous le fourneau, son maigre cul en l'air. Je me suis dit que je n'allais pas m'adresser à ce cul-là. J'ai pardonné. Je suis sorti dans le jardin. Sur mon plus vieux rosier, celui qui ne portait plus d'espérance, une toute jeune rose venait de s'ouvrir.

Le 5 juillet

J'ai retrouvé mon pot de moutarde. Derrière une pile d'assiettes. Qui a bien pu le mettre là? Moi peut-être. J'ai frôlé l'erreur judiciaire.

Je regarde mes mains. Elles s'arrêtent au bout de mes doigts, il me semble occuper une place limitée dans l'air, vois comme je suis fini. Et pourtant je me sens infini. Infini.

Le 14 juillet

Je me suis souvent demandé quelle révolution ce serait si d'un seul coup toutes les lunettes de Paris se mettaient en grève. Ces gens ont des conditions de travail très pénibles, ils sont mal nourris, ils attendent la bouche ouverte 24 heures sur 24, et sitôt qu'on n'a plus besoin d'eux, on leur claque la porte au nez et ils retournent à leur exil. Quoi de plus démuni et de plus prolétaire ? Comment se peut-il qu'un meneur ne se soit jamais levé pour leur dire combien ils étaient indispensables, donc puissants ? Qu'ils se croisent les bras, tout est paralysé. C'est la cohue sur les autoroutes vers les lunettes de province. Envoyer la troupe avec des tinettes est irréaliste, elle serait vite débordée. Ne faudrait-il pas préventivement leur lâcher du lest ? Pour moi je n'ai pas ce souci. Ma lunette ne me fera jamais ce coup-là, elle n'a pas mauvais esprit, elle vote bien.

Le 19 juillet

La mère Solidor est tombée lourdement sur son verre de montre. Au moins si elle l'avait choisi incassable. Mais non. Elle s'est brisé le col du fémur. Et de la façon la plus stupide. Elle a glissé sur la peau de banane qu'elle avait mise elle-même dans son impasse pour faire s'étaler son voisin, l'ancien champion de patinage artistique qu'elle ne peut pas sentir. Ça lui est retombé sur le nez. Elle refuse opiniâtrement d'aller à l'hôpital. Elle veut mourir dans son lit. Je lui dis qu'on ne meurt plus aujourd'hui du col du fémur, on vous remet ça en vitesse. Rien n'y fait, elle se cramponne à son matelas, elle veut aller retrouver son Solidor. Elle dit qu'il lui fait des signes. Pauvre femme! Si elle croit qu'elle peut le reconnaître dans la cohue. C'est un autre, qui cherche une aventure. J'essaie de l'apitoyer, je lui dis que mes carpettes la demandent, que j'ai la nostalgie de ses ragoûts. Elle fait timidement non de la tête, un sourire de petite fille confuse tremble sur ses vieux traits hâves, elle semble me demander pardon. Mille diables, je suis dans de beaux draps. Une voisine lui apporte à manger, elle refuse tout. J'arrive avec des douceurs, de la réglisse en bois, des sucettes, des loukoums. Je retrouve tout la fois suivante, intact. Je sens la colère m'empoigner, j'ai envie de lui pincer le nez, pour lui enfiler de force une boule de gomme dans la bouche. Puis je me calme devant cette détresse. Elle a des yeux de braise froide. Quelque chose m'inquiète, elle se gratte tout le temps. Et moi, rentré chez moi, j'ai des démangeaisons intolérables. C'est très dur. Je suis accablé.

Le 23 juillet

Hier à travers la peau diaphane de mon front j'ai vu le gros ver qui mange ma cervelle. Il est gris, dodu, il a un poil noir tout droit sur la queue. Il mastique, les yeux tournés vers l'intérieur. Quand on passe le doigt, on sent son ventre élastique. Pas de doute, ce n'est pas une illusion d'optique. Il a dû faire déjà beaucoup de ravages, j'ai de grands trous dans ma mémoire. Dieu. Qu'il n'aille pas manger Élisabeth, ni Gladys, ni ces quelques soirs de juin qui me restent, flottant entre deux mondes. Quand il aura fini, il fera son cocon dans ma boîte vide et par mon oreille s'envolera un insecte rutilant. Un insecte parfait. Pinder me donne des ampoules à remonter le moral. Qu'il me donne donc du vermifuge.

Le 1er août

Ton cul me hante, Gladys. C'est le soir que ça me prend, et je sais que ces nuits-là je ne vais pas dormir. Mais pour te suivre en ta folie, je consens à faire don de mon sommeil. Le sortilège de ton corps s'empara de moi tout entier. Quand je ne sais où de moi j'entends l'appel rauque dont trois mois durant tu fis retentir la montagne, je remonte le temps, je viens à ta merci.

C'était en 34. A l'époque je venais souvent à Saint-Tuf-le-Sourcilleux. Lugbull et Cie y avaient un petit établissement qui somnolait dans l'humidité des marécages. On m'envoyait réveiller cette torpeur. Quand on quitte Saint-Tuf par le nord, en direction de Sainte-Cariatide-la-Dure, la route sinue dans un paysage lacustre où le soleil s'attarde longtemps le soir. Puis, sur la gauche, on prend un chemin plus étroit qui s'enfonce dans la forêt hercynienne épaisse et moite. Dans l'ombre vert sombre des sous-bois planent en silence de grands papillons bleus. Passé la crête, on débouche sur le versant exposé au midi, abrupt, planté de vignes et de pêchers jusqu'au large méandre qu'y décrit la rivière. Sur l'autre rive commence le bocage. Les haies vives y enserrent l'été tout un damier de parcelles multicolores, blondes des blés, jaunes des ravenelles, bleues des lins. Dans les enclaves laissées en prés, des bœufs fauves aux grands yeux cernés de noir paissent l'herbe qui leur monte jusqu'au ventre. Le chemin blanc poursuit au bord de l'eau. Il faut le prendre de confiance, aucune demeure ne sort des feuillages. Jusqu'à un vaste tournant qui suit l'inflexion de la rivière. Là d'un coup se révèlent, sous la masse des arbres immenses qui les cachaient à la vue, de longs murs tapissés de vigne vierge, où rêvent des toits pentus, hauts, en ardoises. Le Moulin des Anévrysmes. Une longue chaussée moussue retient le flot sombre, les nymphéas blancs ouvrent au ras de l'eau leurs corolles agressives dans le vol des libellules, la chanson de la chute entre par les fenêtres, mêlée au frémissement des peupliers.

Madame Sépia, dont l'œil quelque peu charbonneux ne laissait rien échapper, y dispensait à ses hôtes précieux les plus suaves délices. La maison n'ouvrait que le soir, à midi tout dormait d'un sommeil d'innocence. De la cuisine enflammée arrivaient des mets de haute couleur, escargots en brioche, meurettes onctueuses de perches et de tanches, marinades au vin fort qui vous mettaient en l'état. Les reines de la nuit préparaient du frôlement de leurs gazes les fêtes à venir. Je ne sais sur quels marchés d'esclaves madame Sépia se les procurait ni par quelles filières de contrebande elle les acheminait jusque-là. Elles étaient parfaites, toutes diverses d'allure et de tempérament, mais jamais une faute de style, sinon sollicitée. Chacun avait ses habitudes, ses fantaisies, hélas ! L'ordre formel était de satisfaire inconditionnellement le délire des imaginations et la dérive des incontinents. La maison avait une devise : *Prior tu, ego deinde,* dont madame Sépia n'était pas peu fière qu'elle fût en latin. Un archevêque de ses clients lui avait composé ça, elle l'avait fait encadrer dans le hall. La collection d'accessoires était la plus riche que j'eusse jamais connue. Chacun portait un sobriquet charmant qui voilait la réalité un peu baroque de l'affaire, hoche-queue rococo, psaltérion volubile, bergeronnette à fredaines, que sais-je encore, souvent des noms de petits oiseaux ou de petits instruments de musique. Finies les conversations aimables de l'après-dînée, il était loisible de monter. Des chambres spacieuses attendaient, aux lambris somptueusement laqués. Des bouquets d'un art parfait, toujours renouvelés, inondaient les consoles. Des miroirs savamment disposés créaient le paradoxe d'une immensité intime. On y pouvait chanter à plusieurs, les tapis profonds et les lourdes tentures gardaient le secret des orchestres, même au plus fort des tutti. Grosses menaces d'apoplexie pour ces gens souvent d'âge. Madame en avait du souci. Une nuit je la surpris écoutant à une porte si tout se passait bien. Elle en fut si contrite qu'à chacun de mes retours elle m'offrait une bouteille de son meilleur champagne, pour acheter mon silence que je lui fis payer cher.

C'était un 24 juin, la grande nuit de l'été. L'orage avait tourné jusqu'au soir, le jour n'en finissait pas de s'accrocher aux franges des nuages menaçants. Une fatigue délicieuse nous accablait dans les fauteuils profonds épars sur les pelouses. Les tilleuls embaumaient, la neige des peupliers volait sur la brise, par moments passaient les effluves lourds de l'eau qui dort. Les propos lestes des messieurs dérivaient au fil du bief, les rires des filles se perdaient dans les lierres. Les marmitons sortis des cuisines avaient allumé sur la chaussée un grand feu avec les branches apportées par les crues de l'hiver. La flamme montait et crépitait, violant par en dessous le secret des feuillages dont les étages tropicaux escaladaient le ciel. Parfois un oiseau de nuit blanc passait dans la lueur. L'alcool, dans les verres, flambait.

Ce fut l'instant de ta naissance, Gladys. Tout à coup, à l'autre bout de la chaussée, comme la Vouivre ruisselante se déroulant dans les roseaux, sortit de l'ombre une créature inconnue. Les souffles furent coupés, les rires cessèrent, plus rien ne vivait que le feu. Longue, longue dans un long fourreau de mailles d'acier qui t'enserrait si fort qu'on voyait le mont de ton pubis, tu avançais vers le foyer. Le brasier faisait miroiter tes écailles. Ton corps ondulait aux contours de la flamme, elle étincelait dans tes yeux, le casque guerrier de tes cheveux flamboyait. Tu jouais avec le feu comme avec des reptiles. Tu étais loin, mais les fers de nos regards se croisèrent. Je sentis que c'était l'éclatement de ma vie, le signe fulgurant qui vous est fait une fois et qui ne sera jamais plus répété. « C'est la nouvelle, me souffla madame Sépia. Arrivée de cet après-midi. » Je me levai et, devant l'assistance interdite, marchai vers toi, te pris et t'emmenai.

Tu me donnas la Nuit des Nuits. Bien avant l'aube l'orage s'abattit, la grêle sonnait sur les ardoises, la tempête ébranlait les arbres. Les miaulements du vent dans les hautes cimes accompagnaient les cris de ton plaisir. J'aimais t'aimer dans l'orage. Tard dans la matinée j'ouvris les persiennes. Le soleil brillait dans le ciel lavé, l'air était frais et transparent, les peupliers s'égouttaient dans la rivière. Je me retournai et te vis en travers du lit, offerte à la lumière. Tu dormais encore, la tête sur ton bras replié. Sous ta crinière rousse tu paraissais un fauve. Tu n'étais pas chez toi dans ce décor de plaisirs confinés. Ton corps irradiait la sauvagerie. Toute la nuit, pendant nos étreintes, j'avais senti au profond de toi je ne sais quelle fureur de liberté. Je t'emmènerais d'ici. J'attendis ton éveil. Dès ton premier sourire je te le dis. Tu n'en manifestas aucun étonnement. « Où veux-tu que nous allions, Gladys ? – A Santa Apostolica », répondis-tu sans hésiter. Santa Apostolica, diable, je n'y avais pas songé. Il est vrai que je n'avais pas eu le temps de songer à grand-chose. Pris de court, je ne trouvai rien de mieux à dire que « Tu veux revivre là-bas l'aventure tragique du pianiste sombre et de la virago ? » Tu ne compris pas. A la bonne heure. Tu n'étais pas romantique. Non. Simplement, quand tu étais petite, ta nourrice te prenait sur ses genoux et te chantait la complainte du pauvre marin perdu de Santa Apostolica qui ne mangerait plus ses brioches à la courge. Une espèce de Paimpolaise du Sud. Santa Apostolica et ses vergers d'oranges, l'île mitoyenne entre Chrétiens et Infidèles, pourquoi pas ?

Il fallait négocier avec madame Sépia. Elle me tint la dragée haute. Je la lui fis baisser en la menaçant de révéler qu'elle écoutait aux portes. Nous montâmes dans ma torpédo bleue et sur le chemin blanc les dessins de mes pneus faisaient dans la poussière encore mouillée des zigzags qui dansaient.

Restait encore à voir Lugbull et Cie. Nous filâmes à Paris, j'entrai dans son bureau et lui demandai trois mois. Il parut assommé, je le vis devenir tout petit dans son grand fauteuil vert moins vert que lui. Il tenta d'obtenir des explications, que je ne donnai pas. Quoi ! Je n'avais jamais pris un jour de congé, et j'étais en mesure de lui révéler que j'avais là, dans ma tête féconde, un projet de fusée à faire pleuvoir chaud qui décuplerait son chiffre d'affaires ! C'était trois mois ou ma démission. Il m'accorda jusqu'au 1er octobre, jour de la rentrée des classes. Je le remerciai, passai à la caisse et sortis. Tu m'attendais en bas, dans la torpédo bleue. Le temps de courir les bons magasins pour te parer de soieries légères, le matin du troisième jour nous abordions en rade de Santa Hermetica. L'étrave du beau bateau blanc fendait en silence les eaux calmes de la baie toute chamarrée des voiles des tartanes. Venait à nous l'énorme masse rousse de la cathédrale et de l'Almundaina, le palais des Almoravides. Les montagnes bleues se découpaient sur le ciel clair où montait le soleil déjà chaud. Les mouettes tournaient autour de nous et la brise de mer faisait boucler court sur ton front les mèches folles de tes cheveux. Nous mîmes pied sur l'Ile Bienheureuse. Ferions-nous le tour de la ville en fiacre, ils étaient là en ribambelle, tous plus astiqués les uns que les autres ? Non. Tu semblais pressée. Nous frétâmes une voiture de louage, une limousine énorme de grand d'Espagne, noire, luisante, fulminante de nickels. Le chauffeur, magnifique – il nous dit s'appeler Tarquinio el Superbo – s'inclina, ouvrit les lourdes portières et les referma sans bruit. Il engloutit dans le coffre goulu notre léger bagage. A travers notre espagnol encore plus léger il comprit que nous voulions visiter l'île en tous sens, pour y louer une maison. En tous sens, nous insistions. Des pigeons. Il parut satisfait. Il tira la vitre qui le séparait de notre luxueux appartement roulant. Il y avait des pompons partout, des rideaux de soie pour se garder du soleil. Dans un vase de cristal accroché au montant de la porte une branche de citronnier en fleur exhalait son âme. J'eus brusquement envie de toi sur la banquette. Je dus me retenir. Ça ne paraissait pas être dans ton programme.

Nous traversâmes la ville tranquille encore et d'un coup fûmes dans la campagne. Les milliers d'éoliennes tournaient joyeuses au vent du matin. Elles puisaient l'eau profonde qui courait dans le labyrinthe des rigoles sous les arbres. La route n'était qu'un flot de petits ânes gris qui déferlaient en sens inverse, ils allaient au marché. De leur charge cahotante sortaient quatre jolies pattes fines dont les pieds menus se posaient soigneusement l'un devant l'autre. Les fers de leurs sabots laissaient des croissants de lune dans le sable de la route. Tarquinio avait du mal à se frayer un passage. Il klaxonnait à tout va et invectivait par la fenêtre. Une fois je pris le cornet acoustique pour lui demander de respecter la condition paysanne. Je me fis mal comprendre. Il accéléra. D'ailleurs les petits ânes se raréfiaient. Nous roulions parmi les vergers d'amandes et de caroubes. Souvent la route très étroite était bordée de hauts murs. Des chemins conduisaient à des fermes minuscules flanquées d'un petit clos de pierre d'où pointaient les figuiers de Barbarie en fureur. Un mulet masqué tournait sur l'aire. Tarquinio nous demanda si nous voulions monter à San Salvador. Il y avait là-haut une fameuse tarte aux myrtilles mâles confectionnée par les ermites. Gladys, Gladys, tu avais de la myrtille mâle jusqu'aux oreilles, mais tes yeux étaient si pleins d'actions de grâces que je n'en eus aucune confusion parmi la foule des pèlerins. La mer miroitait sous le soleil vertical. Nous redescendîmes vers la plaine. Je somnolais, mais je voyais ton regard fixé sur les sierras du nord-ouest. Je sentais s'exaspérer ton impatience. Voyons, Gladys, il nous fallait être méthodiques ! Le soir nous couchâmes un peu en retrait du grand golfe du nord, dans un vieux village farci de couvents. Par la fenêtre de la chambre entraient des bouffées de jasmin, la rumeur de la place monta très tard dans la nuit, presque jusqu'à l'éveil des moineaux dans les platanes et des hirondelles sous le toit. Aujourd'hui on irait dans la montagne. Quand la route commença de s'élever vers le monastère de la Grande Protectrice, je sentis ta poitrine s'enfler de la fureur que je t'avais connue au Moulin des Anévrysmes. Tes yeux scrutaient les sommets et les pentes. Il semblait que rien ne pût échapper à tes pupilles implacables. Là où je ne voyais que chaos de rochers nus et calcinés, je ne sais quelle présence tu devinais. Tu demandas à Tarquinio d'aller jusqu'à la pointe sud-ouest puis tu le fis revenir. Il ne disait rien. Tu le subjuguais. Mais on sentait qu'il se cramponnait à son gouvernail dans cette route effroyable, agrippée aux précipices, ravinée par les vieux orages. Souvent dans les lacets il devait s'y reprendre à plusieurs fois, enlevant sa lourde machine dans d'incroyables soubresauts. Ça sentait le caoutchouc brûlé et même le disque d'embrayage. Les pompons se trémoussaient, la branche de citronnier avait cessé de rendre l'âme, je n'avais plus envie de toi sur la banquette. Je jetais à la dérobée des regards vers ces fonds mortels dont ne nous protégeait pas le moindre garde-fou. Ton autorité calme et sans réplique m'apaisait. Enfin, arrivés de nouveau à cette partie de la côte hantée par le fantôme de l'Archiduc fou, tu demandas qu'on ralentît. Ta quête se fit encore plus pressante. Un peu au nord se déploya devant nous un cirque de montagnes colossal, large ouvert sur la mer où roulaient ses flancs abrupts. Des blocs erratiques avaient dévalé les pentes et traversé les replats bien avant que n'y poussent les pinèdes, pour venir se ficher comme des bastions en avant du rivage. Des terrasses aux murs construits par les Cyclopes escaladaient les versants jusqu'à la limite des chênes verts. Elles retenaient la terre rouge où la masse des oliviers sous le vent miroitait comme du mercure. A un certain tournant de la route tu demandas d'arrêter. Tu dis à Tarquinio d'aller se rafraîchir à l'auberge, s'il en trouvait une. Il pouvait considérer notre voyage comme terminé. Qu'il revienne dans trois heures nous aider au transport des bagages et recevoir le prix de son travail. Tarquinio n'en crut pas ses oreilles. Il relança tous ses pistons et démarra en trombe. On le vit desserrer sa cravate, ouvrir large sa chemise et jeter d'allégresse sa casquette sur le siège. Son mastodonte noir, miraculeusement indemne, disparut au virage. Il faisait de l'huile. Un grand chemin montait sur la droite. Tu t'y engageas sans hésiter. Nous nous élevions à travers les terrasses. Aucun bruit que, deux cents mètres plus bas, au pied des à-pics, le murmure de la mer.

Le chemin conduisait à une entrée monumentale faite de deux colonnes hexagonales au sommet desquelles veillaient deux lions de pierre. Puis une longue voie bordée de palmiers, de cyprès et de lauriers-roses menait à un bâtiment transversal aux fenêtres rares dont les parois s'enflaient vers leur base en contreforts puissants. Une porte massive s'ouvrait au bout de l'allée, ses piliers carrés aux arêtes usées par le temps soutenaient un arceau taillé dans un seul bloc où était sculpté un écusson difficilement déchiffrable. Les vantaux de bois bardés de ferrures martelées étaient ouverts. Sous la voûte, les roues des chars tout au long des siècles avaient creusé de profondes entailles dans les dalles. Nous entrâmes dans une vaste cour pavée de pierres rondes. Deux corps de bâtiments délabrés s'alignaient de part et d'autre. Au rez-de-chaussée, sous une galerie sombre, des portes de bois s'ouvraient tous les six mètres environ avec, au tiers de l'intervalle, une lucarne à barreaux de fer. On pensait à des cellules de moines, ou de prisonniers, ou encore aux logis d'une garnison du temps que les Barbaresques attaquaient les côtes. Au fond, hautaine et fermée, la demeure des maîtres à la façade ocre percée de deux étages de fenêtres dont celles du bas étaient armées jusqu'à mi-hauteur de grilles remarquablement travaillées. Une balustrade courait d'un bout à l'autre du toit en terrasse d'où s'élevait au centre un campanile à la cloche de bronze. A droite, entre les deux fenêtres extrêmes un cadran solaire somptueux aux multiples figures peintes, en partie déjà effacées, rappelait durement que le temps passait aussi sur cette immobilité. A gauche, en retrait, une tour carrée aux murs troués de quelques meurtrières et surmontés de mâchicoulis. Quatre piliers d'angle et des colonnettes presque élégantes portaient à bout de bras un toit de tuiles rousses dont la charpente fine et l'allure aérienne contrastaient avec la sévérité minérale de l'édifice immémorial. Au centre deux larges escaliers incurvés montaient à un perron où s'ouvrait – ou plutôt ne s'ouvrait pas – la porte d'entrée aux chambranles de porphyre.

Le silence était absolu. Seule vivait l'eau qui jaillissait de la gueule de trois monstres marins aux écailles polies. Au bassin de pierre, aucun oiseau ne venait boire.

Je n'osais pas appeler. Ce fut Gladys qui le fit. Sa voix résonna dans cette géométrie. Nous attendîmes. J'étais sûr qu'il n'y avait personne. Un loquet se souleva loin derrière nous et nous vîmes sortir d'une porte sous la galerie de droite un petit homme vêtu de la toile grise des péons. Il était très vieux, mais paraissait d'une souplesse extraordinaire, marchant comme un funambule dans des espadrilles blanches à lacets d'un modèle que je n'ai jamais revu ailleurs. Il était tout recroquevillé, comme enroulé, il donnait l'impression d'un ressort qui allait se détendre. On ne pouvait s'empêcher d'être inquiet à la pensée de la taille qu'il atteindrait si jamais il venait à se déployer. Son bras droit était coupé à la hauteur du coude, un moignon rouge dépassait de sa chemise dont il avait remonté la manche. Il était nu-tête, ses cheveux blancs sur son front de terre cuite étaient courts et laineux comme ceux d'un vieux nègre. Il tirait sur une vieille pipe culottée qu'il devait soutenir en permanence de la main gauche. Lourde comme elle paraissait elle serait tombée de sa bouche, car il ne pouvait pas la coincer entre ses dents. Il n'en avait qu'une, une incisive, couleur de jus de régie, un peu de travers, en haut. Pendant trois mois il fut pour nous l'homme à une dent, *der Mann mit einem Zahn.* Ç'aurait pu lui donner l'air simple, mais un imperceptible papillotement de ses petits yeux noirs où brillait une flamme difficile à soutenir avertissait qu'il ne fallait pas se fier aux apparences. On en venait à douter de soi-même, un sentiment d'incertitude vous envahissait, auquel le décor de pierre hostile n'apportait guère de soulagement. Il parlait une langue rocailleuse où mon castillan fragile se cassa. Gladys, à ma grande surprise, paraissait en avoir la science infuse. Il me sembla qu'elle lui disait avec assurance qu'il y avait une maison un peu plus haut dans la montagne. L'autre parut surpris et répondit que la señora devait bien connaître le pays pour savoir l'existence de cette maison qu'on ne voyait de nulle part, surtout pas de la route. Elle était à louer ? Oui et non, pourquoi pas, nous discuterions du prix avec don Cesar, son maître, en voyage aux Amériques pour plusieurs semaines encore. Depuis des dizaines d'années personne n'y avait habité, mais don Cesar exigeait qu'elle fût perpétuellement en ordre au cas où quelqu'un viendrait, qui n'était jamais venu. Il allait nous donner la clé, il ne nous accompagnerait pas, sa vieille présence n'était pas bonne pour deux amoureux en quête d'un gîte. Il suffisait de gravir le sentier que nous avions laissé sur notre droite au pied des lions de pierre. Il demanda deux minutes et revint avec une grosse clé en fer. Il nous attendrait à notre retour. Il suffisait d'appeler Joaquin, très fort, au cas où il serait à ses affaires. Il souhaita que la maison fût à notre convenance. En tout cas il était certain que don Cesar serait heureux d'y voir une señorita française aussi élégante. Il dit cela d'un air bizarre, sa lèvre se retroussa sur sa dent solitaire. Son regard vif effleura Gladys, il tira de sa pipe deux splendides ronds de fumée qui montèrent lentement vers le ciel bleu, unis comme deux anneaux. Je n'avais jamais vu pareil talent. Mon père aussi faisait des ronds, mais espacés. Et il les ratait souvent.

Nous partîmes. Gladys, impatiente, gravissait la première le sentier pavé de grosses pierres entre lesquelles poussaient mille petites fleurs sauvages. Nous montions de terrasse en terrasse. La pente était parfois rude, des marches alors avaient été construites en pierres si étroitement imbriquées que, vieilles du fond des temps, on les sentait solides pour l'éternité. Brusquement nous fûmes sur un terre-plein. L'air changea de poids. On croyait passer la porte enchantée d'Éden. Au milieu d'oliviers antiques et d'amandiers au feuillage de lumière s'élevait la maison. Une maison du pays, petite, mais puissante et calme, aux murs de pierre épais jointoyés à la diable avec du mortier fauve, un toit à une seule pente, où une canalisation en poterie collectait l'eau de l'hiver pour l'amener à une citerne creusée dans le roc, le tour de la porte et des fenêtres peint au lait de chaux. Un caroubier séculaire d'où pendaient des gousses encore vertes étendait royal, par-dessus le toit, sa ramure africaine. La joie nous submergea. Nous courions en tous sens comme des enfants libres parmi les taches de lumière qui dansaient. Gladys jeta loin ses chaussures et marcha pieds nus sur la terre vivante. Au bord de la terrasse nous parvint d'un seul coup le bruit de la mer. Nous nous reculâmes d'un pas et ce fut à nouveau le silence, radieux. Les cigales se taisaient. Tout le long de la façade, de hautes jarres vernissées et ventrues regorgeaient de fleurs arrosées du matin. D'une pergola montant jusqu'à l'étage de longues grappes de raisin pendaient, déjà bien formées. Derrière, un verger touffu. Les roses, les bougainvillées, les jasmins escaladaient les arbres, les pruniers et les abricotiers croulaient sous les fruits, les citrons accrochaient leurs luminaires dans l'ombre, les oranges de juin déjà trop mûres laissaient la place aux oranges de septembre à venir. Partout le foisonnement des fleurs et des plantes inconnues. J'aurais voulu boire d'un coup tous ces torrents de sève. Gladys me tendit une pêche, sa peau veloutée et sa pulpe jaune étaient chaudes de soleil. Une source chantait dans une vasque de pierre où allaient et venaient les abeilles. Nous étions heureux.

Nous n'avions pas encore eu le temps d'entrer dans la maison. Nous courûmes à la porte. Le heurtoir de bronze fit résonner les intérieurs. La grosse clé ne fit aucun bruit dans la serrure huilée. La fraîcheur de la grande salle nous surprit. Tremblants d'émotion sacrée nous entrâmes. La pénombre sentait le lait frais et le feu d'arbouses. Nous poussâmes les volets, les murs blancs s'illuminèrent, les grandes dalles du sol luirent. Tout le coin gauche était occupé par une cheminée d'angle monumentale, entourée de murs bas en pierre, sorte de pièce dans la pièce, surmontée d'une hotte en maçonnerie blanchie soutenue par une poutre incurvée. Des étagères de pierre à toutes les hauteurs portaient les ustensiles de cuisine en terre, en cuivre, en fonte, aux formes simples et belles. Deux bancs de pierre au dossier arrondi s'y faisaient face. A droite un grand évier de pierre au bassin ovale dont la grande paillasse était creusée de réceptacles parallèles où s'alignaient, couchées, les amphores lisses pour l'huile et pour l'eau. De grandes niches dans les murs, où des poteries patinées sortaient de leur sommeil. Un candélabre à sept branches, de la hauteur d'un homme, un objet d'apparat qui aurait pu appartenir au trésor d'une cathédrale, au pied massif incrusté de gemmes, dont la richesse difficilement estimable contrastait avec la simplicité du lieu. Sur une table oblongue en olivier massif était posé, un peu excentré, juste à l'un des foyers de l'ellipse, un vase de céramique aux dessins jaunes et bleus, d'où déferlait un bouquet de lourdes roses.

Nous gravîmes l'escalier d'azulejos et fûmes dans la chambre, blanche avec des poutres noires. Un lit à baldaquin pompeux y dressait son architecture sévère, tempérée par la douceur des courtines taillées dans cette toile épaisse qu'on fabrique là-bas, d'un blanc mêlé de bleus étrangement passés comme des taches de ciel de printemps. Deux fauteuils à bascule tendus de la même étoffe regardaient par les fenêtres, petites, pour garder de la chaleur. Un grand coffre de citronnier, et à même le sol, une profonde seille de terre rouge où sur l'eau fraîche flottaient des fleurs mates de gardénia. A la tête du lit, deux angelots de bois peint. Au-dessus du coffre, un tableau craquelé. On y voyait la flotte des Croisés sur la mer en furie toutes voiles gonflées. Sur tout un côté un immense miroir biseauté dans un cadre doré incroyablement tarabiscoté doublait le volume de la pièce. Je ne crois pas qu'il fût dans le style. C'était plutôt une fantaisie – ou une attention – de don Cesar. Gladys fit des cabrioles sur le lit comme une petite fille émerveillée. Les draps de lin brodé embaumaient les fleurs de la montagne. Nous ne cessions de nous enthousiasmer. Il fallait pourtant bien redescendre. Nous sortîmes, sans même refermer la porte, tant il semblait impossible que personne d'hostile pût entrer dans ce monde candide. Gladys sautait légère sur le sentier. Joaquin nous attendait. Il avait bâté son âne pour transporter nos valises. Il était sûr que la maison nous plairait. Tarquinio était au rendez-vous. Il avait remonté sa cravate et remis sa casquette, qu'il jeta à terre à la vue du pourboire impérial dont il fut gratifié. Et nous remontâmes à la petite maison d'en haut, Gladys courant devant, suivie du petit âne tranquille qui balançait ses oreilles. Joaquin déchargea nos valises de la main gauche et nous dit que nous trouverions chez lui tout ce que nous pourrions souhaiter pour notre subsistance, légumes verts, légumes secs, fruits, œufs, poules, lapins, canards, moutons, lamas, gibier qu'il prenait au collet, jusqu'au pain complet qu'il cuisait dans le grand four une fois la semaine. Il nous souhaita le bonsoir et, après avoir promené sur Gladys ce regard qui m'exaspérait et envoyé au ciel deux ronds de fumée impeccablement siamois, disparut. Nous nous assîmes à la grande table de pierre sous le caroubier et attendîmes dans le ravissement que déclinât le jour qui, en ce temps de l'année, ne ferait jamais place à la nuit.

C'est là, Gladys, qu'allait commencer et durer tout l'été jusque passé l'équinoxe d'automne ta bacchanale furieuse, dans l'embrasement des sierras dominées par le Pic Majeur, catalyseur d'orages, sec, dur, surchauffé, par-delà la grande toison des chênes verts où fumaient encore en ce temps-là les meules des charbonniers, à des hauteurs vertigineuses au-dessus de la mer où les montagnes abruptes s'écroulaient au fond des gouffres bleu sombre. Trois mois durant tu te déchaînas dans ces solitudes où les dieux avaient marché et marchaient encore. Là, passé la ligne des derniers arbres torturés, couchés par les rafales de l'hiver, quand la roche nue et vibrante de lumière ne nourrit plus que des herbes acérées et des épineaux, tu jetais loin ta tunique, ton seul vêtement, et tu prenais ta course, folle, riant aux éléments, possédée, ta chevelure rousse brûlant telle une comète, comme on voit en Afrique les coureurs noirs, au maximum de leur vitesse, brandir leurs torches enflammées dans leurs initiations secrètes. Ton cul formidable roulait dans les abîmes, remontait l'autre pente, et moi, Pan galopant tel qu'il en saute aux vases noirs des Grecs, je te poursuivais en une course sifflante, mon ventre résonnait comme un balafon sous les coups de mon phallus oblique, la raie noire de tes fesses était mon unique point de mire, les atteindrais-je jamais, tant tes longues cuisses souples les emportaient vers le ciel, les deux fossettes de tes reins s'esclaffaient de ma grimace, j'allais te rejoindre car tu avais ralenti, salope, pour me donner un faux espoir, mais jeune mouflon tu faisais un saut brusque de côté, je perdais du terrain, déjà tu étais sur un autre sommet et tu riais immense dans le vent des hauteurs et tu repartais encore, puis, arrivée à une grande dalle plate comme sur un autel des Titans, tu te couchais sur le dos, bras écartés, jambes ouvertes, tes seins dressés haletant, ton ventre creusé, ta louve de rouquine inondée de sueur, offerte en holocauste et là je te baisais, écartelée sur la pierre calcinée, bête écumante qui consentait enfin, tes yeux verts où roulait la démence, tes dents mordant ma gorge, hurlant de plaisir et de rage, pas de quartier, mon phallus poignardait tes entrailles, le séisme de tes reins te soulevait une dernière fois et tu retombais pleine de moi. Ta fureur se calmait, tu redevenais humaine, écrasée sous mon corps, pantelante, choc de deux forces brutes, tonnerre du sang à mes oreilles, mort.

Nos sueurs ruisselaient mélangées. Rousse, tu sentais fort. Je me retirais et le sperme qui coulait de ta fente violette inondait la pierre fumante et séchait au soleil. Tu te redressais, serrant tes genoux dans tes bras, tes yeux de bête soumise me souriaient, j'y voyais lentement s'éloigner les nuages. Nous reprenions conscience du monde, des chaos de rochers, des romarins, des vautours décrivant leurs larges orbes haut dans l'azur, du bruissement du vent, du soleil brûlant illuminant les profondeurs rouges de nos corps. Sur ton visage les taches de rousseur étaient des constellations.

Et puis je te sentais te raidir, le vert de tes yeux redevenait plus sombre, ta mâchoire se contractait, la transe te reprenait, tu tendais d'un seul coup tes longues jambes farouches et tu repartais, bondissant des rochers, te lacérant aux épines, hurlant le cri des Bacchantes et ton cul formidable me faisait rebander et la raie noire de tes fesses redevenait mon unique point de mire. Quand haut dans le ciel tes cuisses immenses s'ouvraient pour franchir les précipices, mes yeux exorbités voyaient s'éployer ta fleur anthropophage de A jusques à Ede. Enfin parvenue aux rochers que tu avais choisis pour t'immoler, tu te couchais à plat ventre, tu voulais que je te prenne par-derrière comme les bêtes de la montagne, ta vulve éclatée, amère comme une grenade sauvage, était l'aven sans fond où j'allais m'abîmer. Tes ongles agrippaient la roche en feu, l'eau brillait au torrent de ton échine, je croyais violer le ventre de Cybèle. J'entendais autour de moi le troupeau des Cabires et des Ménades hurler et marteler la terre en cadence au va-et-vient sacrilège de mon phallus vainqueur. La terreur me prenait qu'un Corybante extatique ne me coupât les couilles pour les jeter à la mer.

Ou bien, moi vertical, tu enserrais mes hanches dans l'étau de tes cuisses, mon pieu rigide vissé jusqu'à ton diaphragme à travers tes entrailles brûlantes, mes bras bandés te portant aux aisselles, te soulevant et t'abaissant, ta tête révulsée, les veines de ton cou saillantes, ton ventre bombé à en faire sauter le nombril comme un bouchon de champagne, uhlan hululant plus fort qu'une sirène de pétrolier, cavalière infernale chevauchant à l'envers tu voulais que j'accélère aux limites de mes forces, courant de crête en crête et dans un bond prodigieux à me rompre l'aorte je nous envolais dans l'espace et nous jouissions en plein ciel comme les grandes coquecigrues du Machu Picchu.

Ça, c'était les grands jours, les jours de cavalcade comme tu disais. Quand tôt le matin, après tes ablutions à la fontaine, je te voyais enduire ton long corps abricot d'huile d'olive vierge pour l'assouplir encore et le rendre plus insaisissable, comme à la palestre les lutteurs de pancrace se frottaient pour échapper aux prises de l'adversaire, je me disais que ç'allait être jour de course. J'étais plein d'angoisse à remonter vers ces hauts lieux, ces déserts, cette enceinte du sacré où je craignais vaguement qu'un dieu en colère ne me transformât en statue de pierre. Souvent, dans nos poursuites, j'avais entrevu des rochers aux formes humaines et je me demandais le temps d'un éclair si quelque coureur imprudent de l'éternelle Gladys n'avait pas été figé là pour toujours. Il y a, face à la montagne de Los Angeles descaidos, toute une armée de chevaliers teutoniques, heaume en tête, sur leurs lourds chevaux caparaçonnés, qui descendent vers la plaine en ordre de bataille comme sur le lac gelé les a fait s'avancer Sa Majesté Eisenstein. On dit qu'un charme les arrêta net et qu'ils attendent la nuit pour reprendre leur marche. Un soir, un des seuls soirs où je sois passé par là si tard, il m'a semblé les voir sortir de leur torpeur, se caler sur leur selle et piaffer les chevaux. On entendait dans le vent le cliquetis des armes. On ne rit pas la nuit dans la montagne. Il faut fuir, on devient fou. Toutes les forces ténébreuses que le soleil a fait se terrer sortent des antres. Un autre monde s'installe, dont l'homme doit se garder. Il me souvient d'un crépuscule où Gladys et moi cherchions nos vêtements jetés nous ne savions plus où, il était temps, les puissances rôdaient. Nous retrouvâmes nos hardes de justesse. Sinon j'allais plutôt rentrer tout nu. C'est le temps où des miasmes de petites mouches invisibles et mauvaises vous assaillent, avant-garde des enfers. Les trous commencent à souffler froid. Il vaut mieux se couvrir. Quand le soleil rouge s'abattait sur la mer, c'était pour moi le signal, je devenais rétif, il me fallait descendre. Une nuit elle voulut m'emmener là-haut dans les horreurs. Elle prétendait avoir un sauf-conduit. J'avais dû paraître si atterré qu'elle n'en parla jamais plus. Mais souvent je la surprenais sur la terrasse à regarder Hécate toute ronde errer sur ces espaces où nous avions couru le jour. Glacé d'effroi, j'allais me réfugier sous l'abri des grands arbres.

Donc, les matins où Gladys s'enduisait d'huile d'olive vierge, elle annonçait la couleur. Fantaisie ou bien science secrète qu'aujourd'hui passerait le cortège du Dieu ? Avait-elle entendu les évohé aux premières lueurs de l'aube ? Elle était encore plus belle, ses yeux plus fous, sa chair plus radieuse. Nue sous sa tunique violette transparente, elle m'apportait un petit déjeuner plus solide. Elle portait haut le plateau comme une offrande et quand elle repartait vers la cuisine, je voyais onduler sous son voile son cul formidable et la raie noire de son équateur qui serait tout le jour mon unique point de mire.

Et les orages, Gladys, souviens-toi des orages. Quand s'amoncelaient les nuées monstrueuses, quand le soleil disparu abandonnait la terre, quand de la mer les vapeurs lançaient leurs assauts contre la montagne muette, je voulais revenir. Mais toi, tu m'entraînais toujours plus haut, folle d'une ivresse hystérique, tes yeux étincelaient d'une lumière d'arc et là, sur le sommet, quand s'abattaient les trombes, dans le vent qui sifflait, je t'entrevoyais à la lueur des éclairs, tes seins gonflés luisaient, aux tétons tendus sous la pluie froide, ton triangle sacré ruisselait, te masturbant rageuse tordue par le plaisir, criant la plainte rauque d'une jouissance inhumaine, ta face convulsée secouant ta chevelure comme un cocotier dans le typhon, ouvrant d'un coup tes bras aux rafales et te ruant plus âpre sur ton clitoris gorgé, impossible unité du Nord et du Midi, de la Bacchante et de la Walkyrie, hurlant dans le spasme qui secouait ton ventre, et tu voulais que je te baise dans le vacarme, fumant sous les hallebardes et je m'attendais que le feu du ciel nous consume et amalgame nos métaux en un alliage maléfique, toi ton or, moi mon acier, et que, entrepénétrés définitivement dans l'athanor des dieux, bloc en fusion roulant de gouffre en gouffre, nous nous abîmions dans la mer soudain vaporisée et coulions à pic vers les fonds abyssaux où sur leurs couches d'algues enjôleuses dorment les Titans.

Chaque jour n'était pas jour de cavalcade. Je n'en serais pas revenu. Il était des matins où Gladys s'éveillait calme, le vert de ses yeux qui s'ouvraient était du vert des sources. J'étais rasséréné et pourtant une vague déception me poignait de ne point aller mourir au fond d'un abîme, désarticulé, boucané dans la grande fête solaire. Elle restait longtemps immobile à l'ombre des feuillages, elle parlait aux oiseaux qui voletaient silencieux tout près d'elle, nous allions au verger voir les oranges de septembre qui changeaient de couleur. L'air était celui qui, il y a deux mille ans, faisait chanter Virgile sur sa harpe éolienne. Elle regardait la montagne légère de brume sans que ses narines se pincent ni que ses traits se creusent. Pan était-il parti vers les déserts du Nord? Elle me prenait la main et nous montions le chemin jusqu'à la limite des terrasses. Nous franchissions la petite porte d'olivier et pénétrions de quelques pas à l'intérieur des chênes verts, juste à la frange du sauvage, là où l'on peut encore en appeler aux divinités amènes. Nous nous abandonnions à nos jeux folâtres. Elle savait être d'une infinie tendresse, son corps n'était que don, ses lèvres que fruit mûr. Les heures glissaient longues et douces. Délicieusement las, vers la fin de l'après-midi, nous descendions vers la mer. Dans les calas solitaires, blanches de soleil et d'écume, nous jouions dans les vagues. L'eau crépitait à nos oreilles, les mille poissons dansaient avec nous. Nous repassions par la maison du pêcheur. Il nous préparait ses plats multicolores et Gladys dévorait, dévorait comme une petite fille qui n'aurait pas fait quatre heures. Elle mordait aux tomates en riant, sa figure éclaboussée de jus. Elle buvait le vin fort. Et je la regardais, heureux, moi qui n'ai jamais aimé que des femmes de cristal. Enfin nous remontions chez nous, nous restions encore un peu sur le seuil à suivre les étoiles qui tournaient lentement dans la nuit. Elle se serrait contre moi, déjà tout engourdie de sommeil. Je la mettais au lit, elle couchait nue, quelquefois je glissais dans son sexe un brin de laurier-rose. Elle s'endormait et, son souffle devenu régulier, je ramenais sur elle le drap de lin blanc pour la garder de la fraîcheur de la nuit.

Gladys, ma machine infernale, mon amante docile, ma double.

Nous voyions souvent Joaquin. Il se désolait car il était sans nouvelles de son maître. Enfin vers la mi-septembre une lettre arriva. Don Cesar annonçait son retour pour la fin du mois. Après les marées d'équinoxe, le temps était redevenu splendide. Aux vires des montagnes et dans les hauts ravins la rosée des nuits plus longues avait posé des taches d'herbe verte. Les fleurs nouvelles s'ouvraient partout sur les terrasses. Les oranges de l'automne étaient mûres.

Le jour qui précédait notre départ, Joaquin monta très tôt jusque chez nous. Il était tout excité. Don Cesar était rentré dans la nuit avec sa fille, doña Rodoguna. Il avait été follement heureux d'apprendre que cette maison qu'il avait tenue prête depuis si longtemps fût enfin occupée, et par des gens tels que nous. Puisque malheureusement nous partions dès le lendemain, il nous priait à dîner pour le soir même. Ayant dit, le valet ne manqua pas d'envelopper Gladys de ce regard qui me rendait furieux et lâcha de sa pipe deux ronds de fumée somptueusement enlacés qui s'empressèrent de monter dans l'air matinal. Il repartit en chantant sur le chemin une mélopée bizarre où il me semblait dire que la nasse cachée au fond de la rivière finit toujours par prendre le poisson. Je demandai à Gladys si j'avais bien compris. Elle ne répondit pas.

Ce jour ne fut point jour de cavalcade. Heureusement. Je n'aurais pas pu me rendre dans un état convenable à l'invitation de don Cesar. Vers huit heures nous descendîmes. Il faisait déjà nuit. La grande allée et la cour étaient éclairées par des torches de résine qui crépitaient. Doña Rodoguna nous attendait sur le perron, au sommet de l'escalier double. Elle nous souhaita la bienvenue d'une voix blanche et lointaine. Quel âge ? Difficile de répondre. Vingt ans ? Peut-être. Une silhouette d'une jeunesse déjà vieille que la tunique pourpre descendant jusqu'à terre allongeait encore. Elle frôlait la beauté de très près, mais l'angle infinitésimal qu'elle faisait avec elle la rendait inquiétante, presque parodique. Rien n'est plus exaspérant que l'asymptote, on croit toujours y être, on n'y est jamais. Elle avait un air de flétri, comme une fleur qui manque d'eau ou comme si, s'étant penchée sur une fissure de la montagne pour je ne sais quel rite ou quelle divination, elle eût inhalé un souffle délétère. Je songeai à la mésaventure survenue à un de mes amis qui, faisant ouvrir dans le parc de son château un souterrain depuis longtemps muré, vit soudain les arbres d'alentour noircir et perdre leur feuillage. Sa chevelure sombre tirée en deux larges bandeaux où les torches jetaient des reflets enserrait l'ovale presque parfait d'un visage très pâle. Mais ce « presque » destructeur de symétrie vous prenait à contre-pied et vous mettait dans un état nauséeux, comme quand commence le mal de mer et qu'on panique. Je sentis monter en moi une humeur mauvaise tout à fait injustifiée. Quelquefois les poules pondent des œufs comme cela, imperceptiblement de travers. On ne le voit même pas à l'œil nu, il y faut l'abaque de l'âme. Quand j'étais enfant, on me disait que c'était les œufs du diable. On ne les mangeait pas, on les donnait à l'hospice. Ses lèvres exsangues et pourtant sensuelles me firent quelque chose, mais la fièvre indéfinissable de son regard à la fois soumis et pervers accentua mon ressentiment. J'en étais désolé. Nous passâmes la porte de porphyre et traversâmes un hall gigantesque bourré de meubles noirs et de portraits d'ancêtres. Cette fille pouvait être donneuse de sang, mais surmenée. A l'extrême. Elle n'était que vide.

Elle nous conduisit à une véranda qui dominait le gouffre du jardin au-delà duquel pesait la montagne invisible. Don Cesar était là. Quel choc ! Je m'en souviendrai toute ma vie. Deux mètres au moins. Un vieillard imposant, éclatant de santé, un camélia rouge à son blazer blanc. Plus blanche encore une perruque bouclée encadrait une figure qui, rides et tavelures en moins, semblait celle de Joaquin. Tout ce grand corps paraissait celui de Joaquin déroulé, développé, comme si le péon avait été un serpentin qu'on eût gonflé à bloc. Il nous salua avec emphase. Il n'avait qu'une seule dent, une incisive, couleur de jus de régie, un peu de travers, en haut. Je ne pus me souvenir de quel côté penchait la dent de Joaquin. J'enrageai. Il me tendit la main gauche où brillait une pierre. Son bras droit était articulé, de la manche du blazer sortait une main rigide, gantée de noir. Il parlait un français châtié, à peine si quelques inflexions ou des *r* un peu trop de gorge pouvaient laisser deviner que ce n'était pas sa langue natale. Il nous pria de nous asseoir. Je ne pouvais détacher les yeux de ce visage. Il vit mon trouble et, saisissant je ne sais quel prétexte, il se leva d'un air amusé, se pencha par une des fenêtres et appela Joaquin très fort par trois fois. Une voix répondit, très loin dans la nuit, je ne pus m'empêcher de penser que c'était une voix de ventriloque.

Doña Rodoguna apportait des rafraîchissements, impassible, mécanique. Don Cesar parlait. Je n'arrivais toujours pas à me souvenir de quel côté penchait la dent de Joaquin. Nous passâmes à la salle à manger, immense, éclairée de candélabres d'or. Dieu merci, le couvert n'était pas mis sur la grande table de cérémonie, mais sur un guéridon devant une fenêtre. Sur la nappe brodée qui tombait jusqu'au sol les cristaux flamboyaient. Les vins lourds succédaient aux vins lourds. Une vapeur commençait de m'embuer l'esprit, les pupilles de Gladys se dilataient. Sur le mur blanc, en face de moi, juste au-dessus de l'épaule de don Cesar, était accroché un petit miroir rond et convexe, de cette espèce qu'on appelle œil de sorcière. Aucun doute, le miroir me faisait de l'œil. Doña Rodoguna servait et desservait sans un mot. Don Cesar parlait toujours. Il nous contait ses chasses à l'homme dans le Mato Grosso, les soirs où les trophées étaient si nombreux qu'il fallait les brûler sur des bûchers qui ne s'éteignaient qu'à l'aube. Il parlait de ses femmes. Il avait été marié dix fois, avait divorcé neuf, la dernière étant morte dans des circonstances inexplicables. Le miroir fit un œil goguenard. Il ponctuait ses phrases d'un rire strident, agaçant, qui allait se perdre dans les cavernes de ses fosses nasales. « Que voulez-vous, dit-il, je n'ai jamais été un homme de décision. Quand j'étais enfant, chez vous, à Paris, où mon père était agent double, je ne savais jamais quelle saison acheter aux marchandes des quatre saisons. Achetais-je l'été, je voulais le printemps. Prenais-je l'automne, je désirais l'hiver, j'aurais aimé le réchauffer dans mon four. Je me disais que, quand je serais grand, j'achèterais les quatre saisons d'un coup. Je l'ai fait. Il a plu tout le temps. » Il partit d'un rire colossal, la vieille demeure vibra. Le miroir leva les yeux au ciel. Quand on en fut aux liqueurs, il m'offrit un cigare. Il en prit un, dont il coupa le bout, net, de sa dent unique. Ça fit un bruit sec. Je pensai qu'il pouvait très bien couper ainsi une carotide. Le miroir acquiesça. Il coinça le cigare entre le majeur et l'annulaire de sa main artificielle dans un petit logement d'or prévu pour cet usage et que je n'avais pas remarqué. Il commença de fumer comme un fumeur automatique, d'une mécanique de haute précision. Soudain je l'entendis murmurer, sans que cela eût aucun rapport avec rien, comme s'il se parlait à lui-même ou que quelque chose parlât en lui « Moi, ce que j'aime dans les femmes, c'est les cocardes de leurs seins. » Le miroir avait entendu, il fit les gros yeux. Un moment la discussion languit, ou plutôt le soliloque de don Cesar cessa. Il se tourna vers sa fille. « Doña Rodoguna, dit-il, faites-nous la faveur de cette aria désirable que vous tenez de votre pauvre mère. » Le miroir fit un œil mauvais. Doña Rodoguna se leva, comme absente, fit quelques pas vers le milieu de la pièce et dégrafa sa tunique qui glissa à ses pieds. Son long corps nu jaillit comme un cierge, livide. Aucune tache sur cette pâleur, sinon les pointes rouge vif de ses seins, comme deux stigmates frais ou deux gouttes de sang artériel tombé dans la neige, là où un rapace a tué une souris. Son pubis était rasé. On eût dit une photo de ces magazines d'avant-guerre, quand on n'avait pas le droit de représenter le système pileux et où les femmes avaient l'air en cire. Elle alla vers le virginal, l'ouvrit, s'assit sur la banquette cannée. Elle défit les bandeaux de ses cheveux qui s'écroulèrent sur ses reins cambrés et posa quelques instants ses longs bras sur ses cuisses. Je me demandais si je rêvais. Pourquoi, après tout, ne pas jouer du virginal en cette tenue, les grands virtuoses bricolent bien leurs manchettes avant d'attaquer leur concert. Mon interrogation n'alla pas plus loin. Ses mains parcoururent le clavier. On entendit une musique saccadée, aigre-douce, trop petite pour la pièce. Dans le tourbillon des notes pincées un intervalle incongru revenait souvent, jamais quand on l'attendait, ce qui donnait une impression de brisure difficile à soutenir. Le mal de mer me reprit. Don Cesar fermait les yeux, presque en extase et je le vis sortir de son cigare deux ronds de fumée enlacés qui montèrent au plafond. Cela me tira de ma somnolence. Doña Rodoguna jouait ses derniers arpèges quand une pendule, très loin, sonna minuit. Un sifflement léger, très aigu, aux limites de l'audible, passa haut dans les airs. Don Cesar sursauta. « C'est bien, doña Rodoguna, dit-il, il est temps, allez. » Doña Rodoguna se dressa et, sans nous dire bonsoir, passa devant nous et sortit. Elle avait les petits dessins du banc sur les fesses. Je regardai le miroir. Il s'était absenté. Le rouge de la tunique sur les dalles de marbre blanc laissait croire qu'un crime rituel venait d'être perpétré. Don Cesar se leva. « Mes excellents amis, dit-il d'un air affable et sans réplique, je vais devoir prendre congé de vous. J'ai été très heureux de cette soirée. Demain je ne pourrai malheureusement pas vous accompagner, je vais au grand marché du Centre régler une affaire d'olives à la saumure. » Et, se penchant plus précisément vers Gladys, l'enveloppant d'un regard qui m'exaspéra : « J'espère que nous nous reverrons. » Nous sortîmes. Il nous précéda dans la cour. Les torches brûlaient encore. Il nous donna un candélabre pour éclairer notre chemin.

Nous remontâmes chez nous, silencieux. J'étais exténué. Je me couchai. Gladys s'étendit tout habillée sur le lit. Je m'éveillai dans la nuit. Il me semblait avoir dormi peu de temps. Gladys n'était plus là. J'allumai le candélabre et l'appelai. Personne. Très haut dans la montagne je crus entendre un galop assourdi. Le sol vibrait sous moi. Je pris un livre, mais ne pus lire un mot. Déjà la petite aube pointait quand j'entendis s'ouvrir la porte. Gladys revenait, échevelée, hagarde, les jambes et les bras lacérés. Sa robe déchirée, qui laissait voir son dos meurtri, avait deux taches rouges à hauteur de la poitrine. Elle se jeta sur le lit et s'endormit.

Le départ était prévu pour midi. Je fis nos bagages et remis de l'ordre dans la maison. Une fois je montai à la chambre. Dans la grande lumière Gladys dormait toujours sur son bras replié. Sous sa chevelure rousse elle avait l'air d'un fauve. Dans sa main fermée elle serrait quelque chose. Je pris l'objet. Elle ne fit pas un mouvement. C'était une dent, une vieille dent, une incisive, couleur de jus de régie. Je l'examinai avec un certain dégoût et la glissai dans ma poche. J'éveillai Gladys à onze heures. Elle me sourit. Je lui avais préparé un petit déjeuner qu'elle dévora. A midi, Joaquin arrivait avec le petit âne. Il me dit bonjour de son ton habituel. Mille dieux, il n'avait plus de dent! Il chargea les bagages de la main gauche et nous descendîmes le sentier pour la dernière fois. Au passage je jetai un regard sur la forteresse muette. Le taxi attendait. Joaquin nous souhaita bonne route. Je le remerciai, lui dis qu'il avait perdu quelque chose et lui remis la dent. Sans cérémonie, comme si je lui tendais vingt sous. Il tira de sa pipe deux ronds de fumée désunis, qui se désagrégèrent dans la lumière. Déjà le chauffeur démarrait.

Nous roulions vers la plaine. Gladys se serrait contre moi, dolente et chaude. Trois mois fous avaient passé. Il ne fallait pas rallumer l'incendie. Dans la cabine extravagante que j'avais louée sur le bateau, nous restâmes toute la nuit allongés en silence l'un près de l'autre. A l'aube, nous jurâmes de ne plus nous revoir. Santa Apostolica dériverait à jamais dans nos mémoires. Le dernier souvenir qui me reste d'elle fut sa lourde crinière rousse dans la cohue de la Estación de Francia. Nous ne nous revîmes jamais.

Le 4 août

La nuit. J'abandonne tous mes privilèges. Et mon droit de cuissage avec. Sacrifice modeste : je n'ai jamais trouvé dans ma cour que la mère Solidor et les amies d'Estelle.

Le 10 août

Madame Solidor a fini de mourir, dévorée par les poux comme le grand Sylla Felix. Aucune exhortation n'y a fait. Un suicide passif. C'est honteux. C'est moi qui lui ai fermé les yeux. Elle s'éteignait si lentement que j'avais peur d'emprisonner encore un peu de lumière sous ses paupières. Que devient la lumière qu'on enfouit ainsi dans la terre ?

Encore un convoi, encore une gerbe. Mon costume noir tiendra-t-il jusqu'au bout ? Ça lui fait du bien de prendre l'air. Il commençait à verdir.

Trois semaines qu'elle ne vient plus. Les courses, les ragoûts, la vaisselle, le balai, les carpettes, je ne sais plus où donner de la tête. Abandon de poste devant l'ennemi. Conseil de guerre. A fusiller. Trop tard.

C'était un petit bruit dans mon silence, quelques allées et venues dans ma solitude. Il ne me reste plus qu'à chanter moi-même sous ma fenêtre pour me donner l'illusion que quelqu'un chante pour moi. Une mélodie sombre, comme le ton de *ré* mineur dans *Don Juan.*

Le 15 août

Je songe avec terreur à la grande passoire. Je suis sûr de passer à travers, comme l'eau des petits pois ou le petit-lait du fromage. Je m'en irai par le trou infect de l'évier, ce trou punais qui refoule quand la voisine a versé l'eau de ses choux. Et de là, quel voyage ! De petits tuyaux en plus gros, de plus gros en plus gros encore, quelles rencontres ne vais-je pas faire ? Tous ces cacas qui descendent le Cloaque Maxime. Mais dans le bassin de décantation peut-être retrouverai-je ma pureté première. On me jugera digne d'aller à la rivière, de la rivière au fleuve, du fleuve à la mer, de la mer au nuage, du nuage à l'ondée, de l'ondée à la source. Serai-je jamais une source ? Une fontaine fleurie chantant sous les iris où les bêtes viendraient boire, où se lèverait le soir la constellation d'Élisabeth. Alors, que je passe à travers la passoire ! Que la passoire ait de gros trous.

Le 4 septembre

Mes neveux sont passés me voir trois jours en revenant de Wallis et Futuna. Ils ne sont pas terriblement bronzés pour être allés si loin. Je me faisais une fête de leur présence. Ç'a été complètement raté. Tout le monde pensait à part soi à la maison de retraite. Personne n'en a soufflé mot. Eux parce qu'ils n'ont pas osé, par discrétion peut-être. Ils ont encore en travers de la gorge ma sortie du 1er mai. Moi parce que ma position a molli sur le sujet. Je ne voulais pas le montrer. Si je me décide, il sera assez tôt pour le leur faire savoir par lettre ou par téléphone. Mais ces réticences ont pesé sur le climat. Bernard saisissait la moindre occasion pour aller se promener. Il m'a même scié du bois. Angélique a passé son temps au ménage. Depuis que madame Solidor n'est plus là, rien n'est tenu. La pauvre femme devait enlever chaque année son bon poids de poussière. Mes carpettes ont cru le bon temps revenu, elles ont pris un bol d'air à la fenêtre. Moi qui croyais balayer dans les coins, je ne suis même plus bon à ça. C'est fou ce qu'on salit. J'ai mis une petite annonce dans le journal à la rubrique employés de maison. Rien ne s'est présenté, si ce n'est deux immigrées. Elles ont l'air de paysannes plus que de femmes de ménage. Ça ne convient pas. Pourquoi donc ces braves femmes ne restent-elles pas dans leur pays à écosser des petits pois au soleil devant leur porte en chantant des tarentelles ? Et puis elles amènent toujours leurs drôles, ça fait du dégât dans une maison. Enfin, mon stock de conserves a été refait à la cave. Mes petits-neveux n'étaient pas là. Charles est parti au Kazakhstan (!) avec une copine (?). Antigone est encore en Suisse, à parfaire sa langue. Je ne les verrai pas cette année. Les adieux ont été très difficiles. Ils ne reviendront pas avant le printemps. A moins que d'ici là...

Le 15 septembre

Dieu qu'elle était jolie la chanson des vierges de Mytilène. « Pareille à la pomme douce qui rosit sur une haute branche, tout au bout de la plus haute : les cueilleurs l'ont oubliée. Oubliée, non pas, ils n'ont pu l'atteindre. » Inaccessible. Inaccessible, la pomme. Si j'étais sûr que rien n'est inaccessible à l'homme, je renierais ma qualité d'homme. Je renverrais mes Légions d'honneur.

Le 1er octobre

Peu est mort. En trois jours. La peste birmane. Foudroyant. Il était devenu tout vert, avec des yeux tout rouges. Un vrai sémaphore. Son ventre qu'il avait plat – il remontait toujours son pantalon – avait enflé comme un tonneau quand le vin travaille. Pinder s'était enfui. Sa femme avait dû faire chambre à part tant il envahissait. Maintenant elle est à l'isolement dans sa cuisine. On lui passe sa nourriture par un guichet. Les croque-morts ont refusé de s'occuper de l'affaire. Requis par l'autorité sous peine de licenciement, ils ont exigé un scaphandre avec des pincettes. On l'a mis dans un conteneur pour déchets radioactifs. On parle de l'immerger en plein Pacifique, dans les fosses des Kouriles ou des Mariannes, par dix mille mètres de fond. Les autorités prennent ça à leur charge. Pauvre Peu qui voulait tant voir la mer. Il va la voir de haut en bas. Je ne l'accompagnerai pas à sa dernière demeure, je n'irai qu'à la levée du corps.

C'est un fakir qui a fait le coup. Un grand diable efflanqué venu à pied du Triangle d'Or avec sa planche à clous, tout nu, vêtu seulement d'un pagne et d'un turban jaune. Il faisait son numéro dans les arrière-salles des cafés. Peu qui est toujours fourré au bistrot ne pouvait pas rater le microbe. Il y a une justice immanente. Ça se voyait pourtant bien qu'il était empesté. Son dos était plein de gros boutons. Il disait que ça venait des clous de sa planche. Mais moi j'avais bien vu qu'il avait le mauvais œil. Quand il était passé avec sa flûte pour faire la parade, j'avais fermé ma fenêtre. Simplement ce gaillard vit avec son mal, depuis le temps que ça dure chez eux. C'est atavique et son fakirisme tient la peste en laisse. Il a laissé un sillon funèbre partout où il est passé. A Saint-Bubon-l'Écorché, à dix kilomètres à l'est, une petite fille de quatre ans est morte comme Peu. L'abominable croque-mitaine avait donné une matinée enfantine dans une école maternelle. Inconscience du corps enseignant. Saint Bubon, le saint guérisseur, dans son propre pays, n'a pu enrayer la tragédie. Depuis le Moyen Age, il avait perdu la main. On ne l'invoquait plus que pour l'urticaire ou le prurit banal. Les saints eux-mêmes rétrécissent. L'ignoble vecteur de germes s'est encore exhibé une fois entre ici et la mer. Dans une salle paroissiale. On signale un cas, peut-être deux. De là il a gagné la côte, a dormi dans les dunes et s'est embarqué pour le Canada sur sa planche. Bon voyage. Là-bas la police montée ne mettra pas de gants pour l'emmener au poste. La libre circulation des bacilles est une plaie du vieux monde.

Pour moi, c'est un désastre. Un jardin sans jardinier. Peu pouvait encore presser sur le bouton de sa tondeuse avec le doigt qui lui restait, il taillait mes rosiers avec ses dents. Il avait encore toutes ses dents, l'animal, son sourire était une provocation. Maintenant qui arrachera mes mauvaises herbes ? Vais-je mourir étouffé sous la végétation comme un forçat évadé de Cayenne dans le lacis intestinal du Bas-Orénoque ? Un chasseur de papillons les retrouve dix ans après, ces fugitifs. Il les prend pour une grosse mousse. On ne les reconnaît qu'à leur machette rouillée pointée vers l'avenir inextricable. Le plus souvent d'ailleurs on ne les retrouve pas. Me laissera-t-on sans sépulture dans mes graminées géantes ? Sauve qui peut. Ma vie est un chapelet de catastrophes que j'égraine chaque matin. J'ai encore une bonne dizaine de malheurs à réciter. Je vais les dire pour le repos de Peu. Je composerai une barcarolle pour sa mise à flot.

Le 10 octobre

J'aime le zéro. Il me calme. Sa forme me fascine. Cercle, sphère, infini fini, bouche en O de fille qui dit oh !, ville fortifiée dans ses remparts, œil de la mare qui regarde la nuit, repos, sommeil, béatitude, centre de gravité de l'échelle des nombres, œuf sans pointe, germe, graine, rien riche de tout, non-dit, oui et non, crêpe dans la poêle, rond paresseux, roue du Zodiaque, ventre, terre, lune, soleil, éternel retour, antre, terrier du renard, iris très singulier des yeux de mon amante. Le un, on s'emmerde. Le deux, on se tape sur la gueule. Le trois, c'est intenable. Avec le quatre commence le bordel qui finit à l'infini. Quelle chance d'aimer le zéro, puisque j'y cours. Mais ce serait plutôt vers la nullité et le froid.

Le 12 octobre

La mère Souriceau a obtenu des dommages et intérêts pour la mort de son mari. On a pu prouver que le train qui l'a coupé en trois était emballé. A la suite d'une fausse manœuvre le conducteur était parti avec son siège éjectable. Il s'était traîné jusque chez le garde-barrière le plus proche qui l'avait pris pour un fou comme le président Deschanel. Au lieu de prévenir les chefs de gare subséquents il appela l'asile psychiatrique. Et les chefs de gare affolés voyaient ce train sans maître tous feux éteints traverser en trombe leur gare sans crier gare. Finalement le téléphone avait dépassé le train – un train de munitions de surcroît – et, au dernier moment, alors que le rapide de la demie arrivait en sens inverse sur la voie unique, bourré de jeunesses qui rentraient du bal, un aiguilleur, s'arrachant à sa bouteille de minuit, voyant déjà double, avait dévié le bolide sur l'embranchement d'une vieille usine de portemanteaux désaffectée. Ç'avait été, paraît-il, un spectacle halluciné de voir le monstre s'engouffrer dans l'usine, enfoncer les portes vermoulues et ressortir de l'autre côté où, d'ailleurs il n'y avait plus de rails, ce qui lui permettait toutes les fantaisies, sauter les ravins, franchir les précipices, labourer les vignes, arracher les pommes de terre, faucher les maïs en herbe, déraciner les poiriers pour enfin percuter un séminaire fermé, Dieu merci, faute de vocations et finir là en un feu d'artifice suicidaire. Ouf. Comme quoi l'Église, même désertée, est le meilleur rempart contre la paranoïa.

J'en ris tout seul, mais qui va payer ? Qui va payer la veuve, l'usine, les ravins, les paysans, le séminaire ? Nous, les contribuables. L'État va verser de l'argent au clergé. C'était bien la peine de se battre pour abolir le Concordat.

Du même coup, la mère Souriceau, toute bancale qu'elle est, a une foule de prétendants. Souriceau mort restera toujours chef de gare.

Le 15 octobre

Si je n'eusse pas pris grand plaisir à conduire un orchestre de mille diapasons – c'est monotone et il faut trouver la partition – par contre mon rêve eût toujours été de diriger une formation de cinq cent mille musiciens. Du côté de Los Angeles, par exemple, on fait grand par là-bas. Chaque exécutant aurait eu une lunette astronomique pour voir le chef et le chef un télescope panoramique pour voir chaque exécutant. Plus besoin de radio. On nous aurait entendus jusqu'à Moscou. J'ai déposé mon projet. Je suis sans illusions. Les médias feront barrage.

Le 11 novembre

J'ai pris froid au monument. Mon Capitaine n'est toujours pas venu. Un vent aigre nous déshabillait pendant la minute de silence. Elle a bien duré cinq minutes. Le chronomètre du capitaine des pompiers a dû geler. Pourquoi n'avoir pas signé l'armistice en été ? Ça éviterait aux vieux Anciens Combattants de s'enrhumer quand ils viennent se rafraîchir la mémoire. L'été de la Saint-Martin ? Sornettes. Saint Martin est aussi menteur que saint Barnabé. Les plus jeunes ont leur armistice le 8 mai. C'est mieux. On le leur a supprimé.

Le 12 novembre

Vraiment j'ai pris froid au monument. Je dois même avoir de la fièvre. M'en fous, je ne crois plus au thermomètre. Je préfère me mettre un baromètre à l'aposthume. C'est autrement sérieux. Beau fixe, ça va. Cyclones et tempêtes, aspirine. Le thermomètre constate dans l'instant la présence de la maladie. Le baromètre prévoit. Il monte, ça s'arrange. Il baisse, attention.

Le 13 novembre

Quand il me ressouvient de Goethe, qui passait pour avoir si mauvais caractère et l'abord si difficile, je me dis que notre vie commune a été très favorisée. Quand je me mettais au piano, il partait faire sa promenade.

Le 14 novembre

La poire de mon lit est blette. J'avais oublié, c'est la saison. Elle s'est écrasée dans mes doigts. Les fils sont tout nus. Je l'ai échappé belle. Si j'avais eu les pieds dans l'eau ! Heureusement que je n'avais pas encore compissé mon lit.

Le 15 novembre

Je l'ai remplacée par une noix. Même quand c'est mûr, c'est dur.

Le 17 novembre

Une lettre d'Octave Mirbeau ce matin. Cher Octave. Il est tout content. Il a fait un retour à la terre. Dans son château, il a monté un élevage de petites filles. Il en fait couver chaque printemps. Quelle fête de voir au mois de mai ces enfants cabrioler dans l'herbe avant de partir chez les princes de l'Arabie boire du mazout on the rocks avec des genuine pailles de froment du Middle-West.

Le 20 novembre

Que se passera-t-il au Paradis si on m'y joue de la musique moderne ? Serai-je toujours furieux ? Qu'on mette un harmonica dans ma tombe, que je puisse en jouer tout seul dans un coin. Comme on mettait du blé aux pharaons pour qu'ils cuisent leur pain pendant leur éternité. Je me jouerai *Auprès de ma blonde.* A supposer qu'il y ait des coins tout seuls. Ce doit être très social par là-haut.

Le 22 novembre

Le matin où j'entendis l'ordinateur tonner : « Je suis Celui qui suis, qui étais et qui viens », je compris que nous étions tous programmés.

Le 5 décembre

Quel éblouissement en ouvrant mes volets. Il a neigé. Si tôt dans la saison, c'est un cataclysme. Je devrais vouer cette catin de neige à tous les diables et pourtant je ne puis m'arracher à ce spectacle. Ma cour immaculée, mes buis qui font le gros dos, mes arbres parés de blanc jusqu'au moindre rameau. Et le silence immense où monte ma ferveur.

La neige des années. Il y a si longtemps qu'on n'en voit plus dans nos pays de pluie. Voici que ce matin me rend toute mon enfance. Qui a parlé de linceul ?

La neige des enfants du temps, en tablier noir à

liséré rouge, passe-montagne qui gratte le cou, galoches de cuir raide à semelles de bois. La neige des mains nues, la neige de l'onglée.

La neige précaire qui va fondre bientôt. On l'a tant attendue. Il faut en profiter. Vite. Courir les rues à la grande Chimère.

La neige des glissades à la récréation, une volée pour celui qui a des chaussures à clous, ça raye le beau miroir lisse. La neige des cent lignes pour demain matin sans faute, la neige des retenues, du piquet à battre la semelle, à essayer de se sauver en douce, merde, il m'a vu, cent lignes supplémentaires. La neige à rouler les gamines, à leur en frotter les oreilles, elles piaillent, elles mordent, comment maîtriser leur petit corps d'acier, les salopes.

La neige où l'on verse de l'eau délicatement le soir devant la porte des grand-mères. Ça les fait sortir comme les courtilières quand on verse du pétrole dans leur trou. Elles vous montrent le poing, bande de chenapans, elles vont appeler les gendarmes. Elles y répandent parcimonieusement les cendres de leur cuisinière et marchent sur des œufs.

La neige des batailles, on la serre fort, que ça fasse mal. Interdit d'y mettre des cailloux. La neige des courses à travers les forêts magiques, où seules les bêtes ont laissé leur trace, où le cœur cogne dans la poitrine, si par hasard le loup-Guillot allait vous rattraper au chemin de traverse. La prière du soir pour qu'il en tombe toute la nuit.

– Tu déraillles, Alcindor. Tu n'es plus de saison. Quel âge as-tu donc?

Il faut que je sorte. Je n'ai plus de pain. J'en profiterai pour prendre un morceau de lard gras. Pour mes mésanges.

La couche fraîche crisse sous mes pas. Je vais comme un conquérant. Ici commence le long chemin de neige qui, de forêt en forêt, conduit jusqu'au cœur inviolé de la grande Forêt-mère. Oh ! Les vilaines marques que je laisse derrière moi. Que je suis noir dans tout ce blanc.

Le lard gras fait merveille sur ma fenêtre. C'est un vrai carrousel. Mon hêtre est plein d'oiseaux. De partout il en vient. Mésanges qui s'élancent de leur vol saccadé. Elles sont toujours là les premières. Elles regardent à l'intérieur, les effrontées, elles se chamaillent, elles font sauter les petits morceaux de lard sur mes carreaux. Une fauvette, un rouge-gorge timide, un pinson, deux pinsons, avec leur poitrail vieux rose, même une sittelle brusque, irascible, qui fait s'envoler tout le monde. Quel tumulte. Je me suis caché derrière le rideau, j'ai chaussé mes lunettes, ils sont là, tout près.

Avez-vous déjà vu une mésange au bout de votre nez, aussi grosse qu'une poule ? Son petit béguin sur ses joues blanches, son capulet noir dessus son corselet empesé d'un jaune-vert indéfinissable. Indéfinissable ! Parlez-moi de ces affutiaux cousus par les mains du bon Dieu. La première main de la reine de Saba faisait du prêt-à-porter à côté de ça. Sujet de français à l'agrégation de Lettres : Décrivez la culotte d'un poisson. Tous désagrégés.

Le 6 décembre

J'ai fait une découverte épouvantable ce matin dans ma cour. De gros pas dans la neige. Quatre énormes doigts écartés et griffus avec, en arrière, un moignon ou un ergot. Profondément marqués, ce doit être lourd. Si nets qu'on voit le dessin des écailles aux jointures. Ça s'est posé juste devant ma grange, c'est allé voir mon thermomètre mini-maxi sous le hêtre en faisant tomber la neige des branches jusqu'à deux mètres cinquante du sol – peut-être avec une aigrette ? – c'est venu sous ma fenêtre de chambre, là ça a piaffé, puis plus rien. Ça s'est envolé. Ça n'en voulait pas à mon argent.

Je questionne mon décor familier qui a vu déambuler pareille tératologie. Il est muet, presque hostile. Seul le thermomètre consent à me dire quelque chose. Il indique – 60°, ce qui est invraisemblable. Il a été glacé d'effroi en voyant cet œil braqué sur lui. Suis-je un relais de l'ère secondaire ? Que faire ? Téléphoner au garde-chasse ? Alerter le lieutenant de louveterie ?

J'ai appelé le garde-chasse. Il est au lit. Le lieutenant de louveterie est démissionnaire. Seul est venu le garde-champêtre. Il était saoul. Il a toujours l'air abruti d'un vieux pâtre sodomisé par son bouc. Il m'a regardé de son œil de borgne comme si c'était moi qui m'étais amusé à me faire peur. Il est entré pour faire un rapport. Il a fait des saletés sur mon carrelage. Il a voulu un autre verre de vin.

Je reste seul avec mon horreur et la neige qui fond.

Le 7 décembre

J'ai entendu galoper dans mon grenier cette nuit. Ça courait d'un bout à l'autre, ça shootait dans les vieilles casseroles, ça traînait des barres de fer. Mon réveil, mon horloge, toutes mes pendules se sont arrêtées sur minuit. Je ne peux dire combien ça a duré. Une heure, deux heures ? Il y a eu comme un piétinement féroce qui a ébranlé toute la maison. Et c'est parti.

Qui est-ce ? Estelle ? Elle a bien trop peur la nuit. Peu qui a son âme en peine ? Bernard qui veut m'expédier plus vite pour récolter mon héritage ?

Je suis monté ce matin avec un grand couteau. Rien. Même pas de traces dans la poussière. Les casseroles sont à leur place. Aucune odeur infecte. Un de mes pièges a attrapé une souris. Impossible de remettre mes pendules en marche. Elles sont reparties toutes seules à midi. Je me terre. Je suis assiégé.

Le 8 décembre

La vieille du puits s'est manifestée cette nuit. Il n'y a pas de puits, mais on raconte qu'il y en a eu un il y a très longtemps on ne sait trop où, peut-être à gauche de mon portail. Une vieille acariâtre y aurait été précipitée par sa bru, elle portait la poisse au cheptel. Je n'avais pas accordé grande audience à ces balivernes, les histoires de puits courent la contrée. En vingt ans je n'avais rien entendu, sinon deux ou trois fois. Encore c'était par des nuits de grand vent. On ne pouvait pas être sûr. Estelle dormait comme un plomb. Cette nuit, dans le silence, ça vagissait douloureusement comme si la vieille eût encore la tête hors de l'eau glacée et voulût appeler au secours. On entendait le halètement de son souffle. J'avais beau m'enfouir sous les couvertures, le bruit venait aussi fort par le sol, par le plancher, par le lit. Puis la chaîne a été déroulée et remontée plusieurs fois de suite. Cherchait-on à l'assommer ? Le seau de fer résonnait contre la margelle.

Je suis allé voir. A l'emplacement présumé du puits deux formes noires étaient assises qui se sont évanouies dans l'air. Deux diables ? J'aime mieux deux qu'un seul. Deux négations valent une affirmation. Mais je n'ai pas pu retrouver le sommeil. Chaque fois que je m'assoupissais, je croyais entendre les appels de la vieille, entrecoupés de hoquets, comme si elle buvait une tasse. Je ne peux plus continuer ainsi. Il faudrait que j'appelle Bernard.

Le 9 décembre

Depuis trois jours, il m'arrive une chose terrifiante. Quand je mets mes yeux dans une certaine position, toujours la même, en oblique, à gauche, un peu vers le haut, je vois des fumées blanches comme il en traîne sur l'eau les nuits de gel. Elles m'entourent, m'enlacent, je me sens glisser au milieu d'elles. Des formes mouvantes tordent leurs tentacules et paraissent souffrir atrocement sans qu'on entende la moindre plainte. Le silence est ouaté, total. On dirait un film d'épouvante en noir et blanc dont on a coupé le son. Quelquefois je crois reconnaître Estelle ou Peu, ou des silhouettes qui me rappellent quelque chose. C'est sûrement faux, car ils sont innombrables. Personne ne semble me porter une attention particulière, d'ailleurs. Ils roulent sur eux-mêmes, ils s'agglutinent, se font et se défont comme des brumes, ils grimacent chacun pour soi, tout à leurs tourments muets. Parfois l'un semble me tendre les bras, mais ce n'est pas vers moi, l'instant d'après il les tend vers un autre ou vers rien, se désagrège et retourne à la masse informe de la nébuleuse. J'ai l'impression de perdre conscience. Au dernier moment, alors que je crois basculer dans le gouffre, je remets mes yeux d'aplomb. Tout s'arrête. Je revois le monde que j'ai toujours vu. Mais ça devient un tic. Je ne peux pas m'empêcher de tourner les yeux selon cet angle affreux et ça recommence. Moins fort le jour que la nuit. A la lumière, c'est plus pâle. Mais c'est là. Je transporte cette horreur avec moi, de la cave au grenier, dans la rue, partout. Aujourd'hui j'ai fait ça à la boulangerie. La boulangère m'a demandé ce qui m'arrivait, j'étais devenu d'une pâleur de cire. Elle m'a fait prendre un cordial. Le Surnaturel m'envahit par une fissure de la rétine, l'abominable se glisse à l'intérieur. Je n'y tiens plus. Demain, je téléphone à Bernard.

Le 10 décembre

Voilà. J'ai cédé. J'ai appelé Bernard. Il n'a pas semblé autrement surpris. Il a eu le tact de ne pas faire de triomphalisme. Il alerte Dupanloup au plus tôt.

Le 25 décembre

Noël. J'ai mis mes sabots dans la cheminée. Rien n'y est tombé qu'un peu de suie.

J'ai caressé un peu plus avant la fantaisie de me revolvériser. Avant d'être gâteux au point de me tirer un coup de gardénal et d'avaler mon pistolet. Ou que mon parkinson en arrive à un tel trémolo que je me manque. Le comble du ratage pour un spécialiste en balistique. Alcindor Lamiral, grand maître ès fusées, met à côté de sa tête. J'en renverrais mes Légions d'honneur. Une fois de plus.

Je ne suis même pas sûr de n'être rien. Si j'en étais sûr, ce serait déjà une certitude. Resterait un mauvais moment à passer qui mettrait fin d'une façon digne à une situation qui risque à tout instant de tourner à la panade. Mais si, ma révérence ici tirée, on allait encore s'occuper de moi pour me faire émerger dans quelque tiers monde, comme je suis sorti jadis du ventre de ma mère, apparemment sans l'avoir voulu ! Je n'aime pas prendre le bateau sans savoir où il va, même si on me paie le voyage. Je ne m'inscris pas aux croisières-surprise. La barque des morts vogue vers l'ouest. Mais à l'ouest, on trouve quoi, le Nouveau Monde ou le grand déversoir de l'Océan qui cataracte dans le vide ? Osiris ne vous mène pas au Château d'If. Quel formidable appareillage de chausse-trappes, de culs-de-basse-fosse, d'oubliettes, de toboggans ne vais-je pas déclencher en pressant sur la détente ? Quelles horrifiques légions de diables avec leurs tridents et leurs pinces à feu ne vont pas accourir à mon coup de pistolet? Quelle curée. Il est peut-être malséant de troubler l'ordre des choses en brisant sa propre trajectoire, le grand-maître des étiquettes me fera jeter par ses sous-fifres comme un malotru. Aux ténèbres extérieures, là où l'on pleure des dents. Au chaudron des objecteurs. Aux kommandos pour âmes en peine. Je suis quand même mieux ici dans mon fauteuil Voltaire. Dans mon cher provisoire, j'ai peut-être encore le temps de trouver un moyen de me défiler. Les jours qui me restent me semblent une éternité. J'ai trois coups pour faire 421. C'est mon droit. Connais personne pour me pistonner dans les intermondes. N'ai pas de carte de visite, ni même de visa : pas muni des sacrements de l'Église. Connais pas de filière d'évasion. Je serai le pékin, le simple citoyen, le voltigeur, la mauvaise tête qui n'aura pas voulu faire la manœuvre. On me fera balayer la cour. A moins que Sénèque le Stoïque, voyant arriver un adepte, ne me joue un air de flûte : « Bienvenue, Alcindor. Le Grand Vizir va passer sa revue vers les cinq heures du soir. Mets-toi sur ton 6.35. Tâche d'arranger ce petit trou rouge que tu as à la tempe. Demande à l'apothicaire un sparadrap à fleurs. Le Grand Vizir raffole des orchidées. »

« Mon oncle, vous contemplerez la divinité éternellement », me dit Angélique. Ouais. Moi qui n'ai jamais pu supporter un belvédère plus de cinq minutes avant de remonter dans l'autocar. Quel ennui! Ah! mon Capitaine! Pourquoi ne suis-je pas tombé avec vous dans les topinambours? Ce serait une bonne chose de faite. J'aurais mis mon fusil à la bretelle, vous auriez pris votre drapeau, on se serait donné le bras, on serait partis en reconnaissance avec nos godillots à clous à travers les prairies d'asphodèles. On aurait annexé l'au-delà pour la France, en plus de l'Alsace et la Lorraine. Une, deux, une, deux. A l'époque on avait tant de vie qu'on entrait tout vivant dans la mort. La mort, c'était une Madelon qui vous faisait de l'œil. On pouvait donner sa vie, c'était donner quelque chose. Je ne peux plus la donner, je l'ai gardée pour moi. Dieu, que j'ai froid. Le soleil noir de ces souterrains me glace. Moi qui m'enrhume pour un rien. Au moins, si les cimetières avaient le chauffage central. Je suis vert. Je n'y tiens plus. Ah! la belle foi qu'on avait en ces temps. Avec ça, on pouvait cogner à la porte, on était sûr d'être entendu. Cacochyme comme je suis, mon toc-toc anémique se perdra dans le silence. Je gratterai comme une souris. Je crèverai une seconde fois sur le parvis. Il me faudra prendre un petit casse-croûte pour le voyage, un œuf dur, du saucisson, une barre de chocolat. Pour pouvoir attendre. Des fois que quelqu'un rentrerait tard, je me faufilerais derrière lui.

Il fait bon ici. Le soir tombe. Mes douleurs elles-mêmes me laissent en repos. Le soleil couchant asperge d'or la cime des arbres. Noël au balcon. La même lumière qu'au temps de mes amours. « Vivez l'instant », me dit Angélique. A force de vivre l'instant, on sursoit. A force de surseoir, on se laisse surprendre. A qui a couru Gladys, tout plutôt qu'une poussette d'hémiplégique. Tout plutôt qu'une pince à linge pour fermer ma mâchoire inférieure si elle venait à pendre comme une pelle à tarte. Encore, si j'avais des enfants auprès de moi, accablés de chagrin de me voir partir, je pourrais faire l'effort de mourir dans mon lit. Je les ferais venir, leur parlerais sans témoin. Mais un oncle! Un oncle, ça s'oublie. Ses fafiots restent. Il faut être sans illusion. Je ne puis plus me payer ce luxe.

Non. Ça presse. Il me faut convoquer mon parlement. En séance extraordinaire. Comme en cas de déclaration de guerre. Tous mes orateurs inscrits prendront ma parole. On poursuivra en séance de nuit, c'est toujours excitant, mes cervelles s'emballent. Les discours deviennent des songes. A la fin, on votera. Par appel nominal, que je les voie tous. Au petit matin, quand les têtes sont hâves, qu'on a vieilli de dix ans, sous les lampes qui pâlissent dans l'aube, à l'heure où le premier train de banlieue ne sait plus s'il part ou s'il arrive, où l'on est debout depuis l'avant-veille, où l'on a envie de vomir, où l'on a bu tant de cafés et fumé tant de cigarettes qu'on ne réussit plus à remettre ses feuillets en ordre, l'un après l'autre, dans un silence de morgue, mon Danton, mon Robespierre, mon Camille Desmoulins, ma Gironde et ma Montagne monteront à ma tribune, me regarderont en face et diront : « La vie », ou : « La mort. » Mon président proclamera le résultat. A la majorité de ses voix, Alcindor Lamiral adopte ou rejette son projet. En cas de rejet, pas d'histoires. Je continuerai à cahoter, mais légitimement. L'ornière où mon cahin-caha s'enlisera sera constitutionnelle. Pas de requête devant mon Conseil d'État. Ma démocratie sera sereine dans sa divagation. En cas d'adoption, on passera à mon exécutif. Toutes affaires cessantes, je convoquerai mon président de la République et mon premier ministre. Ils arriveront dans leurs petits souliers.

– Messieurs, dirai-je, vous connaissez la décision de nos chambres. Vous êtes mon exécutif, je vous ai mandés pour que vous m'exécutassiez.

– Sire, mais c'est un suicide.

– Justement, messieurs, Lamiral se saborde. Et vous êtes sur la même galère. J'aimerais que vous m'arrangiez ça selon mes convenances. Je vois quelque chose de discret, de médiat, de hasardeux, de pas trop cher, et de propre. Prenez donc une pastille de menthe, c'est si rafraîchissant.

« Je m'explique. Vous connaissez mes goûts pour le décor et la grandiloquence. Je veux me dépouiller même de ça. Je renonce à une Tour Eiffel enrubannée d'une écharpe tricolore pour m'en précipiter du troisième étage. Je renonce à un Métropolitain enguirlandé pour m'y jeter sous le wagon de première classe. Je renonce à un bûcher en bois des îles sur la place de Grève pour y monter par une échelle de soie. Je renonce au gibet de Montfaucon repeint pour l'occasion. Je renonce, je renonce, je renonce. J'étais dans la salle en 35 quand René Cervel se l'est fait sauter. J'ai admiré le courage, j'ai désapprouvé la manière. Je ne veux pas qu'on me tire dessus cent vingt coups de canon. Je ne veux pas que mon dernier acte soit un défi, mais un retour au *statu quo ante.* Je ne veux que gommer le trait maladroit que je suis, pour laisser à un autre le soin de réaliser l'arabesque que je n'ai pu être, je ne porterai pas un toast à l'harmonie des sphères en levant ma coupe de poison solennel, je ne la boirai pas non plus comme une purge, mais comme un verre d'eau fraîche, *aqua simplex,* j'insiste sur *simplex.* Donc, messieurs, ni photographe, ni télévision. Ni pleureuses non plus. Si leur syndicat pleure, dites-lui que c'est ça ou le lock-out. Prenez des notes, messieurs, je vous prie. Prenez aussi une pastille de menthe, c'est si rafraîchissant. Je veux quelque chose de médiat. Par médiat, j'entends « qui utilise des intermédiaires ». Je ne veux pas me fracasser la tête contre un mur, ni me jeter par la fenêtre. C'est beaucoup trop primaire. Je suis un technicien, messieurs, vous connaissez mes goûts pour les transmissions, les poulies, les engrenages, les vis d'Archimède. J'aimerais utiliser une machinerie pour disparaître. Il y a un projet qui me chatouille et qui finirait en apothéose ma révolution terrestre. Je pourrais tirer ma fusée à faire pleuvoir chaud. Je réglerais sur bouillant et me mettrais dessous, sans parapluie, en simple caleçon. Mais je risque d'ébouillanter aussi tout le voisinage. Les oiseaux morts joncheraient les prés verts, dans les ruisseaux les poissons flotteraient ventre en l'air, les jeunes filles ne verraient plus leurs règles. Au jardin, que des salades cuites. On me jugerait. Par défaut. Mort, je serais condamné à mort. On guillotinerait mon cercueil. Ah ! Ah ! Prenez donc une pastille de menthe, c'est si rafraîchissant.

« J'ai donc songé à autre chose, qui aurait le mérite de joindre le médiat au hasardeux – qui est mon troisième point. Installer sur un pied un fusil de chasse chargé de plombs à moineaux. Vous vous placez devant, à vingt-cinq mètres environ. Vous actionnez la détente avec une ficelle. Le coup part. Vous ne tirez pas deux fois. Si vous en réchappez, vous avez gagné. Il est d'usage que, si le couperet de la guillotine se coince ou si la corde du pendu se casse, le condamné soit gracié. Mon président userait alors de son droit de grâce et nous reprendrions notre vie commune, comme devant. Vous voyez, messieurs, que ma passion du jeu vous laisse une porte de sortie. Ah ! Ah ! Je vous en vois tout ragaillardis. Prenez donc une pastille de menthe, c'est si rafraîchissant. Vous pouvez aussi prendre un revolver à barillet. Un barillet à six trous. Vous y introduisez une balle. Vous faites brouiller le barillet par une main innocente, celle d'une petite fille impubère ou celle de votre premier eunuque. Vous appliquez contre votre tempe et vous tirez. Le coup part. Vous avez perdu. Vous n'avez pas eu de chance. Une malchance sur six, ça n'était vraiment pas beaucoup. Vous pouvez corser en y mettant deux balles, ou même trois. Fifty, fifty, là ça commence à devenir passionnant. Vous êtes vraiment fort, si votre main ne tremble pas. Vous pouvez aussi fabriquer une poudre qui déflagre à 40°. Vous en faites une boulette. Vous avalez avec un verre d'eau sucrée. Vous vous exposez au froid, pour attraper une bonne grippe. Si la fièvre monte à 40, vous sautez. Quel suspense.

« Autre chose. Pourquoi ne pas convoquer un peloton d'exécution d'une douzaine d'aveugles ? Volontaires. Je dis bien volontaires, c'est important. En joue ! Feu ! Ils vous manquent. Pour les punir de leur maladresse, vous leur dites que c'est sans importance, qu'ils manquaient d'entraînement, qu'on va recommencer. Vous les rangez en vis-à-vis, six d'un côté, six de l'autre, à trois mètres de distance. Vous leur bandez les yeux. En joue ! Feu ! Ils sont tous fusillés, sauf un, en principe, puisqu'on laisse, paraît-il, un fusil non chargé pour ménager le scrupule des tireurs. Bien fait pour eux, ils étaient volontaires.

« Mais tout cela, messieurs, n'est pas propre. On en fout partout. C'est mon dernier point. J'ai horreur des cadavres, des dépouilles, des restes. Je n'ai jamais laissé traîner un papier gras après mon pique-nique, ça n'est pas pour me laisser traîner moi-même après mon départ. Place nette, messieurs, je n'aime pas encombrer la voirie. Je ne veux pas laisser de moi une image encore plus vilaine que je ne suis, ni obliger personne à me ramasser dans une lessiveuse.

« Là n'est pas mon rêve, messieurs. Mes rêves sont des rêves de feu. J'ai toujours ambitionné de mourir comme un météore, une gerbe incandescente, puis rien, désintégré. La désintégration, il n'y a que ça. On dirait que ça n'a pas de mémoire. Vous m'objecterez, si toutefois je vous y autorise, qu'une désintégration est difficile à pratiquer en solitaire et que je vais retomber dans l'hécatombe que, dans un bon mouvement, j'ai refusée tout à l'heure. C'est vrai. Mais j'ai le goût du ravage. On ne peut aller éternellement contre sa nature. Les contradictions m'étouffent. Mes scrupules me feront mourir, ce qui m'éviterait de le faire moi-même. Je ne serais pas le premier, hélas, à déclencher une réaction en chaîne. Qui peut soutenir de façon péremptoire que le malheur du *Titanic* ne fut point l'œuvre d'un passager triste qui fit un trou dans la coque avec son couteau suisse, quitte à mourir en nombreuse compagnie, par une nuit sans lune, au son d'un cantique ? Il avait le goût du naufrage, il faisait des rêves d'eau. Il se cacha pour sauter le dernier. Qui me dira que cet iceberg, venu là tout à prolos, ne fut point un alibi ? Vous me concéderez, messieurs, qu'il serait assez rigolo d'entrer avec un passe-partout dans le bunker aux boutons, quand le gardien ronfle sur sa chaise, les jambes écartées, et de presser sur celui qui clignote en rouge, tchik, tchik, celui qui fait sauter la planète, et moi avec. La planète est de trop, bien sûr, mais qu'y faire ? Ou de caresser négligemment comme une souris blanche une bombe atomique de poche à l'heure de pointe du Métropolitain. Je dégoupille-t-y, je dégoupille-t-y pas? Ah! Ah! Prenez donc une pastille de menthe, c'est si rafraîchissant. Trouvez moi, messieurs, une compagnie d'assurances qui assure les dégâts qu'on peut faire en mourant. Vous connaissez l'état de nos finances. Un simple particulier ne peut pas payer ça. J'aimerais assez faire flamber le Louvre et périr dans les flammes, sous les yeux de la Joconde qui sue et qui me sourit jaune, de plus en plus jaune. Extase si, à la dernière seconde, ce sourire allait tourner à l'affreuse grimace. Enfin ! Ça aurait quelque chose de Sardanapale dans son palais de Ninive. Brûler entouré de toutes ses femmes. Je me serais bien vu foutre le feu à ma chambre à coucher, après avoir fermé portes et fenêtres, délicieusement allongé sur mon lit, ma main gauche soutenant ma lourde tête, ma droite jouant au bilboquet, ma médiane menaçant la mère Solidor d'un revolver ignifugé, pour lui faire exécuter au milieu des flammes et de la fumée un strip-tease abominable sur le rythme endiablé d'un fox-trot hoqueté par mon phonographe dont le disque en cire eût commencé à gondoler. Ouf ! Ma phrase est longue, longue comme ma jouissance l'eût été. Je n'ai plus ce choix. Madame Solidor m'a quitté. Et puis j'ai horreur des crématoires, vous le savez bien. On n'en sort pas.

« Voilà, messieurs, un bref tour d'horizon. A vous maintenant de débrouiller le peloton de mon exécution. Laissez courir les affaires courantes. Je veux un rapport d'ici quarante-huit heures. Sinon vous serez fusillés. Prenez encore une pastille de menthe, c'est si rafraîchissant. Bien le bonsoir, messieurs. »

Allez, ouste. Voilà comme il faut parler à ces jean-foutre. Quelle poigne. Et je n'avais pas de brouillon.

Le 1er janvier

Bonne année !

Il faut bien me la souhaiter moi-même puisque personne ne l'a fait.

Personne. Sinon la boulangère, la bouchère et l'épicier. C'est leur métier. Je ne suis pas un gros client, mais il n'y a pas de petits profits. J'oubliais le facteur.

Il y a si longtemps qu'il est venu chercher ses étrennes celui-là. Il m'a fait choisir un calendrier. Encore plus petit que l'année dernière. Les saints ont à nouveau changé. Tout juste s'il reste les éclipses de lune visibles à Paris. Jadis quand je voyais ces trois cent soixante-cinq jours étalés sur le gros carton glacé, toute la steppe s'ouvrait devant moi. J'éperonnais mon cheval, je rattrapais l'horizon. Cette fois, je me demande dans lequel de ces mois incertains je vais m'enliser. Et pourtant on continuera à casser les pipes sur les foires, mes pommiers refleuriront comme jamais, les bains de mer seront bondés, le foutre fusera des pipe-lines. La jeunesse me passera sur le corps avec ses motos vertes. Que le monde entier crève avec moi, mille milliards de bordels de dieux. Que je brise ma boule de cristal, elle est sombre, que je voie ce qu'il y a dedans.

Personne, hormis les professionnels, ne m'a rien dit.

Si. Un Allemand, un certain baron Wilfrid von Tzitzan-Bellow, qui habite dans son château près de Würzburg, en Franconie. Il était là, par quel hasard, quand j'avais dispersé les rouges sur le foirail de Saint-Sein-les-Deux-Mamelons, en 36, avec ma fusée à faire pleuvoir chaud. Il avait été si fort impressionné que jamais depuis il n'a laissé passer un premier janvier sans me souhaiter la bonne année. Sauf en 40, la poste était en souffrance. Mais il se rattrapa en 41. Il ne faisait aucune allusion à nos malheurs de l'époque. J'avais apprécié ce tact. Moi qui voue les Allemands à tous les cent mille diables, il fallait bien qu'il m'en tombe un que je trouve sympathique. Il disait seulement que dans la giboulée – il voulait dire la tourmente, je pense – il espérait du bas de son cœur – il voulait dire le fond, je présume – nous avions échappé, mon épouse gracieuse *(sic)* et moi et tous ceux que j'avais chers. Tout ça, on le voit, dans un français impérial qu'il avait dû apprendre de sa nourrice autrichienne ou dans la cinquième colonne. Jamais il ne m'écrit sur une carte de visite mesquine et protocolaire. Il recourt à ces sortes de dépliants polychromes qu'on fabrique là-bas, format 18 sur 25, qui représentent des maisons à pignons pointus, des églises, des crèches, des hôtels de ville et depuis peu des garages pleins d'automobiles. Quand on met ça debout, ça prend sa troisième dimension, les portes s'ouvrent, les volets battent, les intérieurs apparaissent en perspectives profondes, les cheminées s'allument, les chopes débordent sur les tables, le petit Jésus veut son lait. Touchant. Et dispendieux. Un gros timbre à chaque fois. Que n'ai-je des arrière-petits-enfants. Ils joueraient avec toute une petite ville souabe ou francone, avec églises, mairies, petits Jésus de rechange et tout plein d'automobiles pour s'y promener. Hier, 31 décembre, *pünktlich* [1], son envoi est arrivé. Un cimetière. Quand on tire dessus, toutes les petites tombes se dressent comme un seul homme. On dirait que les morts ressuscitent, les bras en croix pour ceux qui en ont une, les mains au dos pour les libres penseurs. Cela pour me dire qu'il avait conduit la baronne à sa demeure finale *(sic)*. Empoisonnée par des russules rouges de la Forêt-Noire. C'était joli, mais c'était mortel. Lui-même ne valait guère mieux, il était tout perclus, il n'y voyait plus rien. Le mois dernier, au cours de sa promenade, il s'était trompé de château, il était entré dans celui d'Henry l'Oiseleur. En effet, il est presque illisible. Il manque des mots au bout de ses lignes, il a dû les écrire sur son bureau. Il m'assure encore une fois que je suis plus que jamais dans son

1. *Recta*, en français.

Walhalla, entre Wotan à droite et Denis Papin à gauche. C'est curieux de marquer ainsi quelqu'un dont on ne se rappelle plus la tête et de penser qu'on est un dieu quelque part. J'ai beau ne lui répondre qu'en février ou en mars, il s'obstine. Il faudra que je dise à Bernard de lui envoyer un faire-part lors de mon décès. Ce serait un tel manque de courtoisie bien français s'il allait recevoir sa petite architecture en retour avec la mention : « Décédé sans laisser d'adresse. » Chaque premier janvier il allumera pour moi un cierge de cire vierge sous le chêne Yggdrasil. Il ne faut rien négliger.

Et Angélique qui ne m'a pas écrit! Ça, c'est un comble. Ils sont encore aux sports d'hiver. C'est bien le moment. Les hôtels sont bondés, il y a des avalanches partout. Sûr qu'ils vont profiter de ce que maintenant j'ai le téléphone. C'est plus expéditif. Entre deux tire-fesses. Ils ne savent pas combien c'est bon une lettre, on la lit, on la relit, surtout quand elle vous apporte un peu d'affection, comme Angélique sait en mettre. Le téléphone ça grésille, les lignes sont encombrées, elles cassent avec la neige, il faut courir la poste, tout le monde attend à la cabine, ils tapent sur la vitre pour dire que ça suffit, je n'entends rien, où êtes-vous? Où? Je n'ai pas compris, répète, je change d'oreille, ça y est, coupé. Les mots se sont envolés comme des papillons. Je n'ai pas les jambes à courir les papillons, surtout à cette saison.

Tiens, justement le téléphone. Ça tombe à pic. J'ai un quart de perroquet au four. Un bleu du Brésil. Les meilleurs. C'est un extra pour mon nouvel an. Qu'est-ce que je fais? J'arrête? Je laisse courir? Cette sonnerie, quelle injonction. On dit l'indicatif téléphonique. C'est plutôt l'impératif. Catégorique. Et mon téléphone qui est à l'étage. Ils ont voulu le mettre près de mon lit pour le cas où j'aurais un malaise la nuit. Et si j'avais un malaise le jour ? Pendant la moitié de l'année, les jours sont plus longs que les nuits. Au diable cette sonnerie, bon Dieu. J'y vais. Je laisse mon perroquet marcher. C'est peut-être une erreur.

Non, c'est Angélique. Elle est loin. Sa voix entre en moi comme un air de neige. Elle me souhaite plein de bonnes choses. Je fonds. Elle me passe Bernard. Il m'annonce que mes affaires sont en bonne voie à la maison de retraite. Il a des nouvelles de Dupanloup. Il y aura bientôt une vacance. Un asthmatique doit s'étouffer le 27 à dix heures du matin. Oui, c'est sûr, c'est officiel. Les papiers sont prêts, le bonhomme n'a plus qu'à signer. La place est pour moi. La neige est poudreuse. Il me passe Antigone. Allô, allô. Interrompu. Antigone et Charles doivent être furieux, il leur faudra m'écrire pour me souhaiter la bonne année s'ils veulent leurs étrennes. Mon perroquet, feu de Dieu! Il appelle, je l'entends d'ici. Je cours à la cuisine. Plus d'espoir. Il a grillé.

Mon déjeuner du 1er janvier : un quart de perroquet bleu du Brésil tout noir. J'y ajoute un café du Brésil tout noir et quelques larmes de Papageno toutes blanches. Il faut bien marquer le coup. C'est pas tous les jours son dernier nouvel an ni son dernier anniversaire. Eh! C'est la nuit dernière que mon père a tiré la sonnette d'alarme.

Je suis tout abasourdi. Le 27, à dix heures du matin. C'est sûr, c'est officiel. Et si l'asthmatique ne veut pas signer, on va lui guider la main? Le 27. Déjà. Cette nouvelle me bouleverse. Je l'attendais sans l'attendre, je l'espérais sans l'espérer. Moi qui n'ai fait aucun préparatif. Toutes mes paperasses à classer, mes armoires débordent. Je suis débordé. Pas une minute à perdre. Au travail.

Le 10 janvier

Classe mes archives. Pas le temps d'écrire.

Le 15 janvier

Semper idem. R.A.S.

Le 20 janvier

Tombe pas juste dans mes comptes. Merde. Toujours pas le temps d'écrire. L'asthmatique a signé.

Le 27 janvier

Alors c'est aujourd'hui qu'il me faut partir. L'asthmatique va passer. Nous avons rendez-vous à trois heures. Ma chambre sera faite.

Je me suis tant préparé ces derniers jours et voici que ce matin je n'ai plus le courage. J'ai bu mon café-philtre. J'ai plongé mon nez dans ma boîte en fer pour humer une dernière fois ce mélange dont Estelle m'avait transmis le secret. Je l'ai refermée. Ses gros grains brillants et gras moisiront dans mon placard. J'ai remis le moulin à sa place, entre le pot à farine et le paquet de riz. Il ne tournera plus. Qui se sert encore d'un moulin à manivelle? Ça fait trop tibétain. Le Tibet s'est tu, les toits de Lhassa ne touchent plus le ciel, les bonzes ne jouent plus au cerf-volant. Mon moulin ne fera plus sa prière matinale, il finira objet d'art dans une cuisine fonctionnelle. Ses dents se carieront, il prendra mauvaise haleine, un gosse le fera tourner comme une hélice, rrrrah! et le cassera, rah! les gosses ça casse tout.

Allez. Suffit. Ils viennent me prendre à midi. Ce sera bientôt là. J'ai encore tant à faire. Et le plus dur. Vidanger mon chauffage, que le gel n'aille pas faire tout sauter. Quelquefois je me dis que je reviendrai, au printemps. Une voix me murmure que non. Jamais plus. Je ne veux rien laisser derrière moi, au hasard. Le gros robinet jaune attend, humide de condensation. Je le tourne? Je le tourne pas? Vais-je porter la main sur ma maison? Je le tourne. En détournant les yeux, comme si je faisais un sale coup. Le sang tiède s'engouffre dans l'égout. Je me fais l'impression d'un parricide. J'entends dans les tuyaux la liqueur qui glougloute. L'âme s'écoule par là, elle n'en finit pas de s'écouler. Enfin la dernière goutte. Je referme sur le vide. Je suis soulagé, comme un assassin quand sa victime ne bouge plus. Le pas est fait. On ne peut revenir en arrière. Je sens l'accusation suinter de ces vieux murs. J'ai tué. Et je sais que justice est faite, je me suis tué moi-même.

Je suis là, désemparé, planté dans ma cuisine

comme un condamné. La lourde cuisinière de fonte émaillée est livide. Les boutons de cuivre du cendrier et du four me font les gros yeux. J'ai pourtant bien pris soin d'eux, c'était une coquetterie d'Estelle, elle les astiquait dix fois par jour. J'ai continué. J'ai même laissé à la bouillotte le petit seau d'émail rouge qui recueillait la goutte. Il a tant distillé qu'il est tout tapissé de calcaire. Il y a longtemps que je ne donne plus à boire à ma cuisinière. Est-ce pour ça qu'elle m'en veut? Je lui demande pardon. Une goutte tombe. D'où l'a-t-elle tirée? Elle pleure. La larme a fait toc dans le fond du Graal. Je caresse son museau. Elle fond. Non, non, grands dieux, comment éponger cette flaque! Je recule épouvanté. Les casseroles sont à leur clou, de la plus grande à la plus petite, comme une famille sur le boulevard. Les balais dans le placard sont au garde-à-vous. Je chasse d'une pichenette une miette sur la grande table de merisier, elle tombe sur le carrelage, qu'en faire? Je la mange. Pouah! C'est une vieille miette de vieux fromage. Une hostie profanée. Je salis tout ce que je touche. Plus rien ici ne veut de moi. J'arrache la feuille d'hier au calendrier des pompiers. 27 janvier. Cette date restera, solitaire, personne n'effeuillera plus l'éphéméride. Comme sont restés sur les arbres au fond des forêts de Saint-Intestin-les-Grêles, les A et les E entrelacés que j'y gravais jadis avec mon couteau suisse. A, E. Alcindor, Élisabeth! Pas E comme Estelle! Ah! Ah! Je ris à travers mes larmes. Estelle me fera toujours rire et pleurer. Estelle sur un arbre! Ah! Ah! L'écorce a bourgeonné autour de ces blessures saintes.

Je me replie vers la salle à manger. Henri II pur style, de la belle ouvrage. Ça vaut cher maintenant, les Américains achètent. Surtout avec des sculptures pareilles sur le buffet, une laitière et son pot au lait, un pâtre qui pousse sa brebis au mâle. Quel burin ! Et tout ça plein d'argenterie, une ménagère qui sent l'œuf depuis le temps qu'elle n'a pas pris l'air. On ne se servait que d'aluminium, la ménagère c'était pour les fêtes, il n'y a jamais eu de fêtes. Toutes les chaises sont là, six autour de la table, six un peu partout. Je rectifie leur position, Estelle n'aimait pas qu'il y en ait une qui dépasse. Et mon vase de Gallé, celui d'Estelle plutôt, elle l'avait gagné à la foire quand elle était jeune fille. Dieu, Estelle a donc été jeune fille, quelle incongruité, à quoi pouvait-elle bien ressembler ! On gagnait de belles choses à la tombola en ce temps-là. Mon horloge sonne, ça martèle mon grand sympathique, je vais piquer une crise de nerfs.

Je cours au salon. Il ne se ressemble plus. J'ai jeté des linceuls sur les bergères. Contre la poussière et aussi pour qu'elles n'aient plus l'air de bergères puisque le berger s'en va. J'ai roulé mes carpettes, mes potiches sanglotent. La sellette avec sa paysanne de bronze, fourche piquée jour et nuit dans une botte de foin, ses jolis pieds nus sur le socle de marbre fertile, déguerpit à ma vue sur ses cuisses de héron.

Je m'enfuis dans l'escalier. Le premier étage. Les chambres d'amis. Il y fait un froid mortel. Je tenais fermés les radiateurs, il ne venait jamais d'amis. A peine si j'ouvrais les fenêtres au 15 août pour chasser le remugle. Un peu fourre-tout. Dans l'une on avait entreposé un énorme canapé-lit dont on ne savait que faire. Les souris y avaient niché. Il m'avait fallu six mois pour les exterminer. On ne voulait pas de matou, ça pisse partout et haut, ni de chatte, ça fait des petits tous les trois mois et ses griffes sur les fauteuils. Je sens que je suis indésirable ici. Je n'ai pas pris assez de soin. On me boude. Ce froid m'effraie. Je m'en vais. Je vérifie quand même les volets et les espagnolettes. des fois qu'un coup de vent...

Je me réfugie dans ma chambre. Le cœur chaud de ma maison. Là, j'étais bien reçu. Quel saccage. Les rideaux sont tirés, le lit est tout nu, j'ai plié les couvertures, je les ai rangées dans le placard avec des boules de naphtaline. Ma table de nuit est entrouverte, c'est bien, que le vase n'aille pas donner d'odeur. Celui en cloisonné sur la cheminée a encore pris du ventre. Je le revois débordant des bouquets qu'Estelle y arrangeait à la saison, elle savait bien les faire, mais ça m'entêtait. Le bonheur du jour s'ennuie avec la photographie d'Estelle en buste. Pauvre Estelle. Elle a dû se faire du souci à me voir m'effeuiller soir après soir, de plus en plus maigre. A la tête de mon lit la noix distille une larme d'huile rance. La pendulette électrique Bullclock m'a l'air bien revêche. Je lui ai fermé le tic-tac le soir même de son achat. Il était magnétique, il me donnait des tics. Elle n'a dansé qu'une seule vêprée. Il y a bien vingt ans. Elle n'a pas vieilli. Je ne l'éveillerai pas. Si d'un coup elle allait me débiter vingt ans d'horreurs ! Je sors sur la pointe des pieds. Je vérifie quand même les volets et les espagnolettes, des fois qu'un coup de vent...

Une visite pour la forme à la salle de bains. Elle ne me servait à rien. Je ne me baigne jamais, je crois même que la bonde est bouchée. Je ne suis pas de ceux qui pissent dans les bidets ni, à plus forte raison, dans les lavabos. Tout est demeuré en place depuis la mort d'Estelle, son peignoir à la patère comme un suaire, ses brimborions, ses lames de rasoir, ses lotions oxydées contre les rides du cou et les pattes d'oie géantes. Une escroquerie, elle sortait d'ici encore plus écroulée qu'en entrant. Il y a des fleurs qui ne s'ouvrent jamais et qui se fanent avant de s'être offertes au soleil. Chère Estelle, elle a toujours été madérisée. Sa vertu lui avait gardé l'hymen coriace. Un viol vertueux lui aurait fait du bien un soir de premier bal, il m'aurait évité pas mal de besogne. Elle n'eut jamais de premier bal. Assez de ces mauvais souvenirs. Un peu d'eau de Cologne, elle sent le pneu. Je grimpe au grenier.

Il gèle sous les combles. Quel capharnaüm. Oserai-je entrer ici avec mon complet du dimanche ? Des malles, des monceaux de malles, en osier, en bois cerclées de fer, leurs vieilles adresses à peine lisibles, signes des anciens déménagements. Des mites, des monceaux de mites, des gazettes des guerres et d'avant, des dates qui allument des voyants dans le crépuscule de ma cervelle, une actualité morte, des catastrophes, des monceaux de catastrophes, l'assassinat de Paul Doumer, des vieux livres qui sentent les livres vieux, dévorés par les lépismes, un à un je les ai rouverts dans les éternuements, ma méthode de schizophrénie, une bouffée de poussière, une bouffée de bonheur. Je souris. Il y a si longtemps que j'ai dépassé toute cette science écrite. Je pourrais ouvrir un ashram parallèle. Je serais un fameux gourou. Des piles de cartes postales à cinq centimes le timbre. Bons baisers de Cabourg, caresses d'Arcachon. Bernard sera content. Il y a longtemps qu'il louche dessus. J'avais horreur, bon Dieu, qu'il vienne fureter dans mes trésors. Il aurait pu attendre que je sois froid. Je ne crois pas qu'il ait emporté grand-chose. J'avais l'œil. Peut-être un ou deux exemplaires de ma collection de magazines lestes. Et encore. On fait tellement mieux maintenant. Une grande armoire bourrée de frusques d'Estelle, à l'abri sous des housses, son manteau d'astrakan que je lui avais offert pour sa ménopause, ses bibis, leurs plumes et leurs cerises. Voyons, Estelle, pourquoi tant de cerises, tu avais déjà la tête en poire. Des suspensions cassées, des cartons d'ampoules électriques grillées, elles ne datent pas d'hier, c'est encore le modèle à pointe de verre effilé par où on faisait le vide. On ne jetait jamais rien. Un fauteuil 1925, ramages étiolés, siège enfoncé, la chatte d'Angélique y a fait ses petits. Cinq francs. Qui dit mieux? Cinq francs cinquante au fond. Six francs à droite. Allons, allons, pressons. Pas d'amateurs? Six francs une fois. Six francs deux fois. Personne? A droite, à gauche? C'est bazardé. Six francs. Adjugé. Un bois de lit Louis-Philippe, les moulures décollées, le plaqué en parfait état, des suspensions encore, des miroirs, le tain fout le camp en petits copeaux, quand je m'y regarde, ça m'arrache des morceaux de figure, on dirait que j'ai la lèpre, une clochette de lépreux, des caisses de cartouches tirées, du temps que je chassais – mes fusils, Estelle les a jetés au dépotoir en 40, par une nuit sans lune, comme mon drapeau du 11 novembre – elle l'a senti passer. Des boîtes complètes de préservatifs, ils sont fusés, le doigt passe au travers, dangereux. Une queue de morue genre pêcheur d'Islande pendue à une ficelle. Des fils tendus avec pinces à linge en frêne, Estelle y séchait sa lessive les jours de pluie, une cocotte percée, une cage à oiseaux, oui, une fois on a eu un serin, encore une lubie d'Estelle, la merde soit de la bête, elle s'ébrouait dans sa tasse, à chaque angélus elle chiait sur son millet. Deux vases en laiton repoussé confectionnés dans des obus de 75, c'est un de mes copains qui s'amusait à ça à Verdun, entre deux attaques. A la troisième, il n'est pas revenu, j'ai embarqué les vases, ils sont tout verts de gris, Estelle n'en voulait pas, elle avait peur que ça explose. Mes pièges à rats. Je les ai détendus, je ne veux pas laisser traîner cette mort béante. Après moi les rongeurs. Des couettes éventrées qui perdent leurs boyaux. Un guéridon Napoléon III, il lui manque un pied, il est resté dans une séance de spiritisme. Une tête de cerf forcé dans la forêt prochaine où chante le coucou. Le marquis me l'avait offerte au soir d'une chasse où la marquise m'avait fait du pied dans les taillis. Je n'avais pas pu résister, elle était anglaise, les feuillages étaient roux. Elle s'enfuit peu après avec un troubadour occitan.

Que de poussière s'est levée en moi ces derniers jours quand, une à une, j'ai tenu toutes ces choses! Un vent de sable sur mon désert. J'ai remis soigneusement mes souvenirs dans leurs plis, j'ai rectifié l'aplomb des piles de draps blancs ternis sur les bords. J'ai tapoté les coussins brodés où l'on juchait des poupées froufroutantes aux joues de pomme d'api. J'ai trouvé des dizaines de porte-plume. Il y a des choses inexplicables dans les hoiries, pourquoi si peu d'argent et tant de porte-plume, enferrés d'une gauloise ou d'un sergent-major. Ils ont soif d'encre violette. Ils voudraient tous écrire un poème. Je les ai rangés côte à côte dans leurs plumiers laqués de paysages chinois, près des gommes racornies, un côté pour le crayon, un côté pour l'encre, attention, il ne faut pas les manger par ce bout-là, ça crisse dans les dents. Leur arôme de caoutchouc languide a fait éclore en moi les fleurs des marronniers dans la cour de l'école. Toute l'écume de ma vie est là sur le rivage. On dirait un de ces cimetières marins de plastiques, de bombes à bronzer, de bouées d'enfants noyés, de poupées cassées, de bouteilles à la dérive, de ces mille excréments de l'été que les marées d'hiver rejettent dans les anses tranquilles où s'entasse le mazout. Au pied des chiens assis qui regardent la campagne, une nécropole de mouches, de guêpes et de frelons. Prisonniers qui volaient vers la lumière ils se sont longtemps cognés à la lucarne. Ils sont tombés sur le dos ou sur le derrière. Un gros bombyx gît dans la poussière, ses ailes écartelées autour de son corselet poilu, comme une fleur de crucifère. Encore une fois, j'ai plongé mes mains dans mes coffres de pirate bourrés de soies de Chine et de brocarts de Perse, de perles, d'écus, de boutons de nacre, de boutons de braguette, de boutons-pression et de fixe-jarretelles. D'une poutre à l'autre de cette charpente en cœur de chêne les toiles d'araignée folâtres tendent des festons de deuil sur mon aventure achevée.

Ouvrirai-je mes salles de musique, mes salles d'armes, mes salles de lecture, mon cabinet des estampes, mes salles de jeux, mes salles de bal, mes salles d'attente, mes salles de peinture? Dieu, j'ai oublié, dans ma petite galerie du XVIIe espagnol j'ai un Vélasquez que je n'ai jamais eu le temps de faire encadrer, il est piqué au mur avec deux punaises. Dévoilerai-je la porte de mon logis d'alchimiste à la table smaragdine? J'y ai soufflé des siècles sur mon feu mystique. J'ai tant fabriqué d'or que je ne savais plus où le mettre. Je le jetais en vrac dans les gros tas de sciure qu'on brûlait pendant la guerre. Tu t'en souviens, Estelle, on n'avait pas les moyens de s'acheter du charbon au noir. Tu me demandais pourquoi je t'apportais dans la sciure ces grosses pierres jaunes, si lourdes, qui bouchaient ton tirage. Pousserai-je la trappe de mon escalier céleste en colimaçon par où j'escaladais les nuits jusqu'à mon observatoire astronomique à scruter Bételgeuse? Non. Je n'ai pas le temps. J'en suis déjà à la treizième station de mon chemin de croix. Il ne m'en reste qu'une, pas plus, sinon je serai hérétique. Il me faut redescendre. La marche numéro 5 de l'escalier a gémi. D'ordinaire elle grinçait. Je caresse en passant la boule en cuivre de la rampe. Elle est glacée.

Quatorzième et dernière station : mon fauteuil

Voltaire. Je m'y laisse tomber exténué, le cul entre deux ères. Je suis mis au tombeau. Au milieu du vestibule ma valise attend, prête au départ, maigre viatique. Dans le porte-parapluies, l'ombrelle d'Estelle. Son manche à tête de chouette me regarde de son œil fixe, l'autre est tombé il y a longtemps, il est dans la boîte à boutons sur l'étagère.

Il commence à faire froid.

Je n'ai pas dit au revoir à ma cave. J'ai peur de mes pommes de terre. Leurs germes chlorotiques se dressent comme des antennes de radars à capter les messages des pommes de terre galactiques. « Le vieux s'en va » qu'elles disent. « Message reçu, répondent les autres, finie la purée. » Ces dialogues de pommes de terre m'effraient. A travers les carreaux de couleur de ma porte, je devine ma cour jaunie par le gel. Ça me fait penser à Peu. A-t-il fini sa descente aux enfers? Ou balance-t-il encore entre deux eaux parmi les lasers des calmars et les succions glapeuses des poissons hermétiques dans les slogans hideux des manifs abyssales. Pauvre Peu. Un être si éminemment atmosphérique.

Je sais par cœur ma grange et, derrière, mes jardins en repos. Salut, ô mon dernier poireau. Et mes vergers. Leurs arbres multiplieront sans moi. Les petites bêtes ricanent sous l'écorce. Elles ont gagné. Véronique, Véronique, viens essuyer ma face. Mes épaules sont cassées. Je n'en puis plus.

Midi sonne. Les voici. Ils sont à l'heure. Un peu trop gais pour être honnêtes. Partons. Ne tardons plus. Pas de mouchoir sur le quai. Je referme mon portail. Dernier coup de bistouri dans ma chair insensible. Je ne regarde pas en arrière. Mon paysage est au-dedans de moi.

En avant pour le restaurant. Le meilleur. C'est ma tournée. Je commanderai du champagne. J'irai jusqu'à la veuve Pérignon.

La veuve Pérignon n'a pas dissipé les nuages. Encore une de ces bouteilles qui n'auront pas renfloué les fêtes tristes. Chacun cherche très loin une platitude à dire. Nous roulons vers la Fondation Sainte-Étique, ma nouvelle adresse. Il faut traverser Saint-Hématome, prendre la route du nord, passer le cimetière et continuer vers Saint-Obscur-l'Éteint. Moitié cuistrerie, moitié secours à la conversation qui meurt, je fais remarquer avec volubilité combien le patronage de l'illustre sainte convient à pareille institution. Romaine de haute naissance, elle était demeurée vierge jusqu'à près de cent ans. Un soldat de Dioclétien voulut la sauter à cet âge, mais les ascèses et les macérations l'avaient rendue si squelettique qu'il n'y trouva pas son compte. Il s'en ouvrit à son César qui, en 303, l'offrit aux murènes. Lesquelles la dédaignèrent. Les gros cousins du Saint-Laurent pressentis se récusèrent aussi. Les lions de l'Atlas la trouvèrent trop dure. Bel exemple de fermeté à un âge où généralement on mollit. Elle mourut en revenant de la revue.

Voilà qui nous a menés jusqu'au cimetière. Bernard prend le relais. « Je pense, mon oncle, qu'il est un peu tard pour faire une visite à tante Estelle. » « Oui, oui, mes enfants, tante Estelle attendra. Elle en a l'habitude. Il y a plus urgent. » Au-delà du cimetière, la route n'est plus goudronnée. Cette fois, nous approchons. On voit d'ici, sur la gauche du chemin, la masse du parc entouré de hauts murs. Quelques conifères sombres se détachent sur les grands arbres dénudés par l'hiver. On devine les bâtiments. Vieille et belle demeure que son propriétaire a léguée à la ville pour en éviter l'entretien à ses héritiers. La municipalité l'a complètement rénovée et saccagée pour l'adapter à l'inaptitude de ses nouveaux pensionnaires. Seul est resté indemne le parc immense qui s'étend jusqu'aux premières collines. Nous dépassons déjà l'angle sud-est. Nous arrivons à la grille, verte, à pointes dorées, hérissée de fers forgés menaçants. Un portier plein de santé, rougeaud, le poil dru, le pantalon frugal, se précipite. La voiture entre dans la cour d'honneur, les pneus crissent sur le gravier, les bordures ont souffert du gel, nous nous arrêtons devant le perron. Tout le monde descend. On grimpe les quelques marches. On entre dans un vaste hall cerné de plantes vertes. Personne. Que des sièges vides et un silence macabre que rend plus épais encore un remugle d'éther, de friture et de momie malade. Un dallage antidérapant.

Bernard connaît. Il nous conduit droit au bureau directorial. Il frappe. « Entrez. » Un personnage net, genre timonier, qui regrette apparemment de ne pas être de plus grande taille, vient à nous en se frottant les mains comme un évêque. Pourtant il n'a pas des mains d'évêque, il les a grosses avec des jointures noueuses et poilues. Le cheveu très noir, coupé en brosse, entoure comme un maquis brûlé le front assez bas, trop bas peut-être pour être intelligent. Pourtant la boîte crânienne est volumineuse. Serait-elle à double fond ? D'énormes sourcils noirs en bataille surplombent deux yeux clairs tendus vers la ligne bleue du bien public, comme on en voit aux curés laïques. La barbe noire – aussi – rayonne d'efficacité. Mais je ne suis pas sûr que ce profil de médaille ne soit pas en chocolat. Je soupçonne toujours un peu les barbes. Si l'on dit souvent de quelqu'un qui ne se rase plus que ça lui va mieux comme ça, on dit rarement le contraire et maint barbu dévoilé livre une tête de pomme de terre. Porter bien un visage imberbe n'est pas donné à tout le monde. Ce n'est qu'une opinion personnelle, certes, et je pense que les Assyriens avaient de la mâchoire. Pourtant, je me demande si Socrate lui-même avait du menton. Nous verrons à l'usage. Il porte un uniforme civil ni gris ni vert, plutôt gris-vert ou vert-de-gris. Ses bottes noires – encore – sonnent d'un son clair et résolu. Il nous prie de nous asseoir, m'avance même un fauteuil. Il me souhaite la bienvenue. Je réponds timidement, je me sens un collégien qu'on amène au pensionnat, présenté par ses parents au préfet de discipline. Il se rassied, fait craquer ses doigts – j'ai horreur de ça, ça me serre les omoplates – s'éclaircit la voix et commence à prêcher. On dirait Jaurès. Finira-t-il assassiné? Ce serait dommage. Derrière lui, au mur, un graphique de la mortalité à Sainte-Étique, en chute libre, comme il arrive de temps à autre à la Bourse. Il a vu que j'avais vu. Il paraît satisfait. Soudain il prend un air pénétré. Il se recueille quelques instants, puis sur un ton solennel il nous demande de bien vouloir nous lever et nous retourner, priant mes vieilles jambes de l'excuser pour cette fatigue. Il pointe l'index vers un objet juché sur l'armoire. C'est un grand burnier, époque 1880, en ébène massive avec deux oreilles en régule d'un travail très fouillé, manifestement l'œuvre d'un fondeur illustre. J'en ai rarement vu de pareil. Alors, levant ses grands bras en V au-dessus de sa tête comme un grand pape qui va éjaculer une bulle, il hurle : « Grandes burnes de mon aïeul, qu'en pensez-vous? » Il a fait ça sur quatre notes tenues, en trois quintes ascendantes. Je n'en crois pas mes oreilles. Angélique se pince les lèvres. Quelque chose sonne, comme le grelot d'un téléphone. Il tonitrue. « Vous avez entendu. Elles ont sonné. Elles n'ont pas sonné le glas ni sonné la retraite. Elles ont sonné la charge. Alcindor Lamiral, vous êtes des nôtres. » Ce que disant, il me donne l'accolade. « Vous pouvez vous rasseoir, madame, messieurs. »

J'apprends que je viens de passer le test et que même le fameux piston dont je bénéficie n'aurait point suffi sans ce satisfecit. Je ne suis plus candidat, mais lauréat. Intronisé. Il me félicite. Je suis rouge de confusion et de fierté. Bernard paraît vouloir sortir de ce défilé. D'un air détaché il fait remarquer que nous avons trouvé le hall désert, mais que cela doit être normal, par cette après-midi ensoleillée on a dû conduire les pensionnaires en promenade. Au petit trot. « Comment! sursaute le directeur. Au petit trot! Vous voulez dire au turf! Tout le monde est aux ateliers. » Surprise. « Oui, notre maison n'est point de celles où l'on somnole après les repas. Nous pensons que la retraite doit être la période la plus active de la vie. A partir d'un certain âge, l'inaction tue. » Il se retourne et, d'un geste de président-directeur général révélant les résultats du dernier exercice, il montre le graphique. « Voyez comme notre courbe de mortalité s'écroule. Plus on travaille, moins on meurt. Tout le monde est à l'œuvre ici. Tel qui a vécu de ses rentes sa vie durant doit apprendre la sainte vertu du travail. Notre but est de réinsérer nos grands vieillards dans la vie active. Il faut qu'en sortant tous aient un métier en main. Nous ne refilons pas de marginaux au bon Dieu. Le Ciel n'a que faire des parasites. Tel fabrique des cure-dents, tel des billes, tel des confetti, tel ou telle autre tricote des chaussettes. Bien sûr, les personnes vraiment amoindries bénéficient d'un régime de faveur. Elles tricotent des chaussettes pour unijambistes. Entre autres. Nous sommes en cheville avec des amicales d'unijambistes qui nous passent d'importantes commandes. Regardez ce bavoir encadré, là sur le mur. Il a été brodé par une petite main masculine de quatre-vingt-dix-neuf ans. Nous ne l'avons pas vendu. Nous l'avons gardé pour l'exemple. » Nous nous extasions. Quelle finesse de point ! Faut-il qu'il ait de bons yeux ! « Ici chacun fait don de sa personne à la communauté. Celui qui a de mauvaises jambes pédale avec les mains, celui qui a perdu la tête compte sur ses doigts. Stakhanovisme intégral, mais stakhanovisme à la française, sans l'immonde affabulation marxiste. Quand on siffle la fin du travail, il faut les sortir à coups de gourdin. Malheureusement, monsieur Lamiral, dit-il en tournant vers moi un regard profondément désolé, vous ne pourrez pas vous mettre dès demain à l'ouvrage. Il y a une période de quarantaine pendant laquelle le convers demeure dans sa chambre. Il y fait une retraite de quarante jours, comme le Christ au désert. C'est pendant ce temps qu'il est exposé à la tentation. S'il triomphe, alors il est admis dans les cellules de travail, les ruches comme nous disons. Nos abeilles sont si bourdonnantes. Inutile de priver de dessert les paresseux. Il n'y a pas de paresseux. Nous avons résolu le problème de l'absentéisme et de la sous-productivité. A Sainte-Étique personne ne pète sur le mastic. » Prodigieux, ce meneur d'hommes. Aurait-il quelque chose sous la barbe ?

« Voulez-vous que nous allions voir la chambre de monsieur Lamiral ? » Bernard immédiatement : « Vous êtes trop aimable, monsieur Poinceau-Pompette. » Quoi ? Comment a-t-il dit ? Poinceau-Pompette ? Ça alors ! « Eh bien, en avant ! Nous lui avons réservé Cyclamen, allée des Néfliers. Veuillez vous donner la peine. » Nous sortons. Un assaut de politesses à la porte entre Bernard et le directeur.

– Après vous, monsieur Lapistole.

« Je n'en ferai rien. Après vous, monsieur Poinceau-Pompette. » Aucun doute, c'est bien Poinceau-Pompette. Personne dans les couloirs. Que les plantes vertes et cette odeur larvaire de musée d'histoire naturelle. Vraiment, tout le monde serait donc au turbin ? Ça, par exemple ! Le ministère de l'Age se garde bien d'en parler. Tiens, une dame. Le directeur nous la présente : madame la sous-directrice. Elle a deux mots à lui dire. Il nous demande une seconde. Il s'écarte pour écouter la dame. J'en profite pour souffler à Bernard dans le creux de l'oreille :

– Comment tu l'appelles, le dirlo ?

– Poinceau-Pompette. Godefroy Poinceau-Pompette. Le fils du colonel Poinceau-Pompette qui provoqua en combat singulier un colonel de uhlans et le pourfendit.

– C'est un parent d'Alexis Poinceau-Pompette ?

– Son arrière-petit-fils, je crois.

– Mais alors, l'aïeul du grand burnier...

– Chut ! Il revient.

En effet Poinceau-Pompette est à nous. Je pouffe dans l'ascenseur, comme un séminariste à l'élévation. Alexis Poinceau-Pompette, dit « le descendeur », c'est ce pionnier qui au siècle dernier s'est élancé du haut des tours de l'église Saint-Hématome pour expérimenter sur lui-même la loi de la gravitation universelle. Il disait que Newton n'avait pas le courage de ses opinions. Est-il possible que ce descendeur ait des descendants et que j'en aie un là sous le nez qui sente la pine d'ours ! Il avait tout prévu cet homme. Copulé avant de s'envoyer en l'air. J'en oublie de descendre.

– Nous sommes arrivés, monsieur Lamiral, deuxième étage.

– Oh ! Pardon, monsieur Poinceau-Pompette !

– Ce n'est rien. L'émotion du premier jour. Voyez.

L'ascenseur arrive juste au bout de votre rayon de miel. Nos abeilles des autres rayons, Groseilliers, Châtaigniers, que sais-je encore, n'ont pas cette chance. Vous remarquez, aucun fruit à noyau, que nos petits insectes n'aillent pas se casser les dents. Vous apprendrez aussi qu'il n'y a pas de chambre Chrysanthème, comme à l'hôtel il n'y a jamais de chambre numéro 13. Nous respectons toutes les confessions.

Il part d'un rire de hussard qui secoue Néfliers. Les nèfles dégringolent. C'est à cette saison qu'elles sont bonnes, après le gel. Il nous pousse. A droite et à gauche de petites portes, toutes pareilles, hormis leur nom de fleur inscrit sur un joli panneau. Cyclamen. Chez moi ! Je bats des mains. Il ouvre. « N'est-ce pas là une vraie petite cellule de moine ? » Ouais. Une chambrette poivre et sel, pas du tout romantique. Un lit de fer, un lavabo blanc avec appliques, une table, une chaise cannée, une commode trois tiroirs, un miroir au-dessus de la commode, une armoire à glace, petite, de très basse époque. Je fais remarquer qu'une seule chaise cannée c'est peut-être un peu juste. Poinceau-Pompette répond que ça évite d'avoir le cul entre deux. Je m'enquiers immédiatement de la lunette. « Lunette entièrement privée et garantie stérile. » Il ouvre un placard. Le type même de la lunette que j'abhorre. Noire, exiguë, négligée. « Quel luxe, reprend-il. Une lunette particulière. Chez moi, il y en a une pour six. » Je fais la moue. Je demande si je peux apporter la mienne. Non. Cela n'est pas possible. Mais je peux faire venir un ou deux objets personnels pour parfaire l'ensemble. Bernard suggère mon fauteuil Voltaire. J'acquiesce. Ma couette bleu horizon aussi, et ma pince à pantalon.

— Y a-t-il le téléphone ?

– Non.

Je regarde Bernard et Angélique. Ils sont un peu penauds.

– Mais il y a une sonnette pour appeler en cas de besoin. A répétition. Et s'il ne vient personne, un second bouton pour déclencher la sirène. Aucune inquiétude. En cas d'urgence, mort subite par exemple, il est permis de presser sur les deux à la fois. Venez. Donnez-vous la peine d'approcher de la fenêtre. Voyez-vous la piscine ? Elle est gelée, mais l'eau sera bonne aux beaux jours. Vous plongez, monsieur Lamiral ? (Je fais signe que non.) Dommage. Nous avons un plongeoir olympique. Voyez aussi le tennis. Et les barres parallèles qui se rejoignent à l'infini. Nos grands vieillards peuvent en jouir après le travail. Interdit pendant la quarantaine, bien sûr, ajoute-t-il. (Il le regrette.) Bon. Eh bien, permettez-moi de me retirer. Madame, messieurs, je vous laisse en famille. A plus tard.

Il sort.

Bernard et Angélique trouvent ça charmant. C'est propre, net, coquet, il y a des rideaux, un verre à dents. Bernard descend chercher ma valise. Angélique me dit combien ils sont rassurés de me savoir ici, avec toutes ces sonnettes. La sirène doit s'entendre de très loin. Bernard revient. Angélique range mes affaires méticuleusement. Mes mouchoirs, mes caleçons, mes chaussettes, mes trois brosses à dents. C'est si commode cette commode. Ça porte bien son nom. Ça y est. Déjà fini. Je sens qu'ils voudraient bien s'en aller. Je ne veux pas les retenir.

– Au revoir, mon oncle, dit Bernard. C'est entendu. Je te fais envoyer ton fauteuil Voltaire, ta couette bleu horizon et ta pince à pantalon.

– J'aimerais bien aussi mon vase de Gallé. Et puis mes larmes de Papageno avec un petit verre. Je ne l'ai pas dit devant Poinceau-Pompette, des fois que le règlement l'interdirait.

– Dès demain tu auras tout ça. Nous allons te quitter, mais pas pour bien longtemps. Quarante jours c'est vite passé. Un petit carême. Sitôt après nous reviendrons. Merci pour la veuve Pérignon.

– C'est la moindre des choses.

Je fais signe que je vais les raccompagner.

– Non, non, ne te dérange pas. On connaît le chemin.

– Mais si. Au moins jusqu'au perron.

– Alors, mets du coton dans tes oreilles.

– Voilà.

– Eh bien, allons-y.

– Allons-y.

On y va. Toujours personne. Que les plantes vertes. C'est le temps de s'embrasser.

– Au fait, mon oncle, as-tu besoin d'argent de poche, cinq francs, dix francs ?

– Non. Il n'y a pas de faux frais ici. D'ailleurs, je suis en quarantaine.

Tout le monde rit. Ils montent dans leur auto. Les portières claquent. Ils baissent la vitre pour me faire signe de la main. Bernard démarre un peu vite. Le portier a prévu le coup, il s'est plaqué contre le mur, il tire sa casquette encore plus bas que tout à l'heure, il plonge comme chez Maxim's, il doit savoir que Bernard est un pote à Dupanloup. Ils disparaissent. Bernard tire sa vitesse. Ils sont déjà loin.

Je les vois dans leur bagnole. Ils roulent vite pour dépasser mon souvenir. Ils n'ont pas fait de visite à tante Estelle. Bernard a les mâchoires crispées, Angélique a posé son chapeau qui lui serrait un peu les tempes. Ils ne parlent pas. Ils préfèrent même ne pas se regarder. Ils savent que ce que l'un pense, l'autre pourrait le dire. Mot pour mot. Ça y est, le vieux est garé. Sacrée étape de franchie. Et c'est lui qui l'a voulu. Nous n'y sommes pour rien. Au mois de mai on n'a pas insisté. C'était sûr que ça finirait comme ça. Mais il fallait qu'il se rende compte par lui-même qu'il ne pourrait pas continuer longtemps tout seul. C'est pas idéal, mais quelle autre solution ? Il n'aura plus à souffler sur son feu ni à marcher dans la neige. Et quelle sécurité. Avec sa sonnette et sa sirène. Et un père comme Poinceau-Pompette. Et puis, la quarantaine finie, ce travail qui l'empêchera de ressasser ses malheurs. Une abeille, l'oncle Alcindor ! Je me demande quelle petite tête il aura. Un hyménoptère social, lui qui foutait tout le monde dehors. Pourvu qu'il ne fasse pas de bêtises. Tu crois qu'on nous demanderait de le reprendre ? Nous les jeunes on a trop à faire pour avoir les vieux sur les bras. Ils ne sont pas heureux avec nous. Ils n'ont pas notre rythme. Tout le monde les bouscule. Ils font du rétropédalage. Là-bas, entre eux, ils peuvent se raconter leurs guerres. Tu as vu, on leur fait faire des concours de plongeon. J'ai lu le menu de ce soir, il y en a beaucoup qui n'ont pas ça le dimanche. Bien sûr, quand on pense qu'on en sera peut-être là un jour, ça vous serre un peu l'estomac. La mort, ça n'est pas le plus terrible. C'est l'attendre, quand ça traîne. Là au moins il aura tous les soins. Tu sais qu'on ne les met pas à l'hôpital, il y a un pavillon spécial pour les malades et les grabataires. On doit une fière chandelle à Dupanloup. Il faut absolument lui offrir quelque chose. A sa femme, plutôt. C'est plus discret. On pourrait lui faire aussi un gala, gratuit, dans son centre culturel à Sainte-Verge-des-Glandées. C'est pas de la tarte. Il y sera sensible. J'ai l'impression de sortir d'un cauchemar. Plus besoin de laisser un numéro de téléphone où nous joindre en cas de malheur. Quelle sujétion de devoir tout prévoir. Nous qui aimons tant les impromptus. « Allez, chérie, fais tes valises, on part pour deux jours. Paimbœuf? Honolulu? Choisis. » Je plaisante, on n'ira pas à Honolulu, pas encore, après, peut-être, s'il nous laisse de quoi. Quand même, je ne puis l'oublier là-bas sur le pas de cette porte. Il avait l'air si pauvre. Tu ne crois pas qu'il va nous déshériter. Ça va s'arranger. Il s'habituera. Il est coriace et pourtant il paraissait tant souffrir. Il n'a plus que nous. Dis, Angélique, dis, Bernard, tu crois vraiment qu'on n'aurait pas pu le prendre avec nous, un peu, quelques semaines par an, l'hiver? Comment veux-tu, on est toujours sur les quatre routes. Et les enfants qui sont à l'âge difficile. Et puis il peut encore traîner dix ans, va savoir. C'est vrai. On ne peut pas aller contre le destin. A chacun son lot. Il y en a d'autres qui sont plus malheureux que lui. Vois où nous en serions s'il n'avait pas d'argent. (Un silence.) Mon Dieu que tout ça est éprouvant.

– Angélique!

– Oui, Bernard.

– J'ai besoin de prendre l'air. On va s'arrêter dans ce petit bistrot. Un café nous fera du bien.

Chers neveux, pardonnez-moi le peu de souci que je vous cause encore.

Je reste là, seul, devant cette grande bâtisse indifférente, ma main qui leur a dit adieu encore à moitié levée. Il fait froid. J'ai besoin de me terrer dans mon trou. Je pousse la porte. Le hall. Les plantes vertes. Cette odeur, bon Dieu, je ne m'y ferai jamais. L'ascenseur. Je devrais prendre l'escalier, ça me donnerait un peu d'exercice. Demain. J'entre chez moi. Il fait déjà sombre, les jours sont courts. J'allume. C'est du 25. Pas gai. Un avis derrière la porte.

AVIS

1. Éticiennes et Éticiens sont priés d'utiliser le moins possible le courant électrique. Les lampes ne seront allumées qu'à la nuit noire. Prière d'en consulter l'horaire dans le hall. Les aveugles devront les garder strictement éteintes. Il est interdit de jouer avec les allumettes.

2. Aucune miette, même tombée à terre, ne sera jetée aux petits oiseaux. On la ramassera soigneusement pour nos porcs qui nous donnent leur lard. Plus il y aura de miettes, plus gras sera le lard et meilleure notre soupe.

3. Éticiennes et Éticiens se souviendront à tout instant de la devise de leur maison : « Rien ne sort de Sainte-Étique que la fumée et les personnes décédées. » Celles-ci sont toutefois autorisées à faire don de leur dépouille pour la récupération.

4. Merci.

La direction.

Il a raison Poinceau-Pompette. Les bons avis font les bonnes maisons. Je songe brusquement que je suis en infraction, j'ai allumé sans consulter l'horaire de la nuit noire. Que faire ? Éteindre ? Peut-être que le premier jour compte pour du beurre. Je cours ma chance. Je n'éteins pas.

Pas un bruit. Le bourdonnement des abeilles ne traverse pas les murs. Mon regard se pose sur chacun de ces meubles. L'asthmatique était là, ce matin encore. Il traîne un peu du gaz carbonique qu'il a eu du mal à exhaler. Ce lit de fer a tressailli de sa dernière toux. L'armoire à glace a vu l'affolement de son dernier regard. A-t-il eu le temps de presser sur le bouton de la sirène pour que vienne le curé, précédé de la clochette des agonisants ? Inutile, le curé était téléguidé, tout était prévu, il avait signé. Si je mets mes yeux en oblique, je suis sûr que je vais le voir. Ce pays est hanté. Le robinet fuit un peu. Le robinet d'eau chaude, c'est normal. C'est toujours le robinet d'eau chaude qui fuit le premier. Le robinet d'eau froide ne fuit qu'en second, quand le robinet d'eau chaude ne fuit plus, réparé par la diligence de Poinceau-Pompette, car chaque goutte d'eau qui tombe fait un trou dans le budget. C'est curieux, cette goutte tombe au rythme de mon cœur. Cher robinet, nous sommes en concordance de phase. J'ai envie de pisser. J'ouvre le placard à lunette. Tristesse. Quelle abstraction. Il me faudra désormais renoncer au décorum, ne jouir que de l'acte pur de déféquer. Qui sait, ne plus jouir du tout, déféquer comme si je ne déféquais pas, dans l'indifférence. Chier blanc même, comme les saints et les oiseaux. *Aves candida defaecant quia virtuosae*[1]. Je suis sur le bon chemin. Je dépouille ma dépouille. Il n'en restera bientôt plus rien. Diable, il n'y a pas de PQ ! Nulle part, ni dans une boîte ni à un clou. Doit-on acheter son PQ ? Moi qui ai dit à Bernard que je n'avais pas besoin d'argent de poche. D'ici que mon journal me suive, j'aurai besoin de PQ, sauf catastrophe dont le Ciel me préserve. Tiens, un autre avis derrière la porte du placard.

AVIS

Éticiennes et Éticiens sont priés de ne tirer la chasse qu'en cas d'extrême nécessité. Qu'on se

1. « Les oiseaux chient blanc parce qu'ils sont vertueux. » Saint-Adequat l'Idoine, *Diverticules*, A.6.

souvienne de la devise de la maison : « Chaque goutte d'eau qui tombe fait un trou dans le budget. »

Ça, par exemple, je viens de le dire moi-même, quelle rencontre ! On est fait pour s'entendre Poinceau-Pompette et moi. Je pisse. Ça fait joli dans la lunette. Il n'y a pas extrême nécessité. Je ne tire pas. Je referme la porte. La descente de lit est vraiment minuscule, elle a un gros pli en travers du dos. C'est une manie des descentes de lit cachexiques, elles se recroquevillent comme les hérissons, ça leur fait une bosse, les pieds frottent dessus, la peau de la bosse finit par ne plus avoir de poils. Les grandes descentes de lit ont une autre tenue. Et les volets, bon Dieu, est-ce qu'il y a des volets ? Ô urgence des urgences, moi que la moindre lumière réveille. Oui, il y en a. En fer. C'est bien, à condition que ça marche. Ces choses-là sont exposées aux intempéries, ça joue, les gonds gondolent, ils se coincent, on ne peut pas ramener les battants, si on les ramène la crémone ne veut pas s'enclencher, ni en haut ni en bas, ou bien s'enclenche en haut et pas en bas ou vice versa, ça laisse passer le petit jour sinistre, dans ce poivre et sel ça doit faire encore plus sale, le matin quand on ouvre l'œil on croit toujours qu'il pleut. Miracle. Ça s'enclenche. On n'y voit plus rien dehors. Serait-ce la nuit noire ? Ne suis-je plus en infraction ? Et les tiroirs de la commode ? Ils grincent. Je les frotterai de savon. Et le pot ? Y a-t-il un pot dans la table de nuit ? Sacrebleu, non. Que veut-ce dire ? Que le pot de chambre n'est point une nécessité, alors que la lunette est là, dans le placard, consentante.

J'entends un vrombissement au bout du couloir. Je colle l'oreille à la porte. Aucun doute. Ce sont les abeilles qui rentrent. Les cuisses pleines de miel ? Je ne pense pas. On doit le leur faire poser en bas dans un grand ramasse-miel. Les abeilles ne gardent rien pour elles. De vraies pommes. Le vrombissement s'amplifie, ça devient un vrai brouhaha à mesure que l'ascenseur monte ses charges. L'essaim grossit sur le palier. Brusquement le silence. Il va se passer quelque chose. Oui. Une voix tonitrue : « Néfliers, rassemblement. » On entend un léger frôlement de mise en rangs. Puis plus loin : « Groseilliers, rassemblement », « Châtaigniers, rassemblement », comme un écho qui se perd sous la futaie. Silence. « Néfliers à vos marques. Attention. Prêts. Partez. » Quoi ! Va-t-on les faire courir au pas de gymnastique ? Quelle horreur ! Non. « Une, deux, une, deux. » Un « une, deux » relativement lent, humanitaire, que ceux qui ont une canne aient le temps de faire une, deux, trois. Aucune porte ne s'ouvre. Sans doute chacun s'arrête-t-il devant chez soi et attend-il l'ordre d'entrer. Un petit vol arrive jusqu'ici. Petit, car je suis presque au bout de l'allée. Je crois entendre se poser mes abeilles voisines. Celle- d'en face souffle comme un frelon. Je ne peux pas regarder par le trou de la serrure, la clé est dedans. J'ai peur de faire du bruit en l'ôtant. Silence. Tout le monde semble en arrêt. La voix tape dans ses mains : « Néfliers, fixe. Demi-tour gauche, gauche. Entrez. » Un vacarme de portes qu'on ouvre et qu'on referme, de robinets, de chasses d'eau, de meubles déplacés, de tiroirs qui frottent, d'armoires à glace qui grincent. Il est dix-huit heures trente. L'appel est à dix-huit heures quarante-cinq. On n'a pas beaucoup de temps pour se refaire. Il faut paraître sur son trente et un lavallière, face à main en sautoir, œil de verre graissé, antennes calamistrées, palpules lustrées, abdomen ciré, dard poli et bien élevé. Sinon, épinglage par le corselet au tableau de service. Dix-huit heures quarante. On devrait bientôt descendre. Va-t-on repartir au pas cadencé ? Il semble que non. Les portes s'ouvrent une à une. Tout le monde passe *ad libitum.* J'attends un peu pour suivre le mouvement et voir comme on fait. Je sors. Les abeilles volettent langoureuses dans l'allée. Moi qui n'ai point encore mes ailes, je suis obligé d'aller à pied. Je me fais l'effet d'un ver blanc. L'ascenseur. Le hall. Les plantes vertes ne sont plus seules. Un nuage d'ectoplasmes y bombille. Ô merveille, chacun a sur la tête un petit chapeau de cotillon. Sacré Poinceau-Pompette, c'est donc vrai, qu'ici tous les soirs c'est la fête. Soudain le haut-parleur fait résonner les premières mesures du *Pas des butineurs*, de Bokanowski. Silence subit. Tout le monde s'aligne, allée par allée. Chacun prend ses distances et se fige au garde-à-vous. Ça crache et ça tousse. Quelqu'un a le hoquet. Chut. On attend. Pas longtemps. Poinceau-Pompette sort de son bureau et s'avance, martial, sanglé dans une magnifique capote vert-de-gris, l'ordre de Sainte-Étique rouge et noir éployé comme un flot sur son torse bombé. Il est sans casquette. Ses yeux bleu de ciel scrutent les petits chapeaux. Madame la sous-directrice le suit, raide dans son tailleur strict, à la main un gros registre, rouge et noir aussi. Il parcourt le front des troupes, ses talons claquent sur le dallage, il revient au milieu, s'arrête. L'instant est solennel. « Regard clair, clair. » On doit fixer la pendule. Je ne le savais pas, je suis en retard, je me rattrape vite. Il est dix-huit heures cinquante-huit. On n'entend que le tic-tac dans l'oppression des poitrines. « Petits chapeaux haut, haut ! » On lève son chapeau au-dessus de sa tête. « Petits chapeaux bas, bas ! » On le place vivement sur la couture du pantalon pour les messieurs, sur le nœud de la jarretière pour les dames. « Petits chapeaux tête, tête ! » Je n'ai pas pu manœuvrer, je n'avais pas de petit chapeau. Poinceau-Pompette m'a bien eu. J'ai vu son œil malicieux. Farceur. « Au rapport, madame la sous-directrice ! » Madame la sous-directrice s'avance et, d'une voix de mitrailleuse :

« Monsieur le Directeur, avec notre respect :
180 abeilles présentes
1 larve – ce doit être moi –
15 grabataires dans leurs alvéoles
3 en corvée de merde,
sans nouvelles
6 partis en renfort.

Actif 205
Passif 205
Différence 0. »

Quelqu'un s'évanouit. Poinceau-Pompette reste impassible. Personne ne bronche. Il recule de trois pas. Va-t-il tomber dans les plantes vertes ? Non, il a bien calculé. Il inspire profondément, il vire à l'écarlate. « Pour notre ruche, hip, hip, hip. » Tout le monde : « Hourra ! » « Hip, hip, hip. » « Hourra ! » « Hip, hip, hip. » « Hourra ! » Un temps. « A la soupe, soupe ! » Le haut-parleur lâche le *Vol du bourdon.* C'est le signal. Tous se dirigent vers la salle à manger. On ranime l'évanoui. C'est formidable comme l'esprit de corps donne des ailes à l'indigence individuelle. P. P. aurait dit : « A l'assaut, saut ! » je serais reparti. Pas vrai, mon Capitaine ?

On se rend librement à la salle à manger, il n'est pas obligatoire de former le monôme. Mais en silence. Poinceau-Pompette est à la porte, il regarde passer tout son monde. Sa barbe sourit. Il m'entraîne à l'écart.

– Eh bien, monsieur Lamiral, comment s'est passé ce premier contact ?

– Superbe, monsieur le Directeur, mais je n'ai pas de PQ.

– Comment vous n'avez pas de PQ ! Vous avez droit à trois morceaux d'affiches municipales par vingt-quatre heures. Avez-vous cherché dans votre tiroir de table de nuit ?

Peut-être en effet n'y aurai-je pas prêté garde, ou aurai-je pris ça pour des avis.

– Et que pensez-vous de notre petit spectacle, monsieur Lamiral ?

– Tout à fait professionnel, vraiment, monsieur le Directeur.

– Je voulais vous faire la surprise. Demain vous aurez un petit chapeau. Il est offert par le comité. Vous le choisirez vous-même. Aux fêtes carillonnées on distribue des serpentins et des mirlitons.

C'est merveilleux.

– Il vous faudra consulter l'horaire de la nuit noire. J'ai vu que votre lumière marchait prématurément.

Mes jambes se dérobent sous moi. Vais-je être épinglé le premier soir ? Il n'insiste pas.

– Monsieur Lamiral, vous êtes en quarantaine, mais je ne vous ai pas mis seul à une table. Ceci pour économiser à notre ruche le nettoyage d'une nappe. Vous connaissez la devise de Sainte-Étique? (Encore une !) « Dépense inutile est comme bouche inutile. On lui arrache les dents. » Vous me l'apprendrez par cœur pour demain soir. Je vous ai mis avec trois dames. Voyez, les tables sont de quatre. Nous sommes résolument pour le mixte. Ça démystifie. Mais nous ne pouvons faire mieux qu'un homme pour trois femmes. Un veuf pour trois veuves. Comme partout.

C'est sociologique. Vous-même allez remplacer auprès de ces cavalières le veuf asthmatique qu'elles ont perdu. Venez, je vais vous présenter.

Nous nous faufilons à travers les tables au quart mâles, aux trois quarts femelles, s'il reste du mâle et du femelle à cet âge. C'est un postulat.

– Mesdames, je vous présente votre nouveau commensal, monsieur Alcindor Lamiral.

L'accueil est renfrogné. Elles ne me considèrent même pas. « Madame A. » Je m'incline. « Madame B. » Je m'incline. « Madame C. » Je m'incline encore. « Eh bien, bonsoir, mesdames, bonsoir, monsieur. Joyeux souper. » Tous les quatre ensemble : « Bonsoir, monsieur le Directeur. » Je demande la permission de m'asseoir. Personne ne me la donne. Je suis obligé de la prendre. A mon corps défendant. J'aime bien mettre les coudes sur la table, c'est hors de question. Pas de place. Ces dames, très satisfaites du départ de leur veuf, n'ont pas envie de se remarier. Elles ont déjà sorti leur serviette de leur rond, leurs trois ronds sont autour de mon assiette. Madame A a posé son bocal de cornichons à la place de mon verre, lui-même repoussé à la place de ma fourchette, elle-même reléguée à la place de rien. Le moulin à poivre de madame B est à la place de mon couteau, jouxtant le pot de moutarde de madame C. Je suis une petite enclave. Vais-je susciter un incident de frontière ? Je suis inférieur en homme et en matériel. Je n'ai pas de rond, ce qui m'évite le déshonneur de le mettre dans ma poche. On verra plus tard. Quand même, mon verre à la place de ma fourchette, cela me chagrine. Chacun a un quart d'hydromel. Le mien est dans mon assiette. Voici la soupe. Que faire ? Je me verse un plein verre d'hydromel et l'avale. Je vide le reste dans mon verre redevenu vacant. Comme ça je peux poser ma topette par terre sans trop perdre la face. J'aurais pu tout autant la balancer à travers la salle. La serveuse distribue la soupe. Deux louches. Potage Crécy. Il a un goût de défaite. Madame B l'arrose de poivre. J'en profite pour pousser doucement mon couteau, de travers, le pot de moutarde de madame C m'empêche de le mettre droit. Madame B est dans l'impasse. Elle n'ose pas attaquer de front. Elle remet son moulin à poivre dans un petit cabas en plastique caca d'oie qu'elle sort de sous sa chaise. J'ai marqué un point. Je me console : si ces dames ne me regardent pas, elles ne se regardent pas non plus. Autistiques. Sombrement. La fête bat son plein. Les petits chapeaux vont et viennent au rythme des mastications. Voici la suite. Autruche du Kalahari froide. Je tombe sur un sale morceau, je soupçonne la serveuse. Un bout de carcasse avec de la peau grasse, les plumes à peine flambées. Madame B a le croupion. Elle disparaît derrière. Madame A prend son bocal de cornichons. Je pousse mon verre à la place. Elle grogne, mais remet son bocal dans un petit cabas en plastique caca d'oie qu'elle sort de sous sa chaise. Deux points. Des salsifis. Ma terreur. Ça donne des gaz. Il y a des siècles que je n'en ai pas mangé à cause de ça. Déjà le fromage. Un petit-suisse, un yaourt, un petit bleu du pays et un bout innommable. Pour moi les jeux sont faits, j'aurai le bout innommable. Madame C a bloqué le petit bleu du pays, madame B se saisit du yaourt. C'est alors qu'éclate le conflit.

– Madame B, rendez-moi mon yaourt !

– Comment, madame A, qui a dit que ce yaourt était à vous ?

– C'est moi qui le dis, madame B, et c'est justice. Hier vous avez déjà eu le yaourt et moi le petit-suisse.

– Parfaitement, madame A. J'ai besoin de yaourt pour aller à la selle, et avec ces salsifis je vais ballonner.

– Et alors, madame B, êtes-vous venue voir comment moi j'allais à la selle ? Donnez-moi ce yaourt immédiatement !

Elle rafle le yaourt dans l'assiette de madame B, madame B le rattrape par le fond, madame A tire sur le couvercle, qui saute, une gerbe de yaourt gicle sur sa modestie, elle est cramoisie, elle jette le couvercle sur madame B, essuie d'une main sa modestie et de l'autre embarque les bouts de sucre.

– Vous n'aurez pas de sucre, madame B.

Rageuse, elle pique les sucres dans son petit-suisse. Son petit chapeau s'y plante aussi pointe en bas. Elle l'arrache et le remet sur sa tête, de travers, en me regardant comme si j'étais un yaourt.

– Hein, vous, la larve – stupeur, elle m'adresse la parole – vous trouvez ça normal que madame B ait toujours les yaourts ?

Dieu, je suis interpellé, il me faut rendre un jugement de Salomon. J'implore madame C du regard. Elle a presque fini son petit bleu du pays. Elle s'en fout. Je propose qu'on partage en deux le yaourt et le petit-suisse, en prenant soin de passer au milieu des bouts de sucre. Justement, ils ne sont pas encore fondus. Chacune de ces dames aura la même chose.

– Pas question ! hurle madame B. Madame A a déjà eu du yaourt sur sa modestie, je n'ai pas à payer les pots cassés.

C'est vrai. Le bout innommable est resté dans l'assiette. Modestement je le propose à madame A, peut-être le préférera-t-elle à un petit-suisse trop sucré.

– Vous pouvez vous le mettre où je me pense, votre bout innommable.

Je suis mal payé de retour. Et où pense-t-elle que j'aille me le mettre ? Madame B sort de sous sa chaise son petit cabas en plastique caca d'oie, y prend un sucre et, l'œil triomphant, le met dans son yaourt. Silence. Mais l'orage menace. Peut-être serait-il séant, pour alléger l'atmosphère avant le dessert, que je m'enquisse auprès de ces dames de leurs occupations aux ateliers.

Par qui commencer ? Par madame C, indiscutablement. Elle est restée hors de la bataille. Elle est sereine comme un premier ministre. Je me tourne vers elle, et, d'un ton éminemment déférent : « Que fait donc madame C ? » Pas de réponse. Elle regarde mesdames A et B comme si ma question tombait de la lune. Me mêlerais-je donc de ce qui ne me regarde pas ? Je n'en ai pas le sentiment. On sait ma passion des contacts, je réitère ma demande avec une délicatesse qui vire à l'obséquiosité. Alors madame C, d'un seul coup et contre toute attente, laisse échapper du coin de sa bouche où s'obstine une miette de petit bleu du pays un flot de paroles impossible à endiguer. On dirait un tonneau qu'on a mis en perce imprudemment en oubliant le robinet. On y fourre le pouce, ça gicle. Que faire ? Enlever le pouce et courir chercher le robinet ? Que de vin perdu, et où est-il ce robinet ? Boucher avec la main ? Ça ne coule plus, mais on ne peut pas aller chercher le robinet. Appeler sa femme ? Elle n'entendra pas. Il faut attendre qu'elle descende voir si vous êtes ivre mort. On est à la cave pour longtemps.

Madame C recopie donc l'œuvre de Frédéric Nietzsche en caractères cunéiformes. Elle en est seulement au premier tiers du *Gai Savoir* et déjà tout un hangar est plein de tablettes, ça pose un problème de stockage, ça ira mieux pour *Zarathoustra*, un riche Persan a promis d'évacuer les tablettes au fur et à mesure de leur sortie. Elle est contente, ça la change de son ancien métier. Avant d'être à la retraite, elle balayait les écoles primaires. Ah ! Comme j'en suis heureux. Et madame B ? Madame B balaie les ateliers. Elle est très contente, ça la change bien de son ancien métier, elle était recopieuse en caractères cunéiformes. Mais elle recopiait surtout des ouvrages techniques, oui, pharmaceutiques et astrologiques. Elle n'y tenait plus, elle voyait du cunéiforme dans tous les coins. Maintenant elle est libérée, elle aime son balai, il est simple et quand il est usé, on le remplace. Ah ! comme j'en suis heureux. Et madame A ? Madame A est engueuleuse. Plaît-il ? Engueuleuse. Elle a un hurloir en bandoulière et engueule les abeilles qui seraient tentées de se laisser aller. Elle intervient rarement, les abeilles ne regimbent jamais devant la tâche. Elle est plutôt une force de dissuasion. Et pourtant... Pourtant ? Pourtant aujourd'hui il a fallu sévir. Elle me montre avec hargne une vieille abeille, à trois tables de la nôtre, qui mange debout. J'avais remarqué cette pauvre ouvrière et m'étais dit qu'elle avait les jambes si raides qu'elle ne pouvait s'asseoir. Non. C'est une abeille qui fait des trous dans les aiguilles. Cette après-midi elle a fait les trous à côté, autant dire qu'elle n'en a pas fait, alors madame A lui a donné vingt-cinq coups de bâton sur le cul, c'est le tarif. Elle est très contente, elle avait fait une mésalliance, elle avait engueulé son mari toute sa vie, elle n'aime pas le changement, elle continue à engueuler tout le monde. Ah ! comme j'en suis heureux.

Quel est donc ce tohu-bohu ? Quatre marmitons apportent à bout de bras un énorme gâteau sur une civière, une pièce montée phénoménale. Deux mètres de diamètre, trois mètres de haut – une montagne de crème, rose et bleue – plantée de dizaines de bougies. C'est un anniversaire ! Que dites-vous ? Le *de cujus* doit souffler toutes les bougies d'un seul pet, oh ! Sinon il mange le gâteau sur-le-champ et tout le monde lui tombe dessus car personne n'en a. C'est une tradition. C'est donc respectable. Mais qui donc est le *de cujus* aujourd'hui ? C'est une *de cujus.* Madame Nitro. Où est-elle ? Où ça ? Je ne vois pas. La petite abeille dans le fond à droite ? Non. Celle qui a une tête de Turgot ? Non plus. Celle qui a frisé ses rouflaquettes ? Oui. Oh ! quelle jeunesse ! Quatre-vingt-dix-sept ans ! Elle ne les fait pas. Bravo, bravo.

Poinceau-Pompette paraît en monsieur Loyal, il fait siffler son fouet à manche d'argent. Il hurle :

– Mesdames et messieurs, nous avons l'honneur de vous présenter ce soir un numéro unique au monde, une exclusivité de notre chère Sainte-Étique, madame Nitro dans sa performance fulgurante de grande pétomanie. Madame Nitro ! – on l'applaudit très fort pour l'encourager, approchez madame Nitro, n'ayez pas peur – Madame Nitro, quatre-vingt-dix-sept ans, va souffler d'un seul pet les quatre-vingt-dix-sept bougies de son gâteau.

Le fouet claque. Silence, lourd silence.

– Allons, en piste, madame Nitro.

Madame Nitro s'avance, elle sourit, un peu tendue ; on la hisse sur un piédestal. « Tambours ! » Les marmitons tapent furieusement sur des casseroles.

– Relevons nos jupes, baissons nos falbalas !

Madame Nitro relève sa crinoline. On lui voit un faux cul, mais pas de vrai. Madame Nitro serait-elle une simulatrice ? Non ! Voici le vrai, personne ne l'avait reconnu.

– En position, madame Nitro !

Madame Nitro se penche, elle va tomber, on la retient.

– Mains sur la tête, madame Nitro ! Ici, pas de chiqué. Tournez-vous pour que tout le monde voie.

Les marmitons exécutent un ballet gracieux pour rester dans l'axe.

– Le numéro sera exécuté en anglais. On répète pour Carnegie Hall. *Drums, stop! Your attention, please! One, two, three!*

La tension est si forte qu'elle ferait péter le *sol* d'un violon. L'anus rapiécé de madame Nitro clapote comme une méduse.

– *Fire!*

Il explose. Toutes les bougies s'éteignent. La foule se déchaîne, les petits chapeaux fusent dans les airs, les couverts tapent sur les assiettes, un monsieur tombe en syncope, on le piétine, on agite les mouchoirs, c'est l'atterrissage de Lindbergh en 1927. Poinceau-Pompette exulte. Il salue. Il donne un grand coup de fouet en travers du derrière de madame Nitro. Que se passe-t-il? Qu'est-ce donc? Madame Nitro fait une affreuse grimace. Elle se tient le ventre à deux mains. Dans l'effort elle s'est fait une hernie. Qui vient de s'étrangler. On l'emporte sur la civière qui avait apporté le gâteau. Je suis de votre avis. C'est absolument scandaleux. Le pays n'est pas informé.

Voici qu'on distribue les parts de gâteau. Mesdames A, B, C, enveloppent la leur dans du papier de soie et la fourrent dans leur cabas. Elles se lèvent. Elles s'en vont sans même me dire bonsoir.

Vraiment c'était un très beau dîner. On s'amuse mieux ici que dans les maisons de la culture.

Quartier libre jusqu'à vingt et une heures. On a le choix entre rester à s'ennuyer debout dans les plantes vertes, ou s'asseoir dans les fauteuils en rotin pour raconter ses tristes souvenirs, ou encore remonter dans sa chambre pour y passer une nuit funeste. J'opte pour cette dernière option. Je remonte. A vingt et une heures dix, toutes les lampes doivent être éteintes. Les abeilles ne sont pas des papillons de nuit.

Je referme ma porte. Le silence de ma chambre me surprend. Je m'assieds sur ma chaise cannée. Mes mains fripées sont posées sur mes genoux, inertes. Elles ont des cals au bas de chaque doigt, reste de mes petits travaux. Au fond de ma paume droite on voit encore la marque d'une ampoule que je me suis faite en réparant mon volet. Quatre jours à peine. Ce souvenir si proche et pourtant d'un autre monde me serre la gorge. Mes mains deviendront lisses, comme des mains d'écrivain, de chanoine ou de paralytique. Mon alliance brille à l'annulaire gauche. Signe de mon mariage avec Estelle. Signe de quoi ! Je ne parviens pas à l'enlever. Mes os déformés par les rhumatismes gardent incrusté ce témoin d'une union sans amour. Je voudrais que tu sois là, Estelle. Je te parlerais. Moi qui n'ai jamais su parler à personne, sinon quand la passion me faisait autre. Voire, n'était-ce pas alors un soliloque encore plus frénétique ? Je ne parlais qu'aux choses, aux arbres, à la mer, du temps de l'Ile du Diable. Je parlais tout seul. Tu t'en plaignais. Parfois. Tu aurais été si heureuse si j'avais daigné t'adresser quelques mots parmi tous ceux que je me disais. Ce soir je voudrais te parler, Estelle. Je suis réduit à rien. Je suis un orphelin sans l'uniforme aux boutons dorés. Une sensation de définitif m'écrase. Tout est joué. Ici est la dernière halte. Les ponts sont coupés vers le retour. Je suis pauvre, infiniment. Je sens à mes oreilles le battement noir de mon sang. Il marche par la tristesse acquise. Je ne lui vois aucune raison de continuer.

Je pense à ma maison. Elle est là-bas, loin, déjà froide. La lune dessine de grandes ombres sur la pelouse blanche, la grange brille de givre, la chevêche qui venait s'y percher se plaint seule dans la nuit. Dans ma chambre des rais de lumière tombent des petits cœurs pointus taillés dans les volets. Ils tournent lentement sur le parquet ciré. Seul veille le crucifix à la tête de mon lit. J'aurais dû l'apporter. Mais si on le décroche, il restera une croix sombre sur le papier déteint. Qu'il garde ma maison plutôt que moi.

Une à une les abeilles passent dans l'allée. Elles ouvrent leur porte et la referment sans bruit. C'est l'heure. Il faut se coucher. Je n'ai plus mes occupations du soir, j'en suis tout chose. Ni sortir ma tasse pour le petit déjeuner, ni vérifier mon portail, ni régler mon thermomètre mini-maxi. Seuls restent mes râteliers, mes pastilles, ma lampe de poche. C'est si peu que je tourne en rond longtemps avant d'ouvrir mon lit. Je m'allonge sur le dos, je ramène les couvertures, il fait chaud. Je regarde une fente au plafond. On dirait ma ligne de vie, longue, tourmentée parfois, puis un long parcours d'indifférence. Elle s'arrête net au fil de la lampe. Mort subite ? Le Ciel le veuille ! J'éteins.

Le 28 janvier

J'ai mal dormi. J'ai fait tous les cauchemars de l'asthmatique. Quand le clairon a sonné, j'ai cru que c'était l'attaque. Je suis resté un bon moment perdu. J'ai poussé mes volets. Il faisait encore nuit.

Je suis déjà prêt. Les ouvrières passent dans l'allée. Je descends aussi. Tout le monde est déjà en place. Comment, madame Nitro est là ! C'était moins grave qu'on ne craignait. Ou alors, dans le droit fil du poinceau-pompettisme, elle s'est levée de sa civière et a marché. Quel courage ! Bravo. J'ai envie d'aller la féliciter. Pas le temps. Appel. Petit appel sans cérémonial, nullement festif. La fête est pour le soir, le matin il ne faut pas empiéter sur le temps de travail. J'aurais pourtant aimé un hymne à pleine voix. J'en parlerai à Bernard. On apprend une nouvelle grave. Non seulement les trois de la corvée de merde ne sont pas rentrés, mais les six partis à leur rescousse n'ont pas donné de nouvelles. Ça sent mauvais. On passe à la salle à manger. Je salue ces dames. Elles ne me rendent pas mon salut. Je suis créancier de trois saluts. Elles se plaignent de la chicorée. Rassemblement. Départ aux ateliers. Je reste seul dans le hall avec les plantes vertes. L'ascenseur – je n'ai toujours pas le courage de prendre l'escalier. Cyclamen. Ma chaise cannée.

A onze heures, le factotum m'apporte un carton à chapeaux. Il y en a une bonne vingtaine. J'ai le droit de choisir. Je me décide pour une tiare pontificale Renaissance mâtinée de polytechnicien avec un petit rappel Napoléon Ier. Je la trouve très seyante. Et commode. Pour le « petit chapeau haut », « petit chapeau bas », on l'empoigne par une corne. Je reçois aussi les trois morceaux d'affiches municipales, pécule de l'Éticien. Je dis que c'est un peu maigre. Pour en avoir plus, il faut passer la visite médicale. Mais pour aujourd'hui, il fallait s'inscrire hier.

Midi. Déjeuner. Je salue ces dames. Elles ne me rendent pas mon salut. Je suis créancier de six saluts. J'en suis fier. Je n'aime pas les dettes, c'est déshonorant. Miracle, aucune rixe n'éclate à propos du fromage. Les quatre parts de gruyère sont sensiblement égales, j'ai la plus petite, mais ça ne se voit presque pas. Ce calme ne me dit rien de bon. Au feu ! Au feu ! Que se passe-t-il ? Ça grésille derrière mon dos. Des gerbes d'étincelles fusent jusqu'au plafond. On soude à l'arc? Non. C'est madame Coburne qui a ses décharges. Son appareil acoustique qu'elle porte dans ses branches de lunettes s'est encore court-circuité et lui fait des électrochocs. Ses yeux se cognent. C'est épouvantable. On lui arrache ses lunettes. Elle n'y voit plus, n'entend plus, mais au moins sa tête n'est plus sur la chaise électrique. Allons, allons, les abeilles, rassemblement! Ne regardez pas madame Coburne comme ça! Allons, allons, plus vite, plus vite!

Voilà. Je suis à nouveau seul dans le hall avec les plantes vertes. L'ascenseur. Cyclamen. Ma chaise cannée.

A seize heures trente le factotum enfonce ma porte. Il souffle comme Pépé Ramirez en 27 dans Paris-Strasbourg, en pleine Champagne pouilleuse, quand il commençait à avoir des crampes. Il m'apporte mon fauteuil Voltaire, mon cœur bondit, ma couette bleu horizon, ma pince à pantalon, mon vase de Gallé, mes larmes de Papageno bien emballées et un petit verre. Il faut que je lui donne la pièce, je n'ai pas d'argent de poche. Je lui demande de me faire crédit. J'ai horreur de ça, lui aussi. Il sort en bougonnant et en s'épongeant le front. Pauvre homme! Quel chargement, d'autant qu'Angélique a joint mon rond de serviette – j'avais oublié, elle y a pensé! – un cornet de crottes en chocolat et un petit mot. Ils me disent au revoir. Ils repartent en vitesse, Bernard a un gala dans le Nord. Que je ne fasse pas d'imprudence. Ils m'embrassent. Merveilleuse Angélique. Mon oubliette s'est remplie d'allégresse. Ma couette bleu horizon fait bien sur ce lit montagneux, elle est gonflée à accoucher de quintuplés. Et mon fauteuil Voltaire, quelle belle pièce! J'en ris tout seul. Ce bois joli, ôgué, ôgué, poli, ce fond bombé, ni trop dur ni trop mou, à point, ce dossier dont le galbe défie les lois de l'ébénisterie, ôgué, ôgué! Vraiment Estelle a eu raison de ne pas lésiner quand on l'a acheté. Je m'en souviens comme si c'était hier. On l'avait vu dans la vitrine du brocanteur à Saint-Procope-d'Oust-Youg, en face de l'église, entre le charcutier qui faisait du si bon boudin le lundi – sauf le lundi de Pâques et celui de Pentecôte, il était en congé, il y a longtemps qu'il est mort – et le marchand de parapluies qui fabriquait toutes les ombrelles d'Estelle, ces belles ombrelles rondes comme de jeunes amanites dans les tons clairs. Il a eu une triste fin, ce malheureux. Un soir d'ouragan le vent s'est engouffré dans son parapluie qui ne s'est pas retourné, car il les faisait solides. Il n'a pas lâché le manche, il est tombé dans le canal. On l'a retrouvé le lendemain matin en train de se faire écluser, le parapluie grand ouvert. Estelle a eu le coup de foudre pour ce fauteuil. On est entrés, on a demandé à s'y asseoir, on s'est enquis du prix, on a fait la grimace, le brocanteur ne pourrait-il pas rabattre un petit quelque chose? Non! Vraiment! Voleur! On est partis, Estelle dans le fauteuil, moi poussant, car il avait des roulettes en bon état. Quel bonheur! Où vais-je le mettre? Là, devant la fenêtre. Je pourrai voir le paysage. Justement on n'y voit rien. Il fait tout noir. Il pleut, l'eau ruisselle sur les vitres. Il souffle un vent à décorner les bœufs. Ça va faire du verglas. Mon Dieu, mes neveux qui roulent vers le pôle par ce temps de chien! Allons, n'y pensons pas. Je ne vais pas faire attendre ce fauteuil. Je m'y enfonce, j'y cale mon dos délicieusement. Volupté. Une crotte en chocolat? Oui. Une autre? Pour le fauteuil. Encore une? Pour Voltaire. Je somnole doucement, je somdouce nollement, je sondouce mollement, je sodome...

Je rêve. Eh ! Je rêve de Voltaire. C'est pas souvent. Il a une tête de fauteuil. Il tape de son pied à roulette. Il est tendu de velours cramoisi et de fureur pâle. Son bras d'acajou fait des gestes d'accusateur public. C'est à moi qu'il en a. Pourquoi ? Il me dit des sottises.

– Voltaire, grand Voltaire, que vous prend-il ? Pourquoi me terrasser ? Ne vous ai-je point offert une crotte ? Pourquoi vous acharner sur un pauvre couvain ?

– Une larve, Alcindor, une larve, voilà ce que le tyran a fait de toi. Pleutre. La dignité humaine, où la mets-tu ? Piètre mou ! Ah ! Ah !

Il ricane comme Voltaire, c'est bien lui.

– Je t'avais toujours pris pour une forte tête, Alcindor, et tu vas souffrir d'y poser une tiare pontificale Renaissance mâtinée de polytechnicien avec un petit rappel Napoléon Ier. En ridiculisant ta tête, tu ridiculises la tête de tout le genre humain. Transfuge ! Et voici que tu te laisses damer le pion par trois péronnelles qui t'empêchent de mettre ton verre là où est ton droit imprescriptible et qui te laissent le bout innommable ! Alcindor, n'as-tu plus de couilles au cul ?

Hélas.

– Mais il te reste un peu de biceps, sapristi, tu peux leur péter la gueule à ces trois-là et mettre ton rond dans leur assiette.

Il en perd l'accoudoir.

– Parfaitement, c'est un scandale !

Qui est celui qui a dit ça et qui sort de derrière le fauteuil ? Oh ça ! mon Capitaine ! Enfin lui ! Il frémit de rage. Il agite son grand drapeau.

– Deuxième classe Lamiral, je vous dégrade.

– Oh ! non, non, pas ça, mon Capitaine, pas ça !

– Comment ! Vous qui vouliez mourir avec moi

dans les topinambours, vous suivez l'adjudant Poinceau-Pompette dans les salsifis ! Quelle honte ! Rentrez sous mer, Lamiral ! Vous souillez notre drapeau, soldat !

Et ce disant, il le brandit comme en 14, la dernière fois. Je suis perplexe. C'est Voltaire qui revient :

– Il a raison celui-là. Je ne connais pas son drapeau, mais il a raison. Tu t'es enfui de chez toi devant les superstitions, les fantômes qui galopent dans ton grenier, les fumées qui te viennent quand tu louches...

– Non, pas quand je louche, quand je mets mes yeux en oblique, comme ça. Tenez, je vois l'asthmatique.

– Foutaises. Tu as déguerpi comme Rousseau devant la Dame blanche du Lac des cygnes. Poltron, couard, pusillanime, renégat, trouillard, n'as-tu pas lu *Zadig ?*

– Si, mais il y a longtemps.

– Relis-le. Un obscurantiste illuminé veut te donner un métier pour la vie éternelle. Escroquerie ! Dans la vie éternelle il n'y a rien à faire, pauvre benêt, sinon dépaver l'enfer de ses bonnes intentions. Je t'apprendrai le métier de dépaveur, depuis le temps que je dépave et que l'on repave derrière moi. Et je te dirai aussi deux mots de l'Être suprême. Un satrape, Alcindor, un Sybarite, tu m'entends ! Il dort. Quand il ronfle, il tonne. Quand il pisse au lit, il pleut.

Mon Capitaine bondit.

– Ah ! Permettez, fauteuil. Vous blasphémez. Tudieu ! Je ne suis pas de votre religion. Mon Dieu à moi est le Dieu des armées. C'est un militaire. Pas un tire-au-cul. Il paie de ses trois personnes. Il pisse en vitesse pour rejoindre la colonne. Vivedieu ! N'empêche que, quand je vois Lamiral, mon second, mon frère d'armes, se laisser mener comme un bleu, je prends l'envie de renvoyer mon livret militaire ou de le faire fusiller, quitte à me faire sauter la cervelle après, de chagrin. Lamiral, vous nous tirez dans le dos. Vous nous tuez une seconde fois. Haut les cœurs !

Il s'écroule. Je suis de plus en plus perplexe.

– Alcindor, tu n'es qu'une carpette.

Estelle ! Il ne manquait plus qu'elle.

– Comment ! Tu te laisses faire par trois féministes qui t'empêchent de mettre les coudes sur la table, toi qui m'as fait tant souffrir en y mettant les pieds !

C'est vrai, pauvre Estelle.

– Et ta lunette ! Tu m'as tarabustée toute ma vie avec tes affaires de lunette, toi, chieur de large, et maintenant tu chies d'étroit et tu dis merci à ce paltoquet ! Alcindor, je te répudie.

Oh ! Ils s'agitent tous ensemble maintenant. Voltaire fait feu des quatre pieds, il brandit sa canne d'une main et de l'autre le siècle de Louis XIV, Estelle en furie l'époussette de son plumeau, et par-dessus tout ça, le drapeau éployé de mon Capitaine en sang. On dirait un mystère sur le parvis du Grand Guignol ! Ils hurlent si fort que je n'y comprends rien, sinon quelques horreurs qui me nouent les entrailles, merdique, chiffe, *has been* – c'est Voltaire qui l'a dit – fuyard – ça c'est mon Capitaine – paillasson – c'est Estelle. Et soudain, tous en chœur :

– Tyrans, descendez au tombeau ! A mort Poinceau-Pompette ! Réveille-toi, Alcindor, il est temps.

Je me réveille, en sursaut. Ils sont tous partis. Quelle dégelée ! Je me lève d'un bond. Sacrés mille milliards, ils ont raison tous ces gens. Comment en suis-je arrivé là, quel somnifère a-t-on mis dans ma soupe ? On va voir ce qu'on va voir. Je me rue sur ma couette bleu horizon, elle s'affole, je lui fais son affaire, crochet du gauche, crochet du droit, direct dans les quintuplés, pan, uppercut imparable, knock-down, KO ! Son manager jette l'éponge. Elle accouche. Ah ! Ah ! Je remonte dans mon estime. Ça n'était qu'une défaillance. Le plus grand cycliste peut avoir un coup de pompe. Maintenant, fini, je cherche l'accrochage. J'accroche ma pince à pantalon à la suspension. Et d'une. Ma tiare pontificale Renaissance mâtinée de polytechnicien avec petit rappel Napoléon Ier, hop, sur l'armoire. Et de deux. A la troisième. Que faire en trois ? Casser la glace ? Je ne me vois plus. Casser la lampe ? Non plus. Casser tout ? Oh ! C'est trop ! Suffit. Ça va pour l'instant. Mais ça me démange. Quelle heure ? dix-huit heures trente-deux. Bigre. Les abeilles vont remonter. Je n'ai que le temps de me faire beau pour l'appel. Là, ça va barder. Les voici qui bourdonnent. Elles sont fatiguées. Elles ont le vol plat. Elles passent comme des papillons à mites. Je me verse une bonne rasade de larmes de Papageno pour être en forme. Les portes s'ouvrent. C'est l'heure. Je prends mon rond de serviette. Je sors. Vroum. Je double. Le hall est déjà tout hérissé de petits chapeaux. Il en monte un brouhaha discret, comme au concert, pendant les entractes.

Bokanowski. Silence. L'alignement. Je reste en arrière, aligné de travers. Garde-à-vous. Je garde à rien. Voici Poinceau-Pompette suivi de la sous-directrice. Il est allé chez le coiffeur. Il ne l'a pas raté, il lui a fait le tour des oreilles au lance-flammes. Il passe. J'ai vu qu'il avait vu que je n'avais pas mon petit chapeau. Son œil a cillé, sa barbe a rétréci. Il ne dit rien. C'est pour plus tard.

– Regard clair, clair.

Je regarde ostensiblement vaguement dans le vague. Il ne dit toujours rien. Il évite le contact. Il paraît pressé. Il saute les saluts.

– Au rapport, madame la sous-directrice.

« Monsieur le Directeur, avec notre respect
168 abeilles présentes
1 larve
15 grabataires dans leurs alvéoles
3 en corvée de merde,
considérés comme perdus
6 partis en renfort, sans nouvelles
12 partis à la recherche
des précédents.

Actif 205
Passif 205
Différence 0. »

Le zéro de madame la sous-directrice s'est perdu dans les lointains du hall. Pendant quelques instants toute vie s'est arrêtée, c'est la torpeur qui suit les grands cataclysmes. Puis peu à peu sourd la colère avec le sang qui repart. Pourquoi ne pas faire venir immédiatement les drague-merde de Paris ? Poinceau-Pompette est fou. Démission ! Démission ! Chacun a un frère, un fiancé, une sœur, un père, quelqu'un dans la merde. Que sont les sables mouvants à côté des merdes mouvantes ? Mieux vaut y piquer la tête la première. Poinceau-Pompette est grave, tendu, très pâle. Il pense à sa courbe de mortalité. Il recule dans les plantes vertes. Il glapit plus qu'il ne hurle :
– Pour notre ruche, hip, hip, hip.
– Mon cul.
– Hip, hip, hip.
– Mon cul.
– Hip, hip, hip.
– Mon cul.

Personne n'a dit « mon cul », bien sûr. C'est moi.

Poinceau-Pompette n'a pas entendu. Je ne peux pas couvrir cent soixante-huit voix, même étranglées par l'émotion.

— A la soupe, soupe.

Rimski-Korsakov s'envole lourdement, il va buter contre les vitres. Moi seul parais assez serein. Je virevolte parmi les groupes. J'aime les temps d'exception, les jours de déclaration de guerre, l'arrivée de la peste noire, la visite de Gengis Khan. Je sens l'Histoire se hisser à mon niveau. Et puis je m'en fous. Je suis en quarantaine, j'ai pas droit à la corvée de merde. S'il n'en reste qu'un, je serai celui-là. Les estomacs ne sont pas dans les talons, ce soir, les pieds traînent. Je laisse passer tout le monde, j'entre le dernier à la salle à manger. Je salue courtoisement ces dames. Elles ne me rendent pas mon salut. Je suis créancier de neuf saluts. Je vais envoyer l'huissier. Bien entendu mon assiette est circonvenue. Mon verre est à l'envers, sur le goulot de ma topette. Le bocal de cornichons de madame A, le moulin à poivre de madame B, le pot de moutarde de madame C ont encore accentué leur pression. Même les pilules anticonceptionnelles de madame A et l'ampoule pour les tics de madame B débordent mes ailes. Allez, Voltaire! en avant! Du nord au midi la trompette guerrière a sonné l'heure des combats. Avec un sourire délicieux, avec des gestes délicats mais précis, je repousse le bocal de cornichons de madame A pour y mettre mon verre, je bouscule le moulin à poivre de madame B pour y mettre mon rond, je laisse le pot de moutarde de madame C, je n'ai rien à y mettre. Diviser pour régner. Je pose mes coudes sur la table — tu vois, Estelle — et je sifflote. C'est très mal élevé. Mon père me disait qu'on ne sifflote pas à table et me donnait sur les doigts avec le manche de son couteau. Ces dames sont dans tous leurs états. Potage Austerlitz, lever de soleil. J'exige une troisième louche. La servante bredouille que le règlement, c'est deux. Je sors ma carte du Parti. Je n'ai pas dit lequel, c'est une affaire qui ne regarde que moi. Elle s'exécute immédiatement. Madame B va-t-elle se poivrer ? Elle hésite à déplacer sa tour. Si j'allais en profiter pour mettre à la place quelque chose, n'importe quoi, mon fou par exemple, pour lui faire échec et mat et aller à dame, pourquoi pas, par les temps qui courent. Elle se décide. Suspense. Je n'y mets rien. Quel climat ! J'adore. Je dispose les verres de mesdames A et B comme des poteaux de but. Je fais une petite boulette avec du pain. Penalty ! Je shoote. Je marque. Le ballon frôle l'oreille de madame B. Elle a senti le vent du boulet. Elle va, je crois, tomber d'un arrêt du cœur. Et voici le fromage. Comme hier soir, un yaourt, un petit-suisse, un petit bleu du pays, un bout innommable. Je prends le yaourt, mais sans sucre. Ces dames se partagent le reste selon leur bon plaisir. C'est le moment. Je vais déclencher mon offensive générale. D'un air suave, regardant bien ces dames l'une après l'autre, pianotant doucement sur la nappe une mélodie fanée :

– Chères Mesdames, dis-je, ne vous semble-t-il pas qu'il y a bien peu d'échanges à notre table ? Voulez-vous me permettre de briser la glace et de vous raconter une histoire ? (Affolement. Quelle glace va-t-il briser ? Madame A remonte sa modestie, madame B tire sur sa jupe, madame C se ferme comme une huître et protège ses lunettes. Je m'éclaircis la voix, comme pour chanter une bergerette.) En ce temps-là, au temps des années folles, nos belles années, mesdames, j'aimais à pratiquer un sport très dangereux. Dans ma torpédo Bugatti jaune à grandes roues noires, j'invitais une dame très belle – ç'aurait pu être l'une de vous, mesdames – à monter sur mes genoux. Une dame vraiment très belle, je n'en supportais pas d'autre. Elle retroussait sa jupe de mousseline, glissait sa caleçonne à frou-frou et laissait s'enfoncer au plus profond d'elle-même, comme le moyeu vivant du monde, mon *nihil obstat* sans réplique. Elle serait maîtresse du volant, moi des pédales, du changement de vitesse et du frein à main, qui était à droite, à l'extérieur, il vous souvient, mesdames, de ce modèle. Je démarrais à fond de train. Elle avait intérêt à bien conduire, les routes n'étaient pas larges en ce temps et bordées de pommiers robustes. Et j'y voyais peu, aveuglé par son grand chapeau que je tenais des deux mains afin qu'il ne s'envolât point, et par son châle si bleu, si bleu que parfois je souhaitai l'accident pour qu'il m'y fît mourir. Les secousses de la route – il n'y avait point encore de bitume – avaient tôt fait de nous enflammer. Inutile d'y mettre du sien. Un statisme dynamique, le va-et-vient dans l'immobile, la conciliation des contraires. On était comme qui dirait rivés à la vie, à la mort. Un tandem. *Quousque tandem ?* Là était la question. Jusqu'à quel pommier, quel mur de grange, quelle fontaine publique, quel canal, quel crucifix de carrefour ? Exaltation. Devant le monstre à deux têtes le bétail affolé courait vers ses corrals, le rustre se signait, la volaille passait à travers le ventilateur, nous filions dans un délire de plumes et de duvets, les pommiers ne faisaient plus qu'un seul long pommier, les poteaux du télégraphe qu'un seul long télégramme, les villages qu'une seule longue maison avec une longue, longue fenêtre. Et quand, le pied au plancher, sonnant de la trompe à tout berzingue, le moteur hurlant à la mort, je sentais venir la résolution de l'accord, quand la haute tension de mon pylône lâchait 500 000 volts dans sa colonne vertébrale, quand de ses cheveux fusaient des étincelles, quand arc-boutée sur le volant elle tâchait d'éviter le pire, il fallait voir la dernière embardée orgastique, la roue de secours s'enfuyait à travers champs, le klaxon s'étranglait, alors je levais le pied, elle se détendait, on laissait filer encore un peu, si doux, si doux et tendrement elle se rangeait à l'ombre des grands arbres. Nous desserrions notre étreinte et, les yeux dans les yeux, apaisés, lentement nous sirotions un verre de kummel. Eh bien, mesdames, il y a un bon Dieu pour les amoureux ! Il ne nous arriva jamais rien, même pas deux fous en sens inverse qui auraient eu la même fantaisie. (Silence). Vous ne me ferez pas croire que vous n'avez jamais joué à ça. C'est un archétype qui sommeille au fond de tout automobiliste. Non ? Ça n'éveille rien dans vos yeux d'insectes moribonds ? Allez, allez, en vieillissant le diable se fait termite. Prenez donc une pomme cuite.

Dans leur terreur, elles ne les avaient pas vues venir. Elles n'en veulent pas. Elles ressemblent à la femme de Loth. Je déguste la mienne. « Bonsoir, mesdames. Bonne nuit. » Je remonte à Cyclamen. Je suis en forme. Je sens que je vais bien dormir. Pas besoin d'acte de contrition. D'ailleurs je ne regrette rien.

Le 29 janvier

En effet, j'ai bien dormi. J'ai rêvé de Bugatti. Je ne saurai jamais quelle cavalière j'avais sur les genoux. Je l'avais prise en route de dos et je me suis réveillé tout ému avant qu'elle ne se soit retournée. Je me prépare sans hâte. J'arrive en retard à l'appel. Poinceau-Pompette m'attend. Je lui fais un petit signe de bienvenue. Les abeilles se retournent. Consternées ? Indignées ? Comment savoir avec ces arthropodes ? C'est inexpressif, ça porte son squelette à l'extérieur. On apprend l'inévitable. Personne n'est revenu de nos soldats perdus. Ça fait vingt et un. Où Poinceau-Pompette s'arrêtera-t-il ? C'est Stalingrad. Il ne me dit toujours rien. Il décroche. Je sens que je serai bientôt à Berlin.

Le petit déjeuner. Je salue ces dames gracieusement, je n'attends pas de réponse, je leur remets leur dette. Elles ont maigri depuis hier, je ne les aurais pas reconnues. Elles n'ont pas mis de printemps à leurs pommettes, elles ont des masques de mi-carême restés longtemps à la pluie, madame B n'a pas fait ses bigoudis, elle a une tête de loup et de toiles d'araignée. Elles s'en vont déjà. Tu vois, Estelle, le féminisme tombe en couilles.

Je ne remonte pas. J'ai beaucoup à faire aujourd'hui. Tout est calme. C'est le moment. Il me faut dénicher le magasin aux accessoires. Ça doit se trouver dans la cour, derrière, du côté des dépendances. Je prends mon pas de mystère. J'y vais. Que de portes dans ces communs ! Laquelle est la bonne ? J'essaie la première. Fermée. Diable, devrai-je faire effraction ? La seconde. Ouverte. Parbleu, c'est vide. J'en saute trois. J'essaie la sixième. Ventregoi, c'est ici ! Grappes de balais, pelles à cheni, piles de pattemouilles, malles de petits chapeaux, caisses de confetti, ours en peluche, poupées, petits seaux à faire pâtés, becs-de-cane, becs-de-lièvre, hurloirs pour madame A, bazookas, sacs de nœuds, paillassons, couteaux, ciseaux, rasoirs, brosses à reluire, cire d'abeille, assortiment de cercueils, béquilles, livres d'images, kilomètres de PQ tout blanc tout neuf, pour

Poinceau-Pompette, l'affameur, et ses visites, voilà pourquoi la France ne sait pas que l'Éticien n'a que des affiches municipales, j'en prends six hectomètres, quelle aubaine, ah ! enfin ! des pots de peinture, j'en veux de la rouge, un pinceau, des punaises. Voilà. Encore un regard à ces trésors. Je referme et je rentre chez moi.

Qui sont ces deux-là au pied de l'ascenseur ? Me faire prendre à l'arrivée, quel guignon ! Le moins vieux s'avance vers moi. Il n'a pas la tête à s'intéresser à la peinture.

– Je vous fais mille excuses, monsieur. Ne seriez-vous point monsieur Lamiral ?

Je suis démasqué.

– Certes, monsieur.

– Mais alors, vous avez connu mon père ! (Il désigne son acolyte.) Stan Lajaunie. Vous étiez à l'école ensemble.

Lajaunie, Lajaunie, ça me dit quelque chose.

– Cachou ?

– C'est ça. On nous appelle tous Cachou dans la famille.

Ah ! ça. Stan Lajaunie. Un phénomène en calcul mental, ce qu'il est devenu ! Je le salue. Il ne semble pas me remettre. Son fils me fait signe qu'il n'a plus sa tête.

– Papa, dis bonjour à monsieur Lamiral.

Puis se tournant vers moi :

– Il n'est plus bon à grand-chose. On l'a nommé chasse-mouches. Regardez. Il est tout piqué. Il confond les mouches et les abeilles, il ne voit pas le danger.

Stan tout à coup s'énerve, prend son élan, se rue vers le mur et du plat de la main écrase à la volée une tache imaginaire. Aïe ! Il sautille sur un pied, il s'est fait mal.

– Papa, tu vois rouge !

Je cache ma peinture.

– Vous prenez l'ascenseur, monsieur Lamiral ? Je vous le confie. Il habite au premier.

Nous montons tous les deux. Il se précipite à mon oreille.

– Vous savez, Poinceau-Pompette...

– Eh bien ?

– Il organise des partouzes dans la chapelle.

– Voyons, Stan !

– Si, si, je vous mènerai. C'est tous les samedis soir.

Il n'a pas le temps d'en dire plus, on est au premier. Je lui rappelle qu'il doit descendre.

– Oh ! merci, monsieur ! j'avais oublié que j'habitais au second.

Et, accroché des deux mains à la grille :

– Je ne veux voir que le docteur Goebbels. Il n'y a que lui pour me remonter le moral.

L'ascenseur est déjà reparti.

Que d'imprévus ! C'est assez pour ce matin. Je continuerai tantôt. Je m'affale dans mon fauteuil Voltaire.

J'ai dû faire un somme. C'est l'heure du déjeuner. Je descends. Ces dames sont là. Je les salue à la cantonade. J'ai beaucoup de place pour moi tout seul. Elles se sont retirées sur leur ligne Maginot. On sait ce que ça vaut. Je pourrais les prendre par-derrière. Quelle horreur ! Vais-je mettre mes pieds sur la table ? Tu vois, Estelle, la victoire nous ouvre la barrière. Silence total. Seul le cliquetis des râteliers met sa note métallique dans le chant funèbre du mâchis.

Après le fromage de gruyère, j'annonce que je vais raconter une histoire. Une courte. Les longues sont pour le soir. Je sens l'effroi gagner leurs moelles.

Vont-elles se lever avant le dessert ? Ce n'est pas permis. Je les tiens. Je commence.

– En ce temps-là, au temps des années folles, nos belles années, mesdames, je me promenais au bois de Boulogne quand je vis une dame jeune, longue, svelte, blonde, évaporée s'abandonner au plaisir charnel avec un monsieur rond, chauve et sans chapeau. A même le sol. Dans une position très correcte d'ailleurs, elle dessous, lui dessus, elle vers lui tournée, la position catholique traditionnelle, point acrobatique ni sophistiquée. A peine étaient-ils dissimulés sous un buisson sans feuilles, ou avec des feuilles très petites encore, on devait être fin mars, oui, c'est ça, fin mars, Pâques était en avance cette année-là, enfin on voyait au travers sans faire exprès. Quand elle m'aperçut, elle parut atterrée, je crus qu'elle allait détaler. Lui ne vit rien, il était tout à sa besogne. Je soulevai mon canotier précoce et dis très discrètement : « Restez couverte, madame, je vous en prie. » Je lus dans ses yeux une reconnaissance infinie, elle jouit dans les dix secondes au milieu d'un vacarme épouvantable. Quand elle eut fini, je n'étais pas loin – en dix secondes on ne fait pas beaucoup de chemin, surtout quand on n'est pas pressé – elle cueillit une violette, la porta à ses lèvres et la jeta vers moi. Ô délices ! Son corps était à lui, mais son cœur était à moi. L'autre ne bougeait plus. Pour qu'ils aient le temps de se refaire, j'échangeai même quelques propos avec deux agents de police qui faisaient une ronde, moi qui n'adresse jamais la parole à ces gens-là. Après ça personne dira-t-il que je ne suis pas une petite pommade sur le prurit du monde ?

Les quatre crèmes au caramel sont pour moi. Je fais à mes auditrices une révérence profonde. Je leur souhaite une merveilleuse après-midi.

La mienne sera chargée.

Je me mets au travail. Je démonte la porte du placard à lunette et la mets dans le couloir. J'aurais pu tout aussi bien la foutre par la fenêtre, mais j'ai du respect pour les choses. Ma lunette est libérée, elle danse d'allégresse. Elle ne sait pas encore la surprise qui l'attend. J'ouvre le pot de peinture. Quel rouge ! Un frisson me court l'échine. Un rouge de prise de la Bastille, de sang sur le pavé. Je m'insurge. Je proclame l'état de siège. Je badigeonne à grands coups tout le placard, quel gâchis, le fond, le plafond, les côtés. Je chante le *Ça ira.* Quelle ivresse ! Je déploie un hectomètre de PQ blanc. J'en fais un baldaquin. Je fixe avec des punaises.

Ce ne sont que festons, ce ne sont qu'astragales.

Je prends du recul et je contemple. A quoi ça ressemble ? Au dais d'un cardinal ? Au fauteuil du préfet à la distribution des prix ? C'est grandiose. Je vais m'y asseoir. Jamais de ma vie je n'ai eu lunette si triomphale. Un moment je pense à percer mon fauteuil Voltaire et à l'y installer. Ce serait royal. Je renonce. Ça nous ramènerait à l'Ancien Régime. J'exulte. Je ne puis plus tenir en place. J'ouvre toute grande la fenêtre. Je descends dans le hall faire les cent pas. Je n'ai pas vu le temps passer.

L'appel. Je ne suis pas en retard puisque j'étais déjà là. Je suis même au premier rang. Je fayotte. Poinceau-Pompette ne se ressemble plus. Il a mis une cravate noire. Sa longue capote verte est boutonnée de travers. Ça lui fait une épaule plus haute que l'autre. Pas de préambule. On en vient tout de suite au rapport de madame la sous-directrice.

« Monsieur le Directeur, avec notre respect,
144 abeilles présentes
1 larve
15 grabataires dans leurs alvéoles

3 en corvée de merde
définitivement perdus
6 partis en renfort,
considérés comme perdus
12 partis à leur recherche,
sans nouvelles
24 partis à la recherche
des précédents.

Actif 205
Passif 205
Différence 0. »

La foudre au Capitolin tombe. 3, 6, 12, 24. Progression géométrique de raison 2, déraisonnable, implacable, fatale. Un murmure monte des faubourgs. Les abeilles en furie vont-elles piquer à mort Poinceau-Pompette pantelant dans les plantes vertes ? Il sent le danger. Il rassemble ses dernières forces.

– Pour notre ruche, hip, hip, hip.
– Mon cul.
– Hip, hip, hip.
– Mon cul.
– Hip, hip, hip.
– Mon cul.

Cette fois, il a entendu. Va-t-il faire un exemple et sortir son pistolet ? Non. Il recule. Il sonne la retraite. Mes chars galopent à travers la Poméranie. Le vol du bourdon part en seize tours, c'est une marche funèbre. On chuchote que si les vingt-quatre derniers ne reviennent pas, Poinceau-Pompette en enverra encore quarante-huit et en cas d'échec, demandera l'armistice. Les drague-merde de Paris n'arrivent pas, les démerdards se sont mutinés. On a demandé de l'aide au Liechtenstein, mais les cols sont bloqués. C'est la débâcle. C'est exaltant. Ces dames sont à table. Sapristi, qu'a donc madame B ? Elle a rapetissé d'un bon pied. A peine sa tête dépasse-t-elle la table. Veut-elle un bottin pour mettre sous ses fesses ? Son tic est devenu prodigieux. J'avais déjà du mal à la regarder, je ne puis plus. Je sens que je vais faire la même chose. Le coin de la bouche me démange et mon œil me gratte. C'est impressionnant de voir une tête faire pareilles grimaces au ras de la nappe. On dirait le dernier clignotis d'un cargo qui sombre. J'apprends qu'elle est sur la liste du prochain départ. C'est affreux. Elle refuse toute nourriture. Pourtant c'est meilleur que d'ordinaire. Poinceau-Pompette a fait forcer les fourneaux. Arrive le fromage. Magnanime, j'offre le yaourt à madame B. Elle n'en veut pas, elle fait une grimace encore plus démentique. Il reste un espoir, qui sait, peut-être une grimace aussi vilaine mettra-t-elle la merde en fuite ? Vraiment ne veut-elle pas que je lui fasse manger son yaourt à la petite cuiller ? Non. Alors je vais raconter mon histoire. Pour faire diversion. Réaction nulle, encéphalogramme plat. Pour donner plus de solennité, je me lève comme un baryton martin qui va entonner *les Blés d'or* ou *Minuit chrétien* à la fin d'un banquet. Je salue à cul ouvert. Je demande la permission de me rasseoir. Je commence.

– En ce temps-là, au temps des années folles, nos belles années, mesdames, j'avais une petite amie qui s'appelait Artémise. Une biche perverse, comme si elle eût été dépravée par un vieux cerf du XVIIIe. J'étais comme un ours à musique dans ses mains de petite fille. Me pressait-elle sur le ventre, je chantais. Il y a comme ça des gens qui transcendent notre humanité, des mutants de l'amour, des sortes d'Einstein de la volupté. Elle m'avait mis en équation. Une après-midi de mai, elle imagina de téléphoner à Donald, son mari, alors que je serais appliqué à la baiser. En ces temps l'appareil téléphonique était une boîte accrochée au mur, avec un cornet pour y parler. Système Bailleux. On l'appelait un bigorneau. Impossible de ramper sur le tapis comme des anguilles enlacées tant que le téléphone donne du fil. La seule position était la position debout, moi derrière elle, une formidable position d'ailleurs, le tendon d'Achille bandé donne à l'orgasme plus d'attaque et de fureur. C'est comme la chanterelle d'un stradivarius agacée dans ses notes les plus hautes. On est au bord de la rupture. Elle se mit donc en train. Je voyais, tout ensemble devant moi et de profil, dans la glace oblongue de la psyché, ce corps d'ondine mince et gracile, les cheveux coupés court comme ceux d'une écolière s'arrêtant net en pointe sur la nuque que, tigre, je mordais, ces hautes fesses d'opale où frissonnait le désir. Il avait été dit qu'on ne démarrerait qu'après que Donald aurait décroché, de peur d'excès de vitesse. L'atmosphère était de pur diamant, on avait congédié la domestique – souvent elle était la bienvenue et nous la gardions avec nous – les rideaux tirés laissaient filtrer une lumière irréelle, un lourd bouquet de roses embaumait au vase rococo, la tourterelle dans sa cage s'était tue. Artémise tourna la manivelle, elle demanda Donald, il fut là tout de suite et, sitôt sa réponse, elle imprima à ses fesses un mouvement de rotation lent et inexorable, m'aspirant en son ventre autoritaire et préhensile, moi entonnant mon hymne martial. A cette allure il fallait faire vite, la volupté courait la poste, elle était au bas de la côte. « Allô chéri. Je ne te dérange pas? Je t'appelle comme ça, pour rien, j'avais envie de te dire bonjour. » L'autre, éberlué d'être traité avec tant d'égards – il était plus que mûr et cardiaque, je crois qu'elle l'avait épousé par intérêt – paraît nager dans le contentement. Je l'entends nasiller dans l'écouteur. Artémise ne peut en dire mais. La nature est la plus forte. Elle vagit de plus en plus haut, Achille tend son tendon à se rompre, le trio court à l'extase, le nasillement se fait pressant, inquiet, tragique, il est couvert par le râle d'Artémise, et de moi-même tenant ma partie basse dans l'orchestre. Puis revenue au pianissimo : « Allô, allô, Donald ! Donald ! Donald ! » Elle se tourne vers moi. « Il ne répond plus. J'ai entendu un grand fracas. Il est peut-être mort. Je vais nous faire une tasse de thé. » Je vis s'éloigner vers les communs ce corps souple et rayonnant. A son passage, une rose s'épancha sur le tapis. Un peu plus tard, un appel. Donald avait été transporté à l'hôpital dans un état alarmant. L'hôpital confirma l'issue fatale. « Dieu, comme je suis seule, Alcindor. Si jeune, et veuve déjà. Voulez-vous demeurer auprès de moi ? » Nous nous allongeâmes côte à côte et rêvâmes longtemps de Polynésie...

Je salue à cul ouvert pour les applaudissements. Je prends une poire. J'irai la déguster seul en mon for intérieur. Je resalue à cul ouvert. Ah ! J'oubliais. Peut-être madame B devrait-elle consulter un prêtre en cas de non-retour. Je disparais. J'entre chez moi. Quel gala ! Ma lunette est tout éjouie. Je crois que la nuit sera bonne.

Le 30 janvier

Oui, elle le fut. J'ai rêvé d'Artémise. A mon éveil son Chanel emplissait la chambre. Il avait chassé toute odeur de peinture. Vite je descends à l'appel pour avoir des nouvelles de nos chevau-légers. Dieu, l'effectif a minci ! Poinceau-Pompette aurait-il ? Oui, Poinceau-Pompette a ! Il a veillé toute la nuit et ce matin à l'aube, ne voyant rien revenir, il a fait appeler les quarante-huit inscrits pour le départ. Ils sont partis, la bêche à l'épaule, la résignation dans le regard. On leur a distribué des tenues neuves, chacun a eu sa boule de pain et cinquante grammes de margarine. Ils ont laissé un mot pour leurs héritiers. C'était affreux de les voir s'éloigner sans un cri, sans une larme, et disparaître dans le brouillard. Le petit déjeuner est irrespirable. Madame B n'est plus là. On ne la reverra plus. Un jour peut-être, à l'ère post-merdique, aléatoire, pas avant des millénaires en tout cas, la merde fondue par un soleil nouveau restituera-t-elle ces corps momifiés. Les ethnologues du futur en concluront qu'il y avait par ici une peuplade qui emmerdait ses morts, comme d'autres les inhument ou les incinèrent. On leur donnait pour le voyage un habit neuf, une bêche, une boule, de la margarine et de la résignation plein les yeux.

Au déjeuner, après le fromage de gruyère, au moment fatal où je place d'ordinaire mon histoire, la tension monta, elle devint presque insoutenable. Dans ce deuil général, oserais-je ? A plusieurs reprises je m'éclaircis la voix, comme si j'allais oser. Un instant je parus ouvrir la bouche. L'infamie, par trois fois proférée la veille et l'avant-veille, allait-elle sortir encore ? Non. Voici qu'arrivaient les gaufrettes. L'effet fut terrible. Quand on s'attend à tout et qu'il ne se passe rien, ce qu'il vous reste de nerfs s'effondre. Ces dames se dégonflèrent, elles s'amenuisèrent et disparurent sous la table.

Cela me fit ressouvenir du ballon rouge que le marchand me donnait quelquefois en prime quand maman m'emmenait acheter des souliers. Je serrais dans ma main sa ficelle, ivre d'espace. J'avais l'azur au bout des doigts. Je l'enfermais dans la salle à manger pour le mettre en prison. Il était vivant, il était dur, sa chair pleine crissait sous mes paumes, je l'appuyais contre ma joue, je le lâchais, inquiet qu'il ne passât à travers le plafond, non, il s'y cognait, il y faisait boum boum, je le rattrapais, il était à moi, je l'entourais de mes bras à le faire éclater. Le soir, après l'avoir regardé encore une fois là-haut, j'allais me coucher, puissant d'avoir capturé une étoile. Le lendemain je me levais très tôt, impatient de le retrouver. Il n'était plus là. Il n'en restait à terre qu'un petit tas tout ridé et tout pâle. Ma mère le regonflait de ses poumons usés, mais il ne montait plus, la pauvre femme ne soufflait pas d'hydrogène. Fini l'envol, fini le ciel en cage, fini tout. On ne m'achèterait pas de chaussures avant longtemps. Je pleurais.

Eh bien, ces dames sont là sur leurs chaises comme de petits ballons mous. Mais moi je suis grand maintenant et je ne pleure plus. Je les salue et remonte chez moi.

Je suis depuis quelque temps occupé à me tourner les pouces, quand j'entends un grand pas furieux s'approcher. On frappe fort à ma porte. Je n'ai pas le temps de dire d'entrer qu'on entre. C'est Poinceau-Pompette, la cravate encore plus noire. Ou plutôt sa barbe noire a blanchi et le camaïeu de la barbe sur la cravate s'est mué en un contraste qui fait paraître plus noir le noir du nœud. Je lui offre ma chaise cannée. Il l'envoie promener d'un revers de la main. Je me lève pour lui céder mon fauteuil Voltaire. Il m'enjoint d'y rester. Je lui montre la lunette. Peut-être accepterait-il ce siège magistral ? Il croit que je me paie sa tête. Il se plante devant moi et, les yeux bleu d'azur délavés par l'insomnie :

– Monsieur Lamiral, les transformations que vous

avez apportées dans votre cellule Cyclamen sont proprement intolérables. Quand madame la femme de ménage est venue me prévenir ce matin en plein conseil de cabinet, seule l'urgence de la situation que vous savez m'a empêché de bondir jusqu'ici pour vous savonner la tête. Démonter la porte de son placard, ouvrir sa lunette à tous les vents, la peindre en rouge, couleur exécrable, tendre ce feston de PQ qui lui donne une allure de frou-frou, c'est une insulte à Sainte-Étique, une insulte que je ne tolérerai pas.

– Monsieur Poinceau-Pompette, la liberté de chier est bien antérieure à la liberté de conscience et à la liberté d'expression inscrites dans la Déclaration des droits de l'homme et du citoyen. C'est une loi non écrite qui remonte à la nuit des temps. Si le cœur vous en dit, vous pouvez venir assister à mon petit chier demain matin à cinq heures trente précises. L'exactitude est la politesse des rois.

Il chancelle.

– Non seulement vous ne portez pas le petit chapeau réglementaire, non seulement vous avez jeté là-haut sur l'armoire votre tiare pontificale Renaissance mâtinée de polytechnicien avec petit rappel Napoléon Ier, non seulement vous arrivez en retard, mais encore vous répondez par une insanité au hip, hip, hip à la gloire de notre ruche.

– Monsieur Poinceau-Pompette, mon cul n'est pas une insanité.

– Monsieur Lamiral, le point n'est pas de savoir si votre cul est ou non une insanité. Je suis venu vous signifier que si vous persistez, je n'hésiterai pas à vous foutre à la porte, à vous renvoyer dans vos foyers éteints.

Là, il se vante, Poinceau-Pompette. Je suis ici par la volonté de Dupanloup, élu par la volonté du peuple.

Je suis donc ici par la volonté du peuple et n'en sortirai, etc. Il sent le danger.

– Si vous êtes venu ici pour foutre la merde...

– Vous osez parler de merde alors qu'elle est à nos portes. Vous n'allez pas insinuer...

– Je vous accuse, monsieur Lamiral, je vous accuse d'être un agent de l'ennemi. Alors que la merde nous talonne et nous déborde, alors qu'on aperçoit à l'horizon les phosphorescences hideuses de ses avant-gardes, alors que nous n'avons plus rien, plus de bêches, plus de tinettes, et que nous allons devoir combattre les mains nues, vous sapez le moral de l'arrière. Mesdames A, B, et C...

– De la décence, monsieur Poinceau-Pompette. N'invoquez pas ici la mémoire de madame B, qui l'a perdue maintenant, vous le savez trop bien.

– C'est vrai. Que madame B me pardonne ! Il reste encore mesdames A et C, à qui vous tenez à table des propos déplacés.

– Déplacés par rapport à quoi, monsieur Poinceau-Pompette ? Qui parle de déplacement doit avoir un système de référence. Pensez-vous comme Ptolémée dans son *Almageste* que le Soleil tourne autour de la Terre, ou comme Aristarque de Samos que c'est exactement le contraire ? Êtes-vous géocentrique ou héliocentrique ? Pour moi, j'incline à penser que c'est le monde qui se déplace autour de moi. Je suis égocentrique, monsieur.

Il est désarçonné. Hors de lui, d'une voix caverneuse, presque paléolithique.

– Dès ce soir vous serez déplacé, monsieur Lamiral. La ruche à laquelle je crois, à laquelle je croirai jusqu'à la mort – il s'exalte, il en casse ma chaise cannée – la ruche se démerdera pour faire la dépense d'une nappe supplémentaire. Vous dînerez seul à une table. Vous serez pis qu'en quarantaine.

Vous serez isolé. Isolé. I.Z.O.L.E. Vous m'entendez !

– Oh ! merci, monsieur Poinceau-Pompette ! Enfin seul.

Il claque la porte avec fureur. J'entends son pas de zélateur s'éloigner au long des Néfliers.

J'en étais à me tourner les pouces, mais en sens inverse, quand on frappe à nouveau à ma porte. C'est le factotum, avec une autre chaise cannée et le carton à chapeaux. Et une carte de visite. « Godefroy Poinceau-Pompette vous présente ses compliments et vous prie d'agréer cette nouvelle chaise cannée en remplacement de l'ancienne. Il vous saurait gré de choisir un petit chapeau plus à votre convenance. » J'accepte. C'est la fête. Il faut s'habiller. J'étale les petits chapeaux sur le lit, encore que ça porte malheur, à ce qu'on dit. Que choisir ? Une casquette de majorette, un hennin de fée Carabosse, un casque de Léonidas ? Je penche pour un chapeau de jésuite. J'aime ces gens-là, ils sont noirs et passent pour intelligents. Dans une déroute comme celle-ci, ils se tirent toujours d'affaire. Et puis je pense que, lors d'un deuil national et des minutes de silence à venir, les ecclésiastiques ont le privilège de rester couverts. Une tiare pontificale Renaissance mâtinée de polytechnicien avec petit rappel Napoléon Ier, ça faisait peut-être un peu chargé. Le chapeau de jésuite vole mieux dans le vent. Lequel ? Le factotum se retire avec son carton à chapeaux et les débris de ma chaise.

Je me remets à me tourner les pouces. Dans les deux sens cette fois, un coup en avant, un coup en arrière. C'est un exercice qui m'a toujours réconcilié, sinon avec l'essence, du moins avec l'existence, ce qui est plus important. Ça ressemble à la marche de l'Histoire. C'est l'heure de l'appel. Je mets mon chapeau. C'est pour rire, c'est le grand soir. Je descends. On attend Bokanowski. Personne. Où est-il ?

Où sont les beaux appels de naguère ? C'est un meeting, et sans service d'ordre. Poinceau-Pompette sort de son bureau. Il est cireux. Pas de prélude. On passe immédiatement au rapport-madame-la-sous-directrice. Vite.

« Monsieur le Directeur, avec notre respect,
96 abeilles présentes
1 larve
15 grabataires dans leurs alvéoles
3 en corvée de merde
définitivement perdus
6 partis en renfort
définitivement perdus
12 partis à leur recherche
définitivement perdus
24 partis à la recherche
des précédents, considérés comme perdus
48 partis à la recherche
de ceux-là, sans nouvelles.
Actif 205
Passif 205
Différence 0. »

Le hip, hip, hip est supprimé. Je proteste. J'aurais aimé entendre un jésuite hurler : « Mon cul. »

Ainsi donc, les quarante-huit ne sont pas revenus. Mais personne n'est parti. Poinceau-Pompette demanderait-il enfin l'armistice ? On se raccroche à cet ultime espoir. Ça me rappelle 40. Rimski-Korsakov a déserté. Il a passé en Suisse avec Bokanowski. Les musiciens font la malle. Mauvais présage, vite confirmé par une nouvelle alarmante. De source généralement bien informée, on apprend qu'on aurait entendu Poinceau-Pompette déclamer dans les lavabos sur l'air de Rodrigue :

Ou perdre mon Étique, ou perdre mon honneur.

Il serait bien dans sa manière de s'approprier l'objet de sa folle passion et de supprimer ce « sainte » encombrant qui lui fait trop de pieds au premier hémistiche. C'est terrifiant. On le connaît assez pour savoir qu'il ne balancera pas longtemps entre l'armistice et le massacre. La levée en masse est pour cette nuit.

C'est alors que je tire de mon chapeau un petit bout de casuistique. Poinceau-Pompette n'aurait-il pas voulu dire :

Ou perdre mon éthique, ou perdre mon honneur.

Nuance décisive, il y a un moyen d'en sortir. Chacun sait que l'éthique de Poinceau-Pompette est la progression géométrique de raison 2 du nombre des partants. Le dernier convoi a été de quarante-huit, le prochain sera de quatre-vingt-seize, montant exact des effectifs qui lui restent. Je propose donc que quelqu'un se suicide. On tomberait à quatre-vingt-quinze présents, Poinceau-Pompette n'aurait plus le luxe de perdre son éthique. Y a-t-il un volontaire ? Personne ? Pourquoi ? Parce que, si, par hasard, il a dit Étique sans *h*, qu'on soit quatre-vingt-quinze ou quatre-vingt-seize, il enverra tout le monde. Bien. L'urgence est donc de savoir s'il a oui ou non mis un *h* après le *t*. Quelqu'un veut-il aller le lui demander ? Personne non plus. Alors va donc au diable, pauvre essaim dévoyé !

Poinceau-Pompette me sollicite, en tant qu'ecclésiastique, d'organiser une prière publique. Je refuse tout net. Qu'il s'adresse à mon confrère, là-bas, qui porte une petite cornette de bonne sœur. Ma consœur accepte. La cérémonie aura lieu dans le hall après le banquet des conscrits. Tout le monde fait retraite vers la salle à manger. Poinceau-Pompette a tenu parole. J'ai une table pour moi tout seul. Je me retire sur ma montagne. De là je domine les siècles, comme Bonaparte du haut des Pyramides.

J'ai devant moi un champ de ruines, un amas de décombres, le terrain vague d'un ferrailleur. Je regarde. Eux ne regardent pas. Ni à l'extérieur où rien ne les intéresse, ni à l'intérieur où monte la nuit. Ils mandibulent en eux-mêmes, hagards, tendus vers la seule fin de mettre dans leur système assimilateur percé assez de boulettes pour survivre encore un peu, jusqu'à demain – savent-ils encore ce que c'est que demain ? – disons plutôt jusqu'à la suite, une suite indifférenciée d'instants mis bout à bout comme un chapelet d'andouilles, qui leur gardera cette locomotion mécanique, cette conscience affleurante, cette envie d'aller aux cabinets, ce reste de chaleur animale et qui fera rester au garage le corbillard tout noir et ses pompons d'argent.

D'où je suis, par-delà la salle des veufs et des veuves, j'aperçois la salle des couples. Elle est petite. Peu ont eu la chance de vieillir ensemble jusqu'au bout. Ils ne se disent rien, ils mangent, ils se font vis-à-vis, ils ne se voient pas, leurs yeux ne se croisent jamais, ils passent à travers l'autre comme s'il n'était déjà plus qu'un spectre. S'ils se sont haïs, ils ne se haïssent plus. S'ils se sont aimés, qu'en reste-t-il encore ? Et pourtant à des signes imperceptibles, on sent que, si l'un meurt, l'autre ne survivra pas. Rarement l'un sourit, aux anges, à un souvenir, à son conjoint peut-être. La tendresse éclaire son regard. On devine un instant les traits de sa jeunesse, vite naufragés dans l'ombre, la souffrance, la terreur. Ces produits du dernier quart du XIXe siècle flottent dans le dernier quart du XXe. Ils sont les buttes-témoins d'un relief érodé. Ils donnent prise au vent, ils se gardent des courants d'air. Ils se caracotent, s'enchâlent, s'enchaussettent. Ils sont gélifs. Ils savent que la moindre pierre qui dégringole peut amener l'éboulement. Ils ne seront plus qu'un petit tas sur la pénéplaine, puis plus rien, l'hiver dispersera leur sable. Ils détestent l'hiver. Ces vieilles informes, la plupart squelettiques – quelques spécimens plus jeunes ont pu garder leur graisse, c'est encore pis, elle redonde de leur gaine – ont-elles jamais pu être belles ? Des lèvres ont-elles pu désirer ces lèvres sans couleur, rintries comme des sphincters ? Des yeux ont-ils pu quêter l'infini dans ces yeux qui larmoient ? Des doigts ont-ils pu attacher un bijou à ces cous reliés en chagrin ? Des mains ont-elles voulu caresser ces hanches où l'on ne voit même pas saillir les os, tant ils sont enfouis sous des couches et des couches de tricots ? Le désir a-t-il pu monter de basculer ça sur un sofa ou dans le foin d'une grange ? Spectacles saugrenus. D'ordinaire, je n'aurais pu réprimer mon ricanement. Ce soir une compassion me prend. Faille dans le marbre glacé de mon refus. J'ai presque envie de leur crier que je les aime. C'est une faiblesse.

Peu à peu s'estompe de ma vue ce musée Dupuytren. Un grand voile tombe sur cet ossuaire, comme après un désastre on tend une bâche sur les cadavres, pour respecter la mort – faux prétexte, bien plutôt pour protéger les nerfs des passants – tant est insupportable la vue des restes. D'un coup d'aile je prends mon essor. Je cours les âges vers la lumière des jeunes temps du monde, quand Dieu créa l'homme à son image, et qu'il le fit mâle et femelle.

C'était le matin du sixième jour. Il avait déjà fait le Ciel et la Terre, les deux luminaires pour séparer le jour de la nuit, les choses visibles et invisibles, les plantes qui jaillissent du sol, les animaux qui marchent sur la terre, les poissons qui grouillent dans les eaux, les oiseaux qui volent dans les airs, Il avait tiré Adam du limon de la Terre, Il l'avait plongé dans un profond sommeil. Il lui avait pris une côte, et tenant en sa main cette viande rouge, Il la contemplait, perplexe. Il fallait que, de cette côtelette, Il fît naître la forme suprême. Il fallait que toutes les beautés qu'Il avait semées dans toutes ses créatures, Il les réunît en l'unique beauté de l'Unique. Il fallait que surgît la reine de la Création, celle qui irradierait le monde jusqu'à la consommation des siècles.

Il vit l'aube, Il fit le front.

Il vit l'or des moissons, Il fit les cheveux.

Il vit les vrilles de la vigne, Il fit les mèches folles.

Il vit les étoiles, Il fit le diadème.

Il vit la lumière, Il fit l'œil.

Il vit le fond du ciel, Il fit la rétine.

Il vit la brume sur la plaine, Il en voila l'iris.

Il vit l'ombre claire des feuillages, Il fit les sourcils.

Il vit la frange des nuages, Il fit la paupière.

Il vit le friselis de la vague, Il fit les cils.

Il vit le coquillage, Il fit l'oreille.

Il vit le champ de narcisses, Il fit la prairie blanche sous le lobe.

Il vit le carré de l'hypoténuse, Il fit le nez.

Il vit la branche de corail, Il l'égrena sur la joue.

Il vit le velours de la rose incarnat, Il en sema la peau.

Il vit motus et bouche cousue, Il décousit et fit la bouche.

Il vit la rosée au cœur de la pivoine, Il fit les dents.

Il vit se joindre deux branches de lilas, Il fit la commissure des lèvres.

Il ne s'attarda point trop à la cervelle, Il se contenta de celle de la linotte.

Il vit la tige de l'ancolie, Il fit le cou.

Il écouta son sang, Il fit le frémissement de la carotide.

Il entendit le chant de l'alouette, Il le cacha dans la gorge.

Il vit la ligne des collines, Il fit l'épaule.

Il vit l'estuaire des quatre fleuves, Il fit les bras pour accueillir.

Il vit les liens puissants du lierre, Il fit les bras pour enlacer.

Il vit la guirlande des glycines, Il fit les bras pour au cou se suspendre.

Il sentit le frôlement du vent, Il fit les mains pour caresser.

Il vit le pétale de l'anémone, Il fit l'ongle.

Il vit les chemins des constellations, Il fit les lignes de la main.

Il vit la gorge de la fauvette, Il fit les seins.

Il vit le bouton de laurier-rose, Il fit les tétons.

Il vit la liane sous l'alizé, Il fit l'échine.

Il vit l'immensité de la mer, Il fit le ventre.

Il ne vit pas le cordon ombilical et le coupa, Il fit le nombril.

Il vit la voie lactée, Il fit les flancs.

Il vit le fond bleu du vallon, Il fit le pli de l'aine.

Il fit la courbe de la hanche par hasard, un coup de poker divin.

Il vit la source sous les herbes, Il fit la fente humide du sexe.

Il vit la mousse chevelue au rocher, Il fit la toison du pubis.

Il vit le bouton de bottine, Il fit le clitoris.

Il vit le gouffre profond des mystes, qui conduit au centre de la Terre, Il fit le vagin.

Il vit la pulpe des lychees, Il fit l'hymen.

Il hésita beaucoup sur les fesses, Il ne savait comment faire. Longtemps Il s'essaya sur son tour de potier. Il rêvait. Et d'un seul coup, du tréfonds de sa toute-puissance, dans un élan de tout lui-même, Il plaqua deux boules de miel blond, miel de tilleul, Il les pétrit dans ses deux mains tremblantes, c'était ça ! Ses pouces frémissants marquèrent au creux des reins deux fossettes qui le firent flamber.

Il vit le Grand Cañon, Il fit le long sillon des fesses.

Il ne vit rien, Il fit le trou du cul, adorable à qui sait l'adorer, Il l'enfouit dans l'ombre, jaloux.

Il vit le tronc svelte du jeune sycomore, Il fit les longues cuisses.

Il vit la jointure des tiges de l'osier, Il fit la saignée du genou.

Il vit le nombre d'or, Il fit la mesure exacte des jambes.

Il vit ses propres pieds, ne les trouva pas beaux, Il dit : « Il faut de beaux pieds pour porter tout cela. Que le beau pied soit ! » Et le beau pied fut.

Il vit l'algue au gré du courant, Il fit la démarche.

Il aspira les effluves doux-amers du jardin matinal, Il fit le parfum.

Il vit la louve lécher le loup, Il fit la tendresse.

Il vit la neige sur le Tibet, Il fit la pureté.

Il vit le sommet de la montagne, Il fit l'inaccessibilité.

Il vit le ploiement de l'ombelle, Il fit l'abandon.

Il vit le croissant de lune, Il fit le mystère.

Il vit le papillon, Il fit le brin de frivolité.

Il vit son éternité, Il fit le temps des plaisirs.

Il écouta son cœur, Il fit le feu de la passion.

Il vit Adam dormir, Il fit la fidélité.

Il vit sa miséricorde, Il fit le pardon.

Il vit le soleil monter au zénith, Il fit la gloire.

Il entendit le chant de la Terre, Il fit l'incantation.

Elle était belle mais point encore vivante entre ses bras. Le monde était dans l'attente. Il prit un peu de l'air du jour et le souffla sur son visage. Elle s'éveilla et lui sourit. Son premier sourire fut pour lui, sa première image fut la sienne. Les dix mille choses s'illuminèrent.

« Ève, dit-Il, va. Marche dans le jardin. »

Elle s'éloigna sans pudeur et sans coquetterie. Elle lui plut. Il dit : « Reviens. »

Elle revint sans cacher de sa main son pubis. Elle lui plut encore. Il dit : « Plus près. »

Et Il la désira. Il bandait. Le serpent ricana dans son arbre. Allait-Il, à peine éclose, déflorer son enfant nouveau-née ?

« Non, dit-Il, cela ne se fait pas. C'est un commandement de Dieu. »

Il lui donna le baiser de paix sur le front. Il vit la

pépite au fond de l'eau. Il fit l'anneau de noces. Il réveilla Adam. Il lui dit : « Voici ta femme. »

Puis Il se retira. Il partit semer à l'autre bout du monde le reste des étoiles qu'Il avait dans sa musette. Il revint à la brise du soir et les vit tous deux jouer sous les grands arbres. Il fut heureux. Il rentra chez lui. C'était la fin du sixième jour. Le septième jour, Il se tourna les pouces.

Tiens, voici mes deux Èves qui se lèvent de table. Elles passent devant moi. J'ai mal à la côte. Il est loin le soir du sixième jour.

Je me lève aussi, sans hâte. Je traverse les psalmodies qui montent dans le hall. Même les plantes vertes sont à genoux. Je préfère Cyclamen. Les abeilles n'y butinent pas. Le suc en est amer. Je rêve à la mobilisation générale, au rapport-madame-la-sous-directrice demain soir.

« Monsieur le Directeur, avec notre respect,
0 abeille présente.
1 larve.

Ici je résume, avec votre permission, monsieur le Directeur, ce serait trop long.

204 définitivement perdus, dont
15 grabataires extraits de leurs alvéoles sur des brancards pour aller encourager de leur voix mourante la dernière vague du dernier assaut.

Actif 205
Passif 205
Différence 0. »

Toute Sainte-Étique à moi tout seul. La Merde au pouvoir. Je m'endors.

Le 31 janvier

J'apprends la nouvelle. Poinceau-Pompette a été kidnappé ce matin avant l'aube. Il avait pris sa décision. Il s'apprêtait à sonner le réveil pour le grand départ. Un kommando de la Merde s'est infiltré dans son bureau. Ils apportaient un grand tonneau plein. Ils lui intimèrent l'ordre d'y plonger. Poinceau-Pompette demanda la grâce de ne point gâter ses habits. Il les posa lentement, les remit dans leurs plis, les rangea sur sa chaise. Il déclara les léguer au marguillier du Saint-Office. Tout nu il se précipita dans l'immonde en hurlant « Pour notre ruche, hip, hip, hip, hou... ». « Rrrrah » fit le couvercle en se rabattant. Ils roulèrent le tonneau jusqu'au sommet de la colline et le laissèrent dévaler vers la mouvance abjecte.

Madame la sous-directrice assure l'intérim. Elle a demandé l'armistice. La Merde a exigé la capitulation sans condition. Elle a dressé ses bivouacs. Par le froid qu'il fait, elle n'est pas mécontente. Elle gèle. Il lui faut souffler dans ses doigts.

Les ateliers sont fermés. Tout le monde est consigné dans les cellules. On attend un nouveau chef. Peut-être un vieux militaire en retraite qui ne saurait plus que faire de sa personne.

Le 1er février

J'ai fait venir mon compte en banque. On ne sait jamais.

Et voilà, la guerre est finie.

Plus rien à branler.

Le chœur : Si.

Moi : Quoi ?

Le chœur : Toi.

Moi : Moi ?

Le chœur : Oui.

Moi : Ah ! Et pourquoi pas ?

Je suis tout à fait branlable. Je n'y avais pas pensé. Suis-je à ce point altruiste que je m'oublie moi-même ?

Quelle heure est-il ? Seize heures cinq. Tout juste le temps avant le dîner. Pas une minute à perdre. En avant. Entrez les plaisirs. Que je sois l'objet et le sujet de ma concupiscence. Il y a des millénaires que ça ne m'est pas arrivé. Ça m'est sorti de la main. Du calme ! Du calme ! Du professionnel. Pas le bousillage du débutant. Je ne peux plus me permettre de me gaspiller. De l'art, de l'art, du grand art. Ah ! Ah ! J'en suis déjà tout embrasé. Je vais foutre le feu à la baraque. A moi les Ballets russes. Changez-moi cette turne minable en opéra. Allez. Reculez-moi ces murs, que j'aie des perspectives, que je puisse m'élancer, nouveau Nijinski volant. Faites-moi des péristyles, que ça ait l'air un peu romain, ou grec, ou même espagnol, des atriums avec des jets d'eau. Merde alors, ils ne foutent rien ces gens-là. Décorateur, s.v.p., décorateur ! Ne m'obligez pas à crier. Où est-il cet olibrius ? Appelez-moi les machinistes. En grève ! Encore. Il faut tout faire tout seul ici. M'en passerai. Je siffle l'ouverture de *Cavalerie légère.* Je chevauche déjà. Aux tentures. Tirons nos rideaux. Bien. Un peu à gauche. Encore. Encore. Là. Ça commence à chauffer. Aux glaces maintenant. Comment c'était chez madame Sépia ? Les glaces avaient de l'esprit. On s'y mirait sous toutes les coutures, dix, vingt, cent coutures à la fois, des enfilades de soi et d'autrui, gros plans, arrière-plans, biplans, plans inclinés, plans cotés, plongées, contre-plongées, on s'y voyait locomotiver en dix lieux d'un coup, même à deux on se croyait dans une partouze bondée. Mille diables, j'en suis tout frissonnant. Je n'ai pas ça sous la main. Je n'ai pas de subvention. La glace du lavabo. Je n'y vois que ma tête, c'est pas le plus intéressant. Il y a celle de l'armoire, on s'y voit en pied, mais d'un seul côté. Ah ! vous revoilà, les machinos. Déjà finie la grève ! Rattrapez-moi le temps perdu. Décrochez-moi la glace de la commode. Allez, allez, plus vite. Posez-moi ça sur la chaise. Entrebâillez-moi l'armoire. Stop. C'est trop. En arrière. Faites un jeu de glaces, bon Dieu ! vous ne savez pas jouer ? Abrutis. Stop. Formidable. C'est bandant de faire quelque chose avec rien. La prochaine fois j'apporterai la psyché d'Estelle. Ils diront encore que je m'efféminе. Aux lumières. Tout est là. Un spectacle dans le noir, c'est un four. Eh ! là-haut ! Tu m'entends ? Allume-moi le central. C'est du 25 ? Quel patronage ! Baisse un peu l'abat-jour. C'est moche. Remonte-le. L'éclairage vertical, ça ravine la figure. La lampe de chevet. Mettez-moi ça par terre. Fantastique. Ça envoie l'ombre du lit au plafond, ça dépayse, ça éclaire par en dessous, c'est intéressant, c'est insolite. Ah ! Ah ! Ça balance. Ça sent l'érotisme. Ma lampe de poche.

Tournez-la contre le mur. Ah! C'est chouette. Un éclairage indirect. Ça double l'espace. C'est vraiment chouette. Ah! ça, c'est une trouvaille. Génial. Ma couette bleu horizon sur le fauteuil. Oui. Un peu de travers. Pas tant. Voilà! Voilà le détail qui manquait. Une couette sur un fauteuil. La petite note bohème Ah! Mimi Pinson! On y est? Tout est paré? Alors que tout commence! Plus personne sur le plateau. Allez, oust. Dehors tout le monde. Ah non, mon vieux, il y a des cendriers, pas de mégots par terre, je vais me brûler les pieds. Une minute, que je ferme ma porte à clé, nom d'une pipe, si quelqu'un allait entrer. Et mes volets, sacrebleu, si quelqu'un était dans un arbre. Je me paie un trac fou. Une seconde, que je prenne deux larmes de Papageno. Je laisse la bouteille sur la table? Oui. Ça a une gueule! Je la renverse? Oui? Non? Alors, oui ou non? Ça demande réflexion. Non. Provisoirement non. J'en garde pour demain. Il faut que ça commence, mille diables. Le parterre s'impatiente. Qu'est-ce qu'il fout le régisseur avec ses trois coups? Il a perdu son brigadier. L'enculé. Je les tape moi-même. Avec mon pied. C'est mou. Tant pis. C'est parti.

Musique, musique, bon Dieu! Allez, Wagner, vas-y, ta marche de Tannhäuser. Plus fort. On n'entend rien. Merde, j'ai un trou! C'est bien le moment. Qu'est-ce que je dois faire? Souffleur! Trou du souffleur! Il faut que je me déshabille, parbleu. J'avais oublié. Quel étourdi! C'est un spectacle pour plus de dix-huit ans, en nu intégral. Comment faire? Est-ce que je range mes habits avec méthode, je remets mon pantalon dans ses plis, mes pantoufles parallèles, que je retrouve tout en ordre à la sortie, ou bien je fous tout en l'air, en feu d'artifice, la ruée, comme jadis, quand on montait les marches cinq à sept, que ma braguette éclatait déjà dans l'escalier, que ma petite faisane sifflait comme une cocotte minute, qu'elle ne trouvait pas la serrure tant elle trémulait, qu'elle ouvrait *in extremis,* mille foutres, n'allais-je pas avoir une éjaculation précoce, quel gâchis, la porte claquait derrière nous, ça faisait tinter la vaisselle, et là, c'était le chambardement, en l'air son chapeau, ses escarpins, ses bas se roulaient comme des crêpes, hop, sa robe par-dessus tête, oh ! quel cul dans ses festons, je suis bien tombé, arriverai-je à temps, mes godasses, au diable les lacets, toujours des nœuds, allez, en gerbe, les chaussettes viennent avec, mon veston, ma cravate en cellulo, mon caleçon, mon rubis libéré qui fait plof, il va lui faire peur, non, au contraire, vite, vite, vite, laisse ta camisole, tant pis, ah ! j'y suis, tonnerre, elle est urgente, elle bout, pas besoin d'aller et venir, je pars au premier coup, ah ! déjà. Ne te fais pas de souci, petite, reprends ton souffle, on va recommencer. Oui, je vais faire comme ça. Je manque d'accessoires féminins. Justement, c'est un one man show. Allez, Wagner, tonitrue. Ton *Tannhäuser* piétine. Envoie la *Walkyrie.* Ou les deux en même temps. Quel travail, je n'ai pas répété. Mes pantoufles, au hasard. Mes chaussettes, en boule. Mon pantalon, j'ai mis le pied dans l'ourlet, quel projectile, allez, pan, oh ! maladroit ! sur mon vase de Gallé, il tombe, il est en morceaux, j'hésite, mon beau vase de Gallé, quelle connerie, ça me coûte cher cette production, au diable l'avarice, le public hurle, ma veste, un tricot, deux tricots, trois tricots, quel assaut, ma cravate sur l'armoire, ma chemise, mon caleçon, tiens, mon rubis n'est pas là, bigre, il fait frisquet, allez, Wagner, tatsinn, tatsinn, tes grosses caisses, par les mille dieux ! Ça y est. Je suis tout nu. Quel spectacle ! Une vraie folie-bergère à moi tout seal. Mon appareil reproducteur et sa banlieue ressemblent à un cyclope à longue tête. Un cyclope laminé. Un cyclope don Quichottesque. Mon nombril : son œil poché sous la paupière en carton-pâte de mon ventre. Paupière lourde, en accent circonflexe dans le mauvais sens. Ma queue : son long nez à un seul trou. Mes couilles : ses bajoues bafouillantes, comme d'une vieille dame cyclope, l'une plus haute que l'autre, plutôt l'autre encore plus basse que l'une, sans doute qu'Ulysse lui aura mis une châtaigne pour lui foutre la gueule de travers, aïe, coup bas, disqualifié! Ulysse disqualifié! Lugubre. Pas l'amorce d'un sourire. Allez, allez, il faut remonter la pente. Remuer un peu ça. Du mouvement qui déplace les lignes. Un pas de deux. Tout s'ébranle. A droite, à gauche. Les cloches de Saint-Hématome. Quelles grimaces! On peut en faire presque autant qu'avec la figure. Une danse du ventre frénétique. Le nez et les bajoues font le tour du cadran, une fois, deux fois, trois fois, c'est lancé, ça tourne comme des hélices, allez faire ça avec la tête. Dans un sens, dans l'autre. Hourra! Ça fait des huit, des huit en sens contraire, ça se croise, c'est compliqué. La foule trépigne. Mes longs bras serpentins ondulent comme les lignes dans la télévision quand il y a une panne. Le grand gypaète des Touamotou. Des ombres hallucinées sur les murs. Un super-light show. Je suis la danseuse étoile de la danse macabre. Un coup de reins irrésistible. Ça craque. J'y laisse mes lombaires, tant pis, mon sacrum va tomber, tant mieux. C'est la fête. Demain on balaie les confetti. Oh! L'œil du cyclope est sorti! Sous quelle formidable pression interne? Il a jailli des profondeurs de son orbite où je n'osais plus aller le chercher. L'œil de Caïn. Je l'ai vu. Il a éclaté, tout rond, il a regardé, il a salué comme un coucou qui sort de la pendule, il est rentré. C'est des coups qui vous tombent dessus comme ça. On ne les réussira jamais plus. La baraka. J'en fais le grand écart à

30°. C'est mon maximum. En avant, en arrière. J'ai vu dans la glace les bajoues remonter jusqu'à mon sodome tout noir. On dirait un passe-boules. Il les a ratées. Une fois, deux fois. Il fait exprès. Il les dédaigne. Il n'en veut pas. Il ne veut pas du cyclope. Alors, tu mords, Gomorrhe ? Il fait la moue. Tout fait la moue par là. Pas sympathique ce côté. C'était si joli jadis, quand je dansais la java dans mon petit grimpant pied-de-poule. Ah ! Je cale. Dupanloup, à moi Dupanloup, bon Dieu, qu'on fasse un duo, je renonce à la vedette, j'exténue. Quand je freine, tout retombe, ça marque à nouveau six heures et demie, mes couilles roulent tout au fond de leur sac, on voit le jour au travers, un rose douteux avec de petites veines rouges, on dirait le Rhin et ses affluents du côté des Pays-Bas, mes longs poils verts pendent aussi, tout pend. Il faut que ça change, tonnerre, le suspense est trop long, à nous deux, Priape, je cherche mon second souffle, j'ai toujours été gagneur, fini le grand gypaète, ma queue à pleine main, cette fois on ne rigole plus, de l'autre je m'asperge d'eau de Cologne, ah ! si j'avais seulement une canette, comme Antonin Magne au Galibier, je me défonce, rien, funérailles, point n'éjaculote, culotte de peau, peau de zébi, Biribi. Allez. Hardi. Je transpire comme un candélabre. Mon nombril est inondé. Est-ce le cyclope qui pleure ? Mon bréchet halète, il n'y a plus grand-chose dessus, une vieille carcasse de pinasse à marée basse, je vois déjà mon squelette comme un an après ma mort. Quand je passe devant la lampe, ça fait des rayons X. Mes salières fondent. Ça coule de partout, vingt dieux, mais pas de ma queue. Foutre, tu vas sortir ! Allez, j'y mets les deux mains, je soutiens mes couilles de la gauche, ça va peut-être les faire démarrer. Allez, allez. Mon avant-bras atteint sa vitesse de pointe, une bielle de moissonneuse-batteuse qui s'affole, allez, allez, je dégouline, mes jambes fléchies sont prises de tremblements, leurs tendons saillent comme haubans de corvette, mon cœur remonte à mes oreilles, il ne faudrait pas m'écrouler dans cet état, quel scandale, je serais dans les faits divers, m'en fous, je mets les cale-pied, je sens comme un émoi avant-coureur, une couille a bougé, mes lunettes glissent sur mon nez, je ne peux pas les remonter, j'ai les deux mains prises, j'ahane en pleine vapeur, je chevauche des nuées, j'y vois plus rien à travers mes verres, c'est le sprint, où est la ligne d'arrivée, allez, allez, volupté, volupté y es-tu ? Eh non ! Elle n'y est pas. Mes couilles raplapla font flac flac contre mes cuisses, l'émoi est parti, tout a redescendu, je suis sur les genoux. Vénus, tu m'as trahi. Je laisse tout tomber. Tout retombe. Plus bas encore que tout à l'heure. Désespéré. J'essuie mes lunettes. Ah ! quel tableau. Est-ce que le porno fait dans l'horreur ? J'ai une carrière devant moi. Frankenstein du plaisir solitaire. Regardez-moi ça dans le miroir. Ça ne ressemble à rien. Je pourrais me promener tout nu dans la rue qu'on se demanderait ce que c'est qui passe. Pas capable d'un outrage public à la pudeur. Les gendarmes ne m'arrêteraient pas. Les enfants croiraient que c'est un carnaval, quelque chose qui s'est déguisé en rien.

Je t'exècre, exécrable ! Onaniste ! Vois, là, de chaque côté de ton ventre effondré, tes hanches, tu pourrais y accrocher tes pinces à pantalon. Vieille dérision, Mathusalem cardiaque. Et au-dessus de tout ça, ce qui te sert de tête, une petite tête de sangsue, parce que tu bouffes encore, vieille blatte, il n'y a que ça qui te reste. Tu n'as pas le droit de bouffer. Qu'est-ce que tu en fais, hein ? Cette viande avariée qui pend à tes jointures. Vieux charnier. Merde physique, merde morale, double merde, merde intégrale.

Espèce de glace pourrie, tu vas cesser de me montrer ça, oui ! Tu veux mon poing dans la gueule ! Fracasser toutes les glaces de la création, foutre un pavé dans toutes les mares, un coup de trique dans le bassin aux poissons rouges en bas, que je ne m'y voie plus ! Vous avez fini de me regarder, bande de voyeurs. Hein ! Putain d'armoire déglinguée, tu veux que je te passe au travers ! Je prends mon élan, tire-toi !

Calme-toi, Alcindor, calme-toi. Tu vas faire comme le vieux Van Dale. Tu sais bien qu'il y est resté. Sois sage. Va te rhabiller. Allons. Va te rhabiller.

Et mon Gallé, mon beau Gallé, pour un four pareil.

Voilà. Je suis rhabillé.

Tonnerre, mais il est l'heure d'aller dîner.

Je sors par l'entrée des artistes. Je tombe sur l'ancien juge de paix. Il est complètement gaga. Il avance comme une trottinette. Il peut à peine didire un mot. Qu'est-ce qu'il a ? Il m'attrape par la manche.

– Didites, monsieur, je voudrais me confesser. Vous êtes bien ancien curé, n'est-ce pas ? Je me suis brbrbranlé cette après-mididi.

– Et alors ?

– Alors, ça a mmarché, pas beaucoup, mais ça a mmarché.

– C'est très bien, mon enfant. Continuez. La fin justifie les moyens. Je vous donne l'absolution.

Salaud.

Le 2 février

C'était la Chandeleur aujourd'hui. On a sauté les crêpes. Au plus sombre de l'hiver a brillé le feu nouveau. J'ai surpris, venu de je ne sais où, comme un chant très lointain du printemps, cinq notes de flûte, détachées, impératives, qui m'ont fait me dresser d'un coup. Il m'en est resté une folastrie dans l'âme. Il me faut partir. C'est folie, Alcindor, il est dix heures passées. Vois comme la lune brille. La pelouse est blanche de gel. Je n'y peux rien. J'ai entendu l'incantation. C'est un rêve, Alcindor. Tout dort encore pour de longues semaines. Les musiciens du printemps sont loin vers le sud. Alcindor, c'est un rêve. Je marcherai vers mon rêve, enfin. Je mettrai mon habit d'aventure, mon long manteau de course, mes grandes semelles de Carnaval, mon chapeau de jésuite, mon écharpe d'Iris aux couleurs d'arc-en-ciel. Je me regarde dans la glace. J'ai presque de l'allure. On dirait un marquis qui s'en va-t-au bal. D'où vient cette jeunesse ? Quelle est la cavalière qui m'attend cette nuit ?

Vite. Allons. Ceux qui doivent dormir dorment. Ceux qui ne dorment pas se retourneront dans leur lit jusqu'au matin. J'ouvre ma porte. Pas un bruit dans les Néfliers. Pas un souffle. Mon sang cogne à mes oreilles. Je vole sur l'air pesant. Je dévale l'escalier. Mes genoux craquent comme du jeune bois dans la cheminée. Je m'arrête pour écouter. Rien. Je quitte la mort. La petite porte de service est toujours ouverte. Je sors. La clarté de la lune m'éblouit, le froid me suffoque. Je ramène contre ma bouche l'écharpe qui flamboie. L'herbe crisse sous mes pas. J'arrive sous le couvert des grands arbres. L'enceinte court dans l'ombre, haute et noire. Il me faut la franchir, la grille est fermée à cette heure. Je ferai le mur, comme un collégien. J'ai vu une échelle près du pavillon du jardinier. Je la soulève comme une plume. Je la dresse. Je grimpe. Je suis sur le faîte. Mes grands bras s'agitent en pleine lumière, je domine l'immensité. Je voudrais crier comme à la prise de Saint-Jean-d'Acre. Mon bon roi Philippe l'Auguste, m'avez-vous reconnu ? C'est moi qui ai couru avec vous sonner l'angélus à la mosquée. Souvenez-vous. Pas de Turcs ce soir. Dommage. Je remonte l'échelle, je la laisse glisser de l'autre côté. Quelle précision dans mes gestes. Je redescends. Je pose le pied sur la terre libre. Je range l'échelle le long du mur. J'aspire à longs traits l'air glacial. J'ai un brasier en moi. Je suis le buveur de nuit.

Je vais. Le chemin est là, ouvert. Il poudroie sous la lune, la pleine lune de février. Orange et ronde elle monte des peupliers nus. Elle me fait peur, comme quand j'étais petit et qu'elle me poursuivait au long des rues. Elle voulait m'attraper pour son souper là-haut sur la montagne. Je la sens derrière moi. Elle pèse sur mes épaules. Implacable. Je n'ose pas me retourner.

J'ai déjà dépassé les murs de Sainte-Étique. Je m'évade. Je suis en cavale. Je suis le sauteur de haies, le passe-muraille, le clandestin, le hors-la-loi, le fugitif. Je ne suis qu'enthousiasme. Quelle nuit ! Les étoiles dures brillent de leur feu glacé. J'avance en rase campagne. Sous mes habits de voyage j'offre mon grand corps nu aux coups de l'univers, vulnérable, ivre d'être vulnérable. Je veux bien être foudroyé. Jamais je n'ai connu cette ampleur. Pourquoi dormir si tôt, pourquoi jamais dormir ? Ce soir mes bras tendus touchent les étoiles, Arcturus brille à mon petit doigt. Pureté première de la nuit, fais-moi diamant parmi tes astres. Pierre des philosophes, transmute-moi en cette incandescence polaire. Je marche à grands pas. Mon ombre immense court devant moi. Je vais comme le vent. Mon souffle fait un panache autour de mon visage. Pas un bruit que le martèlement de mes semelles de Carnaval sur le sol dur, que le frottement régulier de mes manches sur les revers des poches. Pas une musique de bal. Quelle est la cavalière qui m'attend cette nuit ? Mes jambes me conduisent. Les champs s'éclairent à l'infini. L'herbe scintille de cristaux de glace. Le blé d'automne a ses pousses gelées. L'ombre bleue des collines incurve l'horizon. Je passe devant la pierre levée. Je salue cette érection millénaire. Les lumières de Saint-Hématome approchent. Voici le cimetière. Les croix sous la lune s'avancent comme une procession figée. Estelle y est depuis sept ans. Est-ce là aussi qu'on me mettra ? Qu'on me rattrape d'abord ! L'éternité avec Estelle ! Quel ennui ! Je rêverai à d'autres. Tout haut. Estelle me donnera un grand coup dans les côtes.

« Tu parles encore tout seul, Alcindor ! »

Impossible d'aller rôder sur les remparts où les jeunesses caquettent sous les tilleuls. Lui faire une scène dans le champ du repos ? Ça réveillerait tout le monde.

« La ferme, eh ! revenant ! Peut pas dormir tranquille ici ! »

C'est vrai. Le sommeil est de rigueur. Les insomniaques n'ont pas droit à leur cuiller d'eau sucrée. On y prend une chambre pour la nuit de Brahma. Sept ans déjà. Elle est bien avancée, Estelle, elle a l'âge de raison. Elle a appris à lire, à écrire, à compter. J'ai tout ça devant moi. Un corps en peine ici, une âme en peine ailleurs. Beau planning. Je m'en suis arrêté, du coup. Tiens, la porte est ouverte. Quelqu'un serait-il en goguette ? Ce n'est pas Estelle, j'espère. Si elle me voyait par ce froid, elle me renverrait me coucher. Ce serait ridicule de la rencontrer dans cette épopée. Elle n'est pas le personnage. Je jette à l'intérieur un œil qui claque des dents. Dieu, que les morts sont abandonnés en ces temps ! Ils hibernent. Les chrysanthèmes de la Toussaint sont encore là, dépeignés. Allons, ce n'était qu'une faiblesse. Le triomphe me revient. Mes jambes s'impatientent. Je me sens chaud dans mon caleçon fourré. En un envol élisabéthain que mon ombre allonge jusqu'aux murs d'Elseneur, la voix bien dans le masque, je déclame :

« Non, mes amis. N'insistez pas. Je ne suis pas le grand Nécromant. Je ne vous ferai pas la bonne aventure. Bonsoir. »

Je suis déjà reparti. Tristes, tristes tropiques. Salut, les morts. J'ai d'autres rendez-vous. La vie me porte sur ses ailes. Je suis tout neuf. Ma vieille existence me semble étrangère. Je me surprends à siffloter *le Temps des cerises*. C'est de ce temps-là que je garde au cœur une plaie ouve-er-te. Je ne la sens plus. Serait-elle fermée ? C'est comme si j'étais guéri. Je vais. A ma gauche, sur le tertre, le gibet brandit son bras séculier vers le ciel. Pas de mise à mort ces jours. Je n'ai rien lu dans ma gazette. Personne ne pivote au bout de la hart. On a dû enlever le dernier. Ça remonte à deux mois. Il est tombé tout seul. Salut, gibet. Tu ne me fais pas peur. Tu as une tête de pied à coulisse debout sur le manche.

Me voici à l'orée de la ville. De ce côté, pas de pompe à essence, pas d'usine à gaz, pas de casseurs de bagnoles. On entre comme dans Persépolis. On passe un large fossé que j'ai toujours vu à sec. Dans ses parois éboulées je venais chercher les escargots ou cueillir les vulnéraires. Un pont carthaginois l'enjambe, en terre cuite, craquelé comme une vieille lampe à huile. Un dos d'âne en son milieu fait cahoter les corbillards. Il paraît que les morts s'y retournent, à droite ou à gauche, selon qu'ils sont promis au Ciel ou à l'Enfer. Puis une vaste promenade enserre la cité de cinq rangées de tilleuls centenaires. On dit que c'est la couronne du saint. Il s'agit en fait d'une demi-couronne, l'autre côté du bourg donne sur la vallée abrupte. Au mois de juin le vent pousse vers le sud les lourds effluves sucrés, la ville est en odeur de sainteté, ça tombe bien car c'est l'époque des grandes Panhématomées. Une foule innombrable de pèlerins s'y presse de partout, les rues s'emplissent de bannières et de cantiques, tout se termine le dernier soir par une orgie hard dans le bois sacré. Chaque dimanche avec mes parents on faisait la Couronne, comme ailleurs on fait le boulevard ou la rue de la Lune. On nous mettait nos chapeaux neufs et nos souliers à bride. On jouait au cerceau sous les arbres, on mangeait des oublies et on allait voir le pendu. Après quoi on rentrait et ma petite sœur faisait chaque fois pipi dans sa culotte. Elle prenait une fessée et gueulait pendant toute la route. Arrivé à la maison mon père se préparait une verte et devenait fou. On lui passait sa camisole de force jusqu'au lundi matin, qu'il puisse retourner à la fabrique. Souvenirs merveilleux.

Je passe la porte des Épiphanies, flanquée de ses deux grosses tours rondes. Les sentinelles ne m'ont pas vu. Pas de lumière dans la salle des gardes. Ils doivent dormir en chien de fusil. Je suis dans la rue du Pape-Éloi. C'est la rue des orfèvres. Les étalages ruissellent sous les lampes. Couronnes wisigothes en fer sauvage où brillent des béryls, rhytons cornus à verser l'ambroisie, reliquaires d'or où rouille un vrai clou, languiers inquiétants aux fruits de crapaudine à chercher poisons, châsses de saints constellées de gemmes, crosses de prince-évêque à fracasser têtes hérétiques, couronnes grand-ducales où veille une escarboucle, salade de don Quichotte rehaussée d'origan, coffrets de Byzance incrustés d'hyacinthe, sucriers Louis XV style rocaille, bonbonnières Louis XIV à bonbons d'almandine, pectoral d'Ousartisen le second, mon reflet argenté traverse les trésors de Golconde. Je vais comme un nageur dans l'eau claire de la ville. D'un lampadaire à l'autre, mon ombre tourne autour de moi. La lune n'est plus seule à m'éclairer. Je me retourne. Elle a monté dans le ciel, son œil n'est plus sanglant. Oserai-je lui faire une grimace ? Pas une fenêtre allumée. Les orfèvres dorment. On est loin de la Saint-Éloi, ils ne dînent pas chez un autre orfèvre. Pas un papillon autour des lampes froides. Ils sont tous à leur épingle dans les collections bourgeoises. Au chaud. Je remonte la rue du Pape-Cécile. C'est la rue des luthiers et autres marchands de son. Leurs éventaires éclatent. Quel décrochez-moi-ça de stradivarius frais ou fanés, luths morts d'amour, théorbes, psaltérions à plumes, épinettes, pianos forte, pianos piano, pianissimi, pianos massacre, orgues, violes ingambes, vielles impotentes, pibrock écossais viola ophicléide, bois, hautbois, basbois, flûtes de Pan, flûtes à bec, pan sur le bec, bois de lit, musique de chambre, bedroom voices, guili-guili, réveille-matin, champs, chalumeaux, cornemuses, angélus, pipeaux de haies, cigales, musettes, rossignols, harmonicas, guimbardes, vents, vents d'est, alpenhorns, alpenstocks Hammond, vents de noroît, binious, cors anglais, vents de brume, vents d'abois, trompes de chasse, quatre vents, harpes d'Éole, girouettes rouillées, vents de victoire, clairons d'armistice, vents de ventre, clairons de soupe, cornes d'abondance, pets traversiers en *ut,* contrevents, contrepets en *fa,* cordes lisses, cordes à nœuds, cordes vocales, percussions, grosses caisses, tambours-majors, charlestons, petites cuillers, cloches, glas, sonnettes, immigrés, chengs, gutkomms, rebabahs, sistres, sitars, sursangas, guzlas, târs, koussers, chapeaux chinois, coloniaux, orgues de Barbarie, tam-tams, balafons, inclassables, crécelles, grelots, sourdines, pupitres, baguettes de Karajan, orchestres de Philadelphie, marteaux piqueurs en *sol dur,* guide-chant d'analyse, synthétiseurs de synthèse, oh! le beau que voilà, derrière le sonomètre, dans son écrin de cornaline, et caetera. Je franchis toute cette musique comme une quadruple croche prestissime. Que de fois dans mon enfance ai-je béé devant cet orphéon. Un jour, pour me faire taire, mon père m'avait promis un orgue de Saint-Eustache. On est ressortis avec une paire de castagnettes. Ce sont des blessures qui ne se ferment pas. Je passe. Je suis passé. Quelle est la cavalière qui m'attend cette nuit? Pas de valse brillante sous les lustres par ici. Les luthiers aussi dorment, ou jouent du phonographe en cachette dans leurs alcôves.

Mes jambes iraient-elles vers la place Maximale? C'est ça. J'y suis. Place du Pape-Énorme. Personne. C'est la place à tout faire. Une très belle, longue, large, haute et profonde place, plantée de sapins solennels, éclairée de candélabres à deux boules. Quelle perspective dans ce silence qui rêve. Un vélocipède a gelé dans les bras d'une bicyclette aux belles joues rouges qui pourrait être sa petite fille. C'est là que l'an dernier on a brûlé un hérétique. Un possédé qui prophétisait sous la halle que la Sainte-Trinité était quatre, ces oisifs ayant besoin d'un quatrième au bridge pour faire le mort. « Maure », avait grondé l'amicale des Croisés. Elle exigea le feu vif. Ce qui roussit les sapins d'alentour. Il fallut les repeindre. A droite devant la pissotière, l'hôtel de ville, de style amphigouro-babylonien. Les taureaux ailés sommeillent à l'entrée. Ils ne s'envolent qu'au matin, paissent le champ d'aviation et reviennent monter la garde. D'ordinaire le Grand Échevin campe sur la terrasse. Je ne vois pas son bivouac. Il aura laissé tomber son feu. La pissotière est bien seule. Elle serait, dit-on, vespasienne de naissance. L'eau qui jour et nuit sirote à l'intérieur fait un bruit fluet de bouilloire songeuse au coin d'une cuisinière. Puis-je l'honorer ? Non, Alcindor, ta cavalière n'est point ici. Ce n'est point pour les dames. Va. Adieu ma pissotière. On m'écarte de toi. Des graffiti ornent ses tôles. Obscènes pour la plupart, ou syndicalistes « Luttons pour la troisième couille ». Au centre, le kiosque. On y donne des gavottes, des branles, de la musique contemporaine. Des gyrovagues y chantent du grégorien aux fêtes mobiles. Voici le groupe gracieux des trois Dames, en souvenir du sacrifice de trois jeunes bourgeoises lors de l'invasion des Cimbres. Elles s'offrirent volontairement, elles furent cimbrées à mort, les Teutons qui suivaient n'en retrouvèrent rien. Mais le chapitre eut le temps d'emporter le trésor chez les moines de Saint-Hématome-aux-Champs. Le maître Alphonse Bus les a représentées dansant et crachant du foutre cimbre par les oreilles. Cette liqueur ancienne a gardé ses vertus, il n'est pas rare de voir des femmes aux époux stériles venir en boire une tasse. Par les nuits sans lune. C'est raté pour ce soir. Bus ne les a pas vêtues, ç'a été un crève-cœur pour la municipalité. Ces nudités offensaient.

L'association des Bons Enfants finit par les faire se rhabiller. Les pluies d'hiver malmenèrent tant ces oripeaux piteux qu'on laissa tomber. Longtemps l'une garda sa culotte en soie de Coromandel, ce qui faisait ressortir l'indécence des deux autres. Un collectionneur finit par s'en emparer. Ce n'est pas moi, je le jure. Quel est ce vacarme dans la rue du Pape-Aristote ? Aux Cimbres ! Aux Cimbres ! Non. Un carrosse tout en or débouche sur la place Maximale. Le chauffard ! Si je continue à cette allure, nous allons nous télescoper. Je freine. Je n'ai que le temps de me garer derrière un sapin. Il passe à l'octuple galop. Les étincelles fusent sous les sabots des chevaux. Son Excellence ! J'ai vu ses armes sur la portière. J'ai vu aussi qu'Elle lutinait à l'intérieur. Un cul ravissant s'est écrasé contre la vitre, vite ressaisi par une main dont l'anneau a jeté ses feux sombres sous le candélabre à deux boules. Son Excellence prend de l'âge, Elle ne devrait pas, après un repas fin. Elle emmanche la rue du Pape-Quaix dans un tonnerre d'essieux. Dix motocyclistes en livrée La précèdent, dix autres ferment la marche, portant chacun une lanterne vénitienne. Elle rentre à son palais. Quelle magnificence ! On dit sa traîne si longue qu'elle est encore au bas de l'escalier quand Elle ouvre sa chambre au second. Les officiers de traîne la roulent comme un tapis. Grand astronome que Son Excellence. Elle vient d'annoncer l'éclipse de soleil du 10 mars 1527, invisible à Paris. Que d'automobiles sur le parking payant, gratuit la nuit. Les lumières chatoient sur les peintures. Oh ! Quelle merveille ! Une Bonzola-Fachetti ! Le rêve de ma vie. Le salon capitonné est équipé d'un verseur de champagne et d'une soufflerie de pétales de roses. Je devais en acheter une avec les droits d'auteur de ma fusée à effet différé. Une noire, cerclée de rouge et d'or, comme la reine des abeilles, avec chauffeur en laisse. J'ai tout perdu à la tombola. A côté, un phaéton grenat avec son cheval perle. On a ficelé sa longe au parcmètre. Mon Dieu, qu'il a froid ce cheval. J'aimerais le détacher pour qu'il monte à l'intérieur et s'asseye sur la banquette. Je demanderais au phaéton de lui faire faire un tour de manège. Puis-je ? Non, Alcindor. Ta cavalière n'est point un cheval. Passe. Vois les parcmètres pour clochards, payants la nuit. Ils sont tous libres. Enfin, le clou de la place, l'église, notre collégiale Saint-Hématome-le-Stylite, de style stylite, avec ses architraves voluptueuses où niche l'oiseau bleu. On m'y a tenu sur les fonts baptismaux. On m'y a même lâché, j'ai dû revenir à la nage. Quel admirable édifice, avec ses trois tours de dentelle, dont un tour d'horizon. C'est de là qu'Alexis Poinceau-Pompette s'élança pour sa tentative réussie. On eut du mal à reconstituer sa tête pour le masque mortuaire, on a dû même faire une erreur, au milieu des méplats le nez pointe comme un orteil. Il est au musée. Le reste est où l'on sait. Sous le chœur lumineux où chantent les vitraux se terre une crypte froide et profonde qui garde le fétiche. Je ne l'ai entrevu qu'une fois, à la lueur d'une chandelle. Avec deux ou trois coupe-jarretières nous avions trouvé ouverte la porte d'ébène massive bardée de fer, aux gonds ignobles. Il est effrayant. C'est une pièce conique, peut-être en bois, de soixante centimètres de haut environ, dressée sur un socle de pierre. Il est couvert d'une croûte hideuse de sang noir durci et de jaunes d'œufs séchés, il veille seul dans l'ombre depuis l'orée des temps. On dit que chaque année, au sabbat majeur, une secte abominable y vient immoler un enfant mâle, encore à la mamelle, n'ayant pas plus de deux dents. Malgré la surveillance du sacristain. Ou peut-être le soudoient-ils ? C'est vrai qu'il a l'air d'en avoir deux, fumigateur d'encens le jour, égorgeur la nuit. Ça sent l'Histoire ici. Malgré les pavés rassurants qui sonnent sous mes semelles de Carnaval, on enfonce dans l'humus putride des siècles entassés. Sous le porche, la vraie colonne de saint Hématome. La municipalité de Qala'at Sama'an en a fait cadeau à la nôtre au traité de Versailles. Le bourgmestre en personne l'a apportée, avec trois de ses conseillers, derviches tourneurs. Ils ont tourné pendant des heures devant la population incrédule qui se demandait quelle était cette religion à base de toupies. Je vois que les marchands d'œufs à la coque ont fermé leurs cabinets. J'en aurais bien pris un pour continuer ma route. J'ai faim. Je contourne l'église par la rue du Pape-Foulques. C'est la rue des alchimistes. Gloire ! Trois lucarnes brillent encore là-haut sous les combles. Trois souffleurs au moins veillent. Où en sont-ils ? Au blanc, au rouge, au noir ? Alchimistes mes frères, vous ne me décevez pas. Je vous salue au passage. Je n'ai pas le temps de monter vous faire visite. Mes jambes penchent vers ailleurs.

Vers quoi, sacrebleu ? Ici commence le paganisme. Du chevet de l'église aux remparts qui dominent la rivière et les pays du Sud, tout un menu peuple s'est agglutiné. Cracheurs de feu, semeurs de vent, récolteurs de tempête, faiseuses d'anges, invoqueurs de démons, ramasse-miettes, vauriens, succubes, rétameurs sur cuivre, galériens, ivrognes, funambules, polichinelles, cannibales, croque-mitaines, pharaons déchus, derniers barreaux de l'échelle, marionnettes, fabricants de fausses dents, lanternes rouges, fritiers en chambre, confettistes, apostats, boucs émissaires, ombres de théâtres d'ombres, échenilleurs, péteurs en violon, tout ça cohabite tête-bêche dans l'huile rance et les punaises. C'est ici que le gibet affamé vient se saisir la nuit d'une proie endormie sur son grabat. En cas d'élections à la chambre basse, on prend leur urne et on la jette à la rivière. Ils ne viennent plus voter. La chambre haute se coopte soi-même. L'éclatement du gazomètre en a tué des centaines l'année dernière, sans qu'on sache trop pourquoi. On prétend que le gazomètre aurait osé jeter les yeux sur notre chaste collégiale. Éconduit il se serait sabordé, lui crevant le tympan. Tant les amours des grands sont fatales aux petits. Un lacis de venelles abrite leurs taudis de guingois, leurs huttes et leurs cahutes. Les lumières y sont noires, les candélabres ont pris leurs boules à leur cou. La lune règne à nouveau sans partage. Dieu, que j'ai eu raison de ne pas lui faire de grimaces. Va-t-il me falloir traverser cette horreur ? Quelle est la cavalière qui m'attend cette nuit ? Y aurait-il un accordéon par ici ? Attention à ma bourse. Les noms des rues se sont désacralisés. Les papes y sont excommuniés. Rue des Faux-Monnayeurs. Une lumière sourde filtre d'un soupirail. Peut-être pourrais-je emprunter un peu d'argent. Rue des Exhibitionnistes. Personne ne s'y montre. Ruelle des Aubains. C'est la rue des immigrés. Hittites, Parthes et leurs flèches, Scythes, Samoyèdes et leurs chiens, Pygmées et leurs grues, Myrmidons, Allemands et autres y copulent dans un indescriptible charivari. Impasse des Mort-Nés. Pas âme qui vive. Passage des Maçons. Il est tout démoli. Impasse de l'Impasse. Fermée aux deux bouts. C'est là que les dragons de Son Excellence écrasent les émeutes. Rue des Neuf-Pasteurs. C'est la rue des Huguenots. A chaque Saint-Barthélemy on les massacre. Tout est à louer d'un coup. D'autres reviennent. On leur demande s'ils sont vraiment protestants et on leur fait un bail d'un an.

« Halte là, qui vive ? » Les chevaliers du guet ! Non. C'est moi qui parle tout seul. J'ai cru voir

Estelle toute noire entrer par une chatière. Enfin, rue des Professionnels-Modestes. C'est là qu'on habitait. Au 804. C'est une longue rue. J'allonge le pas. Voici le 802, voici le 806. Entre les deux un trou. Comme si la rue avait perdu une dent, une dent de lait. C'était pas grand chez nous. Ça me rappelle la petite Adélaïde. Elle habitait au 805. Le jeudi nous jouions sur les marches. Elle voulait toujours que je lui attrape un petit oiseau dans mes boîtes. Je lui tendais la cage minuscule où le prisonnier voletait affolé. Elle battait des mains, ses grands yeux sombres s'agrandissaient encore. Elle le prenait, caressait longtemps la petite tête contre sa joue en feu et puis l'étouffait dans ses doigts d'infante. Un sourire d'ange retroussait ses lèvres, dévoilant sa gencive rouge où manquait une petite dent. Quand la paupière blanche fermait l'œil éteint après le dernier spasme, elle le plumait.

– Tu m'aimes un peu, beaucoup, passionnément, à la folie...

Il restait toujours sur la queue un duvet qui pouvait compter pour une plume.

– A la folie.

– Non. Pas du tout.

– C'est pas du jeu.

– Tricheur.

Ça finissait toujours par des griffes et des claques. Sa bouche avait un goût de caramel.

Je n'ai même pas le temps de ramasser un tesson de ma maison disparue. J'arrive aux remparts. Le froid me transperce. Quoi! C'est vers la poterne que je vais! Je dois descendre au Faubourg! Il me faut quitter la ville, même celle des gueux, pour plonger dans l'épouvante. Le nom même de Faubourg est banni des conversations urbaines. Celui qui par mégarde le prononce est frappé d'ostracisme. Le

Faubourg égrène ses baraques et ses fabriques sur une étroite bande de terre entre les contreforts du château et la rivière, sous une faille noire creusée par un cataclysme antédiluvien, par où, même l'été, sort un souffle glacé. Tout est inondé à la saison des pluies. La malaria y sévit depuis toujours. Les habitants ont le teint jaune. On les appelle les Chinois. On y meurt tant qu'on ne les enterre plus. On les abandonne sur des berceaux de joncs qui s'en vont à vau-l'eau. Est-ce une population ? Ce n'en est que la lie. Je me souviens d'un mot de mon père, lors de ses rares instants de lucidité. Il disait que la lie est ce qui reste au fond du verre quand le bourgeois a tout bu. Ce sont des errants qui vont et viennent en des migrations plus mystérieuses que celles des oiseaux. Ils parlent un mélange d'étrusque surgelé et de gallique mal cuit qu'ils mangent avec des tartines de pain noir. Un bief amène l'eau du barrage d'amont et fait tourner quelques scieries de bois précieux. De lourds chalands apportent l'acajou des tropiques, halés par des cohortes de proscrits qui ahanent sous le fouet des mariniers. Haha. Hahahaha. Ha. On les entend de loin. Toute la ville accourt aux remparts avec de petits drapeaux. Les gamins font partir des pétards. Plus bas, des tanneries lâchent dans l'air une pestilence infecte. Les vieux se souviennent de la grande grève des tanneurs du début du siècle. Les Chevaliers Blancs chargeaient ces malheureux vêtus de peaux de hyènes, qui sautaient dans la rivière en se tenant par la main. Les tanneries étaient restées fermées pendant dix ans, faute de main-d'œuvre. On respirait. Je m'engouffre sous la poterne avec le courant d'air. Mon manteau de course claque comme une voile noire. Les escaliers visqueux sentent la pisse. Ça sent toujours la pisse dans ces coins-là. Le salpêtre fait briller les murs comme une mine de sel. J'ai franchi cette bouche immonde. Je descends le sentier. La pente est raide. Je doute. Quelle est la cavalière qui m'attend cette nuit ? La campagne infinie baigne dans le lait d'ondine, la rivière miroite d'un éclat de fer. La lune s'est ressaisie de moi. Elle est haute maintenant. Un nain tout noir trottine à mes côtés, serrant à deux mains son chapeau de jésuite. Je glisse sur un étron. Le nain aussi. Des stalactites vomies par les fissures de la muraille ricanent dans leurs barbiches de glace. Les remparts à pic se perdent dans le ciel. Très haut les croisées du château sont illuminées. L'Archicomte se serait-il levé pour pisser dans son cristal de Bohême ? L'Archicomte est mort depuis longtemps. C'est la lune qui flamboie aux fenêtres.

L'Archicomte est mort, meurt et mourra,
Lonlonlonlaine
Jambe de laine
Lonlonlonla
Jambe de bois.

C'est la cantilène des paysans à la fête des moissons quand ils apportaient les agneaux de leurs poules et les œufs de leurs brebis. L'Archicomte leur tapotait les joues. Il raffolait d'omelettes d'agneaux. Ils amenaient aussi leurs filles en cuissage et leurs garçons en cuisson. Les campagnes se dépeuplaient. Son Excellence ne trouvait plus personne pour Elle. Affamée, Elle fit poignarder l'Archicomte dans le dos par une troupe de spadassins cachés dans un panier d'huîtres.

L'Archicomte est mort, meurt et mourra,
Filles je trousse
Ma barbe rousse
Garçons je veux
Ma barbe bleue.

C'était le bon temps. On chantait pour un rien en ces jours-là.

A ma gauche, cascadant jusqu'au bief, les maigres jardins de ceux du Faubourg. D'innombrables lopins bordés de palissades vermoulues, avec des portes béantes, quelquefois peintes en vert. D'autres gisent à terre, leurs gongs arrachés. Des cadavres de légumes jonchent le sol gelé. Les choux cavaliers sont désarçonnés, les choux à pied ont la perruque de Vercingétorix à la fin d'Azincourt. Les salades affalées donneront la colique aux lapins qu'ils élèvent dans leurs clapiers fétides. Seuls les poireaux en habit d'académicien gardent quelque tenue. On les croirait alignés pour les condoléances aux obsèques de la langue française. Des carcasses de lilas, de rosiers, de seringas prouvent que ces gens aiment les fleurs. A la saison, quand le vent ne rabat pas l'abominable odeur des tanneries, ils plongent peut-être leur nez dans ces parfums délicieux. S'ils ont le nez fait comme le nôtre. Les dahlias d'antan ont pourri, une rose momifiée pend encore à sa tige. On la croirait de porcelaine. Les couvercles de boîtes de conserves qu'ils pendent à une ficelle pour faire peur aux moineaux virevoltent sous la lune en jetant des éclairs. Les bicoques à outils sont des caricatures. Ils y viennent quelquefois les dimanches de printemps manger leur maigre saucisson, tandis que leurs gosses, cul nu, broutent le persil nouveau.

C'est un lieu d'outre-tombe, où l'on n'entre qu'à reculons. Le commissaire de police ne s'y déplace jamais. On s'y entre-tue impunément. Les sergents recruteurs s'y risquent rarement et attrapent au lasso les mâles en âge de porter les armes. On les envoie à Biribi. Mais ceux du Faubourg ont des guetteurs. Sitôt que les autres paraissent, les hommes disparaissent. Il ne reste que les vieillards, les femmes et les enfants. L'autorité bafouée s'en retourne bredouille, allumant quelques incendies et lâchant des coups de fusil à la volée. La Sublime Porte a plus de chance. Une galère chargée de pacotille vient une ou deux fois par lustre embarquer un chargement d'esclaves pour le Sultan. On entend longtemps dans le soir, sur le bateau qui s'en va, les vierges enchaînées chanter des ballades au long des saules. Les particuliers ne s'y montrent jamais, sauf extrême urgence, un palissandre à scier ou une peau de taupe à tanner.

C'est nous ceux du Faubourg
Qu'on vise les ventres lourds
Pour y planter des clous
Hou Hou.

Ils ont des chansons à faire peur. Ils montent à la poterne à la foire de printemps pour y vendre leurs enfants. C'est là que la secte infâme se procure ses victimes. Ils mangent des rats, des belettes et des petits lapins.

Me voici aux premières bâtisses. Rue de l'Abbé-Poncif. C'est un pieux abbé qui a voulu évangéliser ces peuplades. Il est mort des fièvres au bord de la rivière. Rue du Chanoine-Bordel. C'est la rue des bordels. Une bonne vingtaine est encore allumée. Un vacarme d'ivrognes, de filles en chaleur, de gramophones tuberculeux fuse à travers les portes branlantes et les vitres mal jointes. Des silhouettes gesticulent devant les calbombes. D'une fenêtre qui éclate en morceaux sort, comme un obus mou, quelque chose qui me siffle au visage et va s'écraser contre le mur d'en face. Ça geint. C'est quelqu'un. J'ai failli le prendre de plein fouet. Par la fenêtre éventrée le chahut de l'intérieur jaillit à l'air libre.

– Bande de cons, étruscu, qui c'est qui a fait ça? On gèle ici dorénavant. Eh! Narciscu! Fous y une peille à ta lucarne.

Une forme roule jusqu'à la fenêtre et suspend une toile de sac. La baraque borgne devient aveugle. Heureusement, ce n'est pas là que je vais. La pente m'entraîne vers le dernier à droite. Le numéro 2. Un gros 2. On le voit de loin, éclairé par une lampe-tempête.

Je monte les deux marches. Je pousse la porte, je donne de la tête dans un mur de fumée, d'huile à friture, de pétrole lampant, de vin renversé, de rots d'ail. Je suis éberlué. Je n'y vois rien, les yeux me piquent, la gorge me démange, j'éternue, ça fait sauter le bouton de mes chausses. Heureusement j'ai des bretelles. Le tôlier derrière le zinc m'apostrophe. « Salut, grand-père. D'où tu sors par ce froid, turluscu ? » Je n'ai pas le temps de répondre, le courant d'air claque la lourde derrière moi. Je suis fait. Plusieurs têtes se tournent. Je lève mon chapeau de jésuite, je le tiens à hauteur de mes anciens testicules. Un petit vilain s'approche. Une balafre lui cisaille la figure, elle tire sur son œil, ça le fait toujours rire, mais il ne rit pas. Il a un mégot noir collé au coin de la lèvre, et une casquette sur l'œil qui rit.

– Hé ! papa, tu te tiens quoi ?

Eh bien oui, je me tiens coi.

– Qu'est-ce que t'as dans ton chapeau ?

Qu'est-ce que j'ai dans mon chapeau ? Rien. Je fais signe que je n'ai rien.

– T'as rien dans ton chapeau. Alors qu'est-ce que tu viens foutre ici, barbacu ? Eh ! Catherinettes ! Vous avez vu où il a son chapeau. Il dit qu'il n'a rien dedans. Vous allez vous enjouir.

Ah ! Ah ! Ah ! Tout le monde s'esclaffe. Je mets mon chapeau révérencieusement sur mon cœur.

– Ah ! Ah ! Il a son cœur dans son chapeau. Il vous apporte son cœur.

Ah ! Ah ! Ah ! Ah ! Ils s'esclaffent de plus belle. Vraiment, ça ne ressemble pas aux établissements que je fréquentais du temps de Lugbull et Cie. Un parallélépipède moyen, de style cagna, aucun angle d'équerre, des tables tout autour, à plateau de marbre, souvent fendu, deux tables au milieu sous une suspension à pétrole. Plafond bas couvert d'une peinture sans mémoire à base de noir de fumée et de chiures de mouches. Même peinture sur les murs, un ton au-dessous. Un chromo de l'exposition de 1900, c'était beau. Plancher si usé que les nœuds du bois émergent comme des oignons sur des doigts de pied. On ne le lave qu'une fois l'an à grande eau de Javel. Tout ça bourré de clientèle. Ça marche. Inutile d'installer le néon.

Ils se sont tous remis à leurs affaires. Ils jouent aux dominos, aux puces ou aux tarots. Ils boivent du petit vin blanc des coteaux. Les tables croulent sous les chopines, les traits de craie s'alignent sur l'ardoise. Dans le coin, à gauche, trois filles sur des genoux à têtes de forbans. Elles leur tirent le nez et les oreilles, ils sont hilares, ils leur pincent les fesses. Je suis dans un pince-fesses. Elles rient à grande gorge, en se renversant en arrière. Une blonde filasse laisse pendre un sein blanc au ras du nez du forban qui le mord une fois, deux fois, trois fois, il tire un coup sur sa cigarette, puis recommence. Le téton est tout rouge et tout raide. Un vrai gratte-cul d'avant le gel. La fille le repousse des deux mains. Il lui fait mal. Ils vont casser la chaise. La fille lampe un grand coup de petit blanc des coteaux et jette le fond à la tête du client. Il se rue sur elle. La chaise casse, ils roulent à terre, le patron sort de son zinc et plonge en avant. On ne voit que l'énorme fond de son pantalon rapetassé d'une pièce rayée cousue à gros points. Il semble gueuler sous la table, il se redresse, apoplectique, il hurle : « Musique, musique ! » Il y a un orchestre, je ne l'avais pas vu. A côté du bar. Un vieux piano sans chemise, à dents de cheval jaunes et noires, il en manque du côté des molaires. Un saxophone cabossé est posé dessus. Le pianiste s'assied en vitesse sur une caisse de la Compagnie des Indes, sa bannière sort de son pantalon, il attaque un paso doble, on voit les petits marteaux malmener les cordes. Un grand dégingandé accourt du fond avec son verre de petit blanc des coteaux. Il attrape un banjo et rattrape le pianiste au vol. Un tic épileptique lui dévore le museau. C'est la tempête.

Je suis toujours planté là, mon chapeau de jésuite sur le cœur. Un maigrelet hargneux se lève, marche vers moi, me regarde sous le nez. Il empeste le vin.

– D'où c'est que tu viens, vieille misère ? Avec ton manteau de course et ton écharpe d'avril. D'où c'est que tu viens, hein ? T'es pas un sbire de Son Excellence, par hasard ?

Il me prend par les revers de mon manteau, il me secoue comme un prunier. Toutes mes prunes tombent. Il se retourne vers l'assistance. Il vocifère.

– Vos gueules, tourducu. Et vous la musique, fermez votre jazz. Vous avez vu son chapeau d'archevêque. Y a un espion ici.

Il crie si fort que le bruit s'est calmé, seules les filles piaillent encore.

– Dis-le que t'es venu voir ce qu'on fait. Tu vas sonner, vieille pendule !

Je bredouille que ce n'est pas un chapeau d'archevêque, mais un chapeau de jésuite. Il s'en fout. Il me secoue toujours comme un prunier.

– Arrêtez, monsieur, vous voyez bien que je n'ai plus de prunes.

– Allez, tu vas le dire que t'es un mouchard de Son Excellence. Son Excellence de mes deux. Tu vas le dire, truscu !

– Mais non, je n'ai rien à voir avec Son Excellence de mes deux, pardon, avec Son Excellence. D'ailleurs Elle a failli m'écraser tout à l'heure avec son carrosse.

J'ai une lumière. Je vais les faire rire.

– Vous savez ce que j'ai vu dans le carrosse de Son Excellence ? Une paire de fesses s'aplatir contre la vitre. Ah ! Ah !... Ah !... Ah !

Un four. Personne ne rit. Ils ne comprennent pas les plaisanteries de la ville. Je retombe à zéro.

– D'abord, où c'est que t'habites ?

– Nulle part, je me suis sauvé de chez moi en sautant le mur.

– T'es une cloche ?

– Non, je suis une force qui va, comme Hernani.

– Comme cu ?

– Comme Hernanu, merdaki !

– Merdaki, qu'est-ce que ça veut dire ça ? Merdaki c'est pas de l'étrusque. C'est du vieux basque. Hé ! ceux du Faubourg, on lui chauffe l'anuscu ?

Horreur. Un grand placide vient à mon secours.

– Écrase-toi, Gaspard. Il pourrait être ton arrière-grand-père.

Enfin du respect. Il paraît avoir de l'autorité, celui-là. L'autre retourne s'asseoir en haussant les épaules et en ravalant sa morve. De fureur, il vide sa chopine de petit blanc des coteaux et siffle son verre cul sec.

– Allez, petit père, va t'asseoir là sur la banquette.

Là, sur la banquette, il n'y a pas de place. Dix centimètres à peine, entre un gros boursouflé dans une chemise à plastron qui lui moule la bedaine – une chemise comme j'en portais aux lunches de Lugbull, mais moi j'avais des tibis pour fermer le col, lui n'a pas de tibis, des poils gris broussailleux frisent sur son poitrail – et un petit à lunettes dont un verre est dépoli. Je sollicite un peu de place. Dix centimètres, avec mon manteau de course, c'est peu. Ils m'en laissent vingt. Je m'assieds de travers. Où mettre mon chapeau de jésuite ? Sur mes genoux. Le jazz est reparti.

– Qu'est-ce que tu bois ? hurle le tôlier.

Je montre.

– Comme tout le monde, un petit blanc des coteaux.

– Tu veux une crêpe ?

Une crêpe ! Ça va être affreux. Je ne peux pas refuser. Oui, une crêpe. Elles sont empilées sur le zinc. Il en prend une avec ses doigts. Il se les suce. Il m'apporte tout ça. Il jette la crêpe sur la table. Elle est froide. Elle dégouline. Oh ! Par les cent mille dieux ! Mon râtelier qui se coince. Le salaud, dans un moment pareil.

– Alors, c'est bon ? me dit le gros d'à côté.

Je ne peux pas répondre, j'ai le râtelier en cavale. Je lui fais signe que j'ai la bouche pleine. Il attend trente secondes, temps normal pour avaler au moins deux crêpes ou un ratelier. Mais la conjoncture est anormale. Mon râtelier ne revient pas. Je le bricole avec les doigts.

– Alors, c'est bon ? recommence-t-il.

J'affole. Il s'impatiente.

– Dis tout de suite que c'est pas bon, vieux bazar. Hé ! Gustin ! Il dit que tes crêpes ne valent pas un pet de cucu.

Augustin bondit.

– De quoi de quoi, mes crêpes des pets de cucu ! Et mon petit blanc des coteaux, tu l'as pas goûté, malotruscu !

Il m'en verse un plein verre et me le fait boire en me

pinçant le nez. J'étouffe, j'éclate. Dieux bons ! mon râtelier en revient à la raison.

– Eh bien, qu'est-ce que t'en dis ?

Je reprends mes esprits.

– Fantascu, tabernier, fantascu.

– A la bonne heure. Allez, le jazz, une polka pour monsieur ! La rousse, ici ! Fais-lui danser sa polka.

Quoi ! La sueur me perle. Vais-je danser la polka ! Déjà la rousse arrive avec un sourire large comme la plaine du Nord. Je vais m'évanouir dans cette immensité.

– Alors, tu viens, marquis !

Je disparais sous la table. Elle m'en tire, irrésistible. Mon chapeau de jésuite, où, où ? Sur ma tête. Le jazz démarre sur les chapeaux de roue. Assassins, c'est une polka piquée. Je trébuche, son bras me brise sous mon manteau de course. Nous galopons dans l'espace minuscule. Ma colonne vertébrale se disloque, mon chapeau de jésuite dodeline comme le couvercle d'une soupe qui bout. La lampe tourne autour de moi, je tourne autour de la lampe. Ptolémée ? Aristarque ? J'approfondirai plus tard. J'ai perdu mes points cardinaux. Je vois à chaque instant passer et repasser les mêmes travellings et les mêmes gros plans, la face hilare de l'amphitryon, la gueule du pianiste qui se la fend jusqu'au trou de l'oreille, il a perdu son pavillon, un coup de sabre de Son Excellence peut-être, ou bien Gaspard l'a mordu, il n'a plus qu'un trou noir où s'engouffrent les kilobels, qu'est-ce qu'il a de l'autre côté ? peux pas voir, c'est contre le mur, les joues du saxo comme les fesses d'une Allemande, il ondule tel un serpent qui se charmerait soi-même, la gerbe de postillons qui fusent par le gros bout de la musique, les murs qui s'arrondissent, les fumées, les trognes qui crachent la fumée, le verre dépoli du petit à lunettes, les gros pieds qui cognent pour battre la mesure, la pellicule s'emballe, la masure va basculer, elle roule sur le toit, c'est la chenille en soixante-dix-huit tours, la rousse me ballotte comme youyou en Iroise, je suis sur les balançoires, j'ai le mal de mer, l'estomac me remonte et hop, il descend dans mes semelles de Carnaval, elle m'a envoyé au plafond, je m'abats dans un fracas d'osselets comme le dinosaure du Muséum qui aurait perdu d'un coup tous ses fils de fer, elle me remet debout. Ouahhhh ! ça hurle, ça frappe dans ses mains, ça tape sur les tables, les chopines roulent, le plancher glisse, par les cent mille diables, c'est fini, je n'entends plus la musique – ou suis-je devenu sourd ? – je titube, je cherche ma place, elle s'enfuit de moi comme le soleil vers la constellation d'Hercule, je la bloque au virage, je vise mal, je la manque, je donne dans la bedaine du gros qui m'éructe à bout portant, ouf, je suis assis. J'aspire à grandes goulées l'air qui me manque. « Une autre, une autre. » Vingt sont debout qui me traînent au milieu. Augustin me fait boire un petit blanc des coteaux.

– Allez, Anastase, on enchaîne. Un tango. Il est du temps du tango.

Le saxo passe au bandonéon. Augustin allume une lanterne rouge. Ouahhh ! Le tango est lancé. Un énergumène monte sur une table. Il chante avec l'orchestre. *La Fiancée du gaucho.* 34, le Palm Beach. Les souvenirs me ravinent. La rousse est de velours, elle m'envole dans les figures, elle se plaque contre moi, son entregent fouille mon entre-jambes, elle travaille mon caleçon fourré, sa poitrine écrase ma poitrine, son ventre convexe épouse le mien concave, quelles noces, dans mon manteau de course on est un androgyne argentin. La chaleur fait ressortir son odeur de rousse, la salope, ça me rappelle Gladys, elle m'inonde de ses cheveux, mon chapeau de jésuite est oblique, elle colle sa joue contre mon os de joue. D'une voix mourante, je lui dis :

– Puis-je vous demander votre nom ?

Elle pouffe.

– Hé ! Ceux du Faubourg ! Il me dit vous !

Puis dans le tuyau de mon oreille, en un souffle des pampas :

– Marguerite.

– Ah ! Marguerite. Marguerite. C'est toi Marguerite !

– Eh bien oui, c'est moi. Et alors ?

– Alors tu m'as appelé marquis. C'est toi la cavalière qui m'attendais cette nuit !

Elle me casse dans son éclat de rire.

– Il m'appelle sa cavalière qui l'attendait cette nuit. Eh non, marquis, je ne t'attendais pas. J'en ai fait dix avant toi.

Dix. Oh ! Quel volume ! Je suis venu de si loin pour être le onzième. L'ouvrier de la onzième heure. Le mieux servi.

Le tango a fini pendant cette déclaration d'amour. Ouahhh ! Elle s'assied en face de moi.

– Monsieur Augustin, une crêpe et un petit blanc des coteaux pour les amoureux.

Dieu ! Revoici le petit blanc des coteaux et les crêpes. Marguerite engouffre la sienne et s'essuie avec la manche de son corsage.

– Tu montes, joli marquis ?

Mon râtelier va-t-il encore entrer en rébellion ? Monter ! Mais c'est ridicule.

– Marguerite, voyons, Marguerite...

– Monte. C'est pas cher. Je te donnerai la vérole.

Elle me saisit, péremptoire. L'orchestre joue la marche nuptiale. Toute la salle nous fait cortège vers la petite porte du fond. Marguerite me précède dans l'escalier à vices. Je m'agrippe à la rampe. Son pétard a beau rouler au ras de ma tête, je songe au fiasco. On entre dans une chambre minable, abominable. Un papier moisi, une lucarne, un lit maculé, un bidet tripède, le quatrième pède s'est fait la paire, un broc ébrèché, une glace fendue, j'y vois ma tête de pécheur bredouille, un petit poêle chargé à boulets rouges. Des clameurs montent d'en bas, comme quand la France a marqué un but.

– Alors, marquis, tu penses à mon petit cadeau ?

Combien. Je n'ose pas le lui demander. Ce serait lui manquer.

– Je te fais un prix. Cent sesterces, ça te va ?

Cent sesterces nouveaux, c'est du pillage. Le sesterce est une monnaie forte. Je les sors de ma bourse. Elle louche dessus. Elle voit qu'il y en a d'autres. Elle va le dire à tout le monde. Ils vont me détrousser. Je les pose. Où ? Elle me les prend.

– Enlève ton manteau de course, baisse tes braies, garde ton chapeau de jésuite, mais quitte tes semelles de Carnaval, pour ne pas salir. Moi, je vais te faire une fleur. Je vais ôter ma jupe, gentil marquis. A l'odaliscu. Pour les manants, je la remonte.

Voilà. Je suis en tenue. Sa jupe est tombée. Sa culotte mi-figue, mi-raisin éclate, coincée entre ses fesses. Quel cul foudroyant. Ça me tire un peu de mon hébétude. J'oublie le monde extérieur. Elle la glisse le long de ses jambes. Spectacle depuis longtemps perdu. Elle soulève ma bannière.

– C'est mesquin, molluscu !

Hélas.

– N'aie pas peur, mon marquis. Crois et tu croîtras.

Se pourrait-il que je crûsse ? Par Vénus, que fait-elle ? Elle me fellationne ! Ô divine ! Quel courage ! Sa langue en hélice me fait croire. Je crois que je croîs. Heureux ceux qui auront vu qu'ils ont crû.

Marguerite, Marguerite, ton rouet tourne vite. Elle me pousse doucement vers le lit.

– Il fait chaud ici. On peut rester sur la couverture. Ça me fait moins de ménage. Tu veux bien, marquis ?

Elle a la main, la garce. Elle connaît les points d'acupuncture.

– Entrez, marquis.

Déjà. C'est prématuré. Je vais m'effondrer sur le seuil. Non. Je mets un pied dans sa béantitude. C'est vrai que ce n'est pas un chemin de fer à voie étroite. C'est le P.L.M. Beaucoup de trains chaque jour dans les deux sens. On roule vite.

– Marguerite, Marguerite, je suis à Montélimar. Donne-moi un sein, que je passe Avignon.

– C'est cinquante sesterces de plus.

– Tout ce que tu veux, Marguerite. Mais à l'arrivée. Ne m'oblige pas à fouiller dans ma bourse.

Elle sort ce sein qui m'éclate au visage. A lui seul c'est Notre-Dame-de-la-Garde.

– Marguerite, Marguerite, on passe Arles. On ne s'arrête pas. C'est le Mistral.

On file vers Marseille. On arrive. Voici, voici les aiguillages. Une secousse, deux secousses, une troisième ? Non. Il n'y a plus d'aiguillage. Deux. C'est quand même beau, deux, à mon âge. On est à la gare Saint-Charles.

– Descendez, marquis, c'est un cul-de-sac.

C'est déjà fait. Je remonte mon caleçon fourré, je mets mes chausses à la bretelle comme un chasseur glorieux. Mon chapeau de jésuite a roulé sur le quai. Elle est déjà prête. Elle prend son parapluie dans le filet.

– Tu me dois les cinquante sesterces d'Avignon, mignon marquis.

J'avais oublié. Où les lui offrir ? Dans mon chapeau. Je lui tends mon chapeau de jésuite comme si j'avais fait la quête.

– Tu sais, marquis, c'est vrai, j'ai la vérole.

Bah ! A mon âge, je ne mourrai pas de ça.

Nous sommes dans l'escalier. Le raz-de-chaussée monte jusqu'ici. Il va falloir l'affronter à nouveau. Marguerite pousse la porte. Ils se taisent tous. Ils attendaient. Triomphante elle annonce :

– Ça y est, ceux du Faubourg. Le marquis a sauté sur les aiguillages. Deux fois.

Ouahhh ! Une crêpe pour le marquis ! Un borgne agile bondit sur le zinc.

– Tu paies la tournée, marquis.

La tournée générale. Bon Dieu, je suis ruiné. J'hésite.

– La tournée, la tournée !

Augustin se précipite au-dessus de la mêlée. Il court à moi.

– Tu paies cash, marquis.

Il annonce la note. J'exorbite à l'intérieur. Il me fait dix fois le prix. Je sors mes billets. Tous.

– Il en a plein les poches. On le fouille ?

Je vacille. Je vais mourir. Non. Augustin brandit les talbins et, d'une voix formidable.

– La tournée du marquis.

Ouahhh ! Ils se ruent tous ensemble pour chercher leur chopine. Salaud, il les avait préparées.

– Un ban pour le marquis !

Ouahhh ! Un deux trois quatre cinq, un deux trois quatre cinq, un deux trois quatre cinq, un, deux, trois. Ouahhh ! Je salue pour remercier. Le petit à lunettes qui a un verre dépoli attrape mon chapeau de jésuite et le met sur sa tête. Il danse une gigue effrénée, un autre le lui prend, défait sa braguette, en tire un énorme panais violacé et l'y accroche comme à une patère, il court avec, il va éjaculer dedans, il y en a qui aiment éjaculer dans les chapeaux, surtout d'ecclésiastique, un colosse le lui rafle et s'assied dessus. Il le ressort. Une crêpe. La Chandeleur. Revoici Gaspard. Je ne l'aime pas, celui-là. Il s'avance menaçant.

– Qu'est-ce que t'as, frelucu ? T'es pas content qu'on ait transformé en galette ton chapeau d'archevêque ?

Je murmure qu'aujourd'hui ce n'est pas les Rois, ce n'est pas le jour des galettes. Il prend ça mal. Il me saute dessus. Il me violente. Il va me tuer. A bout de bras il me fait traverser toute la turne. A reculons. Mes semelles de Carnaval touchent à peine le sol. Mes jambes brinquebalent comme celles d'un pantin de son.

– Monsieur, s'il vous plaît, veuillez ne pas porter la main sur un grand vieillard en vadrouille.

Il m'expédie vers la porte, l'ouvre et me fout dehors avec un grand coup de pied dans le cul. La lourde reclaque derrière moi. Je m'affale au milieu de la rue. Le tohu-bohu fait sonner les vitres. J'entends la voix de Marguerite. La porte s'ouvre à nouveau. Mon chapeau de jésuite en sort et va planer jusque dans le caniveau. Les épluchures de pommes de terre sont prises dans l'eau de vaisselle gelée. Jaune. Il faut fuir, des fois que ce rafiot irait s'éventrer et cracher son équipage infâme, comme un fromage moribond lâche sa charge de vers. Je ramasse mon chapeau de jésuite. Je me traîne jusqu'au pont. Je me laisse tomber sur le talus glacé. J'ai la tête vide, les couilles vides, le larfeuille vide, le cul enfoncé, le chapeau défoncé, les jambes de laine. Je pleure. Une larme chaude a fondu un cristal de givre qui brillait sur un brin d'herbe morte.

J'ai froid. Cette force formidable qui m'a conduit jusqu'ici, cette jeunesse travestie qui me faisait crier : « Salut les morts ! » c'était pour me faire attraper la vérole et foutre un coup de pied au cul. Les derniers des derniers, ceux du Faubourg, ont été choisis pour me jeter dehors. Fini de jouer au solitaire, je suis seul. Je me suis banni moi-même. Rien ni personne ne m'accueillera plus. Mes jambes refusent de me porter. Elles ont fait leur besogne. Elles m'ont mené jusqu'ici. C'est l'expiation de mon cœur sec. Je me mets à quatre pattes. La lune inflexible dessine à côté de moi un quadrupède coiffé d'un chapeau de jésuite. Je trottine en boitant jusqu'au milieu du pont. Je prends appui contre le garde-fou. Je me dresse. Mon manteau de course est sale des ordures de la rue, mon écharpe d'Iris pue le vin, elle poisse de l'huile de leurs crêpes. Je sens frémir les piles sous la ruée de l'eau qu'elles ouvrent comme des étraves. Il serait facile de m'y jeter. C'en serait fini. Je n'aurais même pas le berceau de joncs où l'on couche les morts du Faubourg. Je recule devant ces tourbillons glacés de lune. Je n'ai pas ce courage. Quelle est cette troupe qui franchit le barrage d'amont ? Les Chouans ? Un instant j'ai envie d'appeler pour les suivre dans leur quête sans espoir. Non. Ce n'est que la rivière qui fume, le brouillard qui court au clair de lune.

Soudain, au fond de moi, a retenti comme un appel. Au plus profond de moi, au plus profond du temps. Une voix très faible que je reconnais, que je n'avais jamais complètement oubliée me dit de venir. Là-bas. Là-bas, se pourrait-il qu'on m'ouvre encore ? Un peu de chaleur sourd dans ma poitrine. Quelque chose en moi qui n'est pas de moi brûle d'un feu sombre et doux. Je me suis remis en route. Des mots que je ne prononce pas, qui ne viennent pas jusqu'à mes lèvres, mais qui vibrent comme des forces, scandent ma marche hésitante. Mes jambes ont commandé jusqu'en ce lieu de châtiment, elles obéiront désormais. Elles me font mal, mon corps n'est que douleur, mes mâchoires se crispent sous l'effort et le froid. Mais je sais où je vais. Là-bas, sur le plateau, où chante ma source. C'est loin, mais j'arriverai. Ce n'est plus moi qui marche, c'est l'espérance qui marche en moi.

J'ai traversé le pont. Je suis sur l'autre rive. Le chemin blanc monte à travers les vignes. Déjà il quitte la vallée. Il court dans les labours. La ligne noire de la forêt barre l'horizon. Il me faut aller jusque-là. Avant les bois un autre chemin coupe celui-ci. La croisée des Molunes. Un grand chêne y règne sur la gauche. Il portait jadis une niche avec un saint de bois peinturluré, toujours fleuri, l'hiver on y accrochait des bouquets d'immortelles. J'y déposais les anémones, les violettes, les jacinthes âcres du printemps. De la plus haute branche pendait une échelle d'or pour y cueillir le gui. On quitte le chemin, on prend à travers prés. Le sol est couvert de mousse, l'eau affleure partout. On descend doucement vers une étendue de marais. C'est une pauvre terre où viennent d'humbles essences. Sur les levées poussent les bouleaux, les aulnes, les sorbiers, les épines noires aux troncs malingres où rampent les lichens. Ce ne sont que quelques arpents, c'est pour moi le centre du monde. La porte du mystère. C'est de là que date mon premier souvenir. Ma mère était venue chercher du bois mort. On était en hiver, il faisait très froid. Ma petite sœur ne devait pas encore être née. Ma mère m'avait mis dans la poussette, une grande corbeille d'osier sur quatre roues de fer. J'étais assis le dos à la route, je regardais ma mère, elle me souriait. La poussette cahotait, les roues grinçaient, je me souviens du bonheur qui avait envahi tout mon corps quand on avait quitté le chemin. La poussette semblait glisser sur l'eau, plus un bruit que le frôlement de la mousse. Il y avait une mare gelée si fort qu'on y voyait en transparence les poissons pris dans la glace. Ma mère avait allumé un grand feu et m'avait installé tout près dans une couverture rouge. Je ne devais pas marcher encore. Elle avait ramassé sa charge de bois, puis m'avait posé dessus dans la poussette. Avait recommencé cette volupté de la nacelle voguant sur les eaux. Le soleil se couchait. Je voyais la tête de ma mère auréolée d'or. Elle me souriait toujours. Mon cache-nez sentait le feu de bois. On était arrivés au chemin. Les cahots, le bruit. Après je ne me souviens plus.

J'y suis venu souvent pendant mon enfance. Ce n'était pas drôle, rue des Professionnels-Modestes, et ma mère aimait ma petite sœur plus que moi. J'allais écouter les puissances, et les puissances me parlaient. Jamais je ne les questionnai en vain. L'hiver, quand l'onglée me dévorait les doigts et que le soleil faisait la glace rose où sonnaient mes galoches. L'été, quand sous l'abri des clématites tout bruissait dans les roseaux. La fête des libellules éclatait sur la plaine. Les mouches de mai écloses au crépuscule et mortes le matin couvraient les mares d'une manne blanche. En novembre, les oies sauvages s'y reposaient. Elles s'enfuyaient à mon approche, décrivaient de grands cercles dans le ciel et, réconciliées, revenaient à nouveau sur l'eau calme. Souvent je rêvais que j'étais couché au fond de cette terre, mort. Ce me semblait très doux. J'entendais à mes oreilles pousser les racines et creuser les grillons. Le soir s'allumaient les cierges de ma célébration.

Adolescent aussi j'étais là. Quand tout paraissait se fermer à moi, quand mon regard perdait sa clairvoyance, quand il me semblait ramper à la surface du monde comme un insecte sur une boule de métal impénétrable et froid, alors je venais. Et mon cœur débordait d'enthousiasme. Vais-je revivre à nouveau un instant de ferveur ? De l'hysope tu m'aspergeras, Seigneur, et je resplendirai plus blanc que neige. Jamais je n'y couchai une fille dans l'herbe folle. C'était un sanctuaire où je ne pouvais pénétrer que seul. Seule Élisabeth aurait pu y venir. C'est là que j'aurais voulu l'enfouir après sa mort, à la garde des bêtes rousses. J'y vins encore une fois avant de partir pour l'Ile du Diable. Après, jamais plus.

Je ne devrais plus être loin maintenant. J'aperçois le grand chêne. Sur le fond de la nuit ses bras s'élancent vers le ciel. Le saint rustique n'est plus là. De sa niche ne restent que quelques planches éparses. L'échelle d'or a disparu. Je touche de mes doigts ce tronc rugueux où bientôt remontera la sève, grosse des frondaisons d'été où viendront les oiseaux. Je sors du chemin. Je prends à gauche. Je ne comprends pas. C'est la terre labourée que je sens sous mes semelles de Carnaval, la terre nue et durcie, pas la toison craquante de la mousse gelée. C'est bien là pourtant que commençait ma sauvagerie. Je suis inquiet. Je presse le pas. Je trébuche sur les sillons. Je scrute la nuit pour y voir surgir le tronc blanc d'un bouleau, l'ossature d'un aulne, l'œil ouvert d'une mare. Rien que des labours à perte de vue. Je cours presque maintenant. Soudain, là où la pente remonte vers la lisière des bois, je manque rouler dans un fossé profond. Une blessure toute droite parallèle à la forêt. L'eau bourbeuse y a gelé. Elle brille d'une lueur sombre, hémorragie noire et coagulée. Un fossé de drainage ! C'est comme si mon sang s'écoulait d'une plaie béante qui m'ouvrirait tout le corps et figeait à mes pieds. Ils ont fait ça ! Pour gagner quelques ares de cette maigre terre, ils sont venus avec leurs machines, ils ont bousculé les arbres, ils ont rasé les buttes, ils ont comblé les mares, ils ont chassé les bêtes, ils ont fermé la bouche qui me parlait l'espérance. Vais-je me reprendre à haïr ! Je m'agenouille sur cette glèbe morte. Je gratte de mes mains nues ces mottes qui me déchirent les doigts. Mes ongles se cassent. Mes yeux ont tant cherché, ils se brouillent de larmes, ces sillons qui vont à l'infini dansent devant moi comme les ratures de ma vie.

Un frémissement vient de courir le sol. Une onde m'a traversé. Des coups ont été frappés comme un signal. Anxieux, je colle mon oreille aux labours. A travers les épaisseurs entassées une musique sourde, très lointaine, vient du fond des antres. Terre, ma Terre, sous ta croûte bouleversée vivrais-tu encore ! Ces sillons ne seraient-ils que cicatrices ! Sous ta peau balafrée renaîtrait toujours neuve ta chair féconde ! Tu es si grande, ma Terre, les quelques centimètres que retournent les hommes, que sont-ils pour ta profondeur ? Quelques griffes, à peine. Les griffes saignaient à mes jambes quand je courais tes ronces et pourtant, en mangeant tes mûres à pleines mains noires, je riais. Tu ris quand même, ma Terre.

Là-dessous, très loin au-dessous de moi, au Pays où les fleurs fleurissent à l'envers, les églantines se tournent vers ton ciel.

Les bouleaux poussent vers ton centre leurs ramures aériennes.

Dans tes mares inversées rêvent tes constellations.

Les mouches de mai couvrent de leur manne sans poids tes ruisseaux suspendus.

Les libellules volent sur le dos.

Ouvre-moi. La tête en bas comme au Pôle Sud, le

long de tes voies sacrées aux dalles de basalte, que je descende vers tes temples.

Que les fumées des sacrifices s'abîment vers ton zénith.

Dans la nuit de ton soleil noir, mêlé au tourbillon de tes fêtes sans âge, laisse-moi, solitaire, contempler l'Omphalos, non fait de main d'homme, enfoui dans les entrailles de tes Delphes englouties qui mirent à l'endroit leurs frontons dans tes golfes.

Tu es riche, ma Terre, et pourtant tu es bonne. Ils t'éventrent et tu leur donnes tes récoltes. Ils volent tes filons et tu couvres leurs femmes de bijoux. Tu continues à transmuter tes métaux, éternellement.

Coule, coule en moi ta bonté. J'aime, j'aime. Je suis transitif. J'aime même les hommes. Je les jette aussi sur le monceau de mon amour. Je charge tout sur mon dos. Tu feras fortes mes épaules.

Chante, ma Terre, chante. Chante ton chant de printemps. Ici, à l'extérieur, dans ce monde sublunaire, s'est levé le vent du sud. Léger encore. Mais déjà les hautes couches de l'air bruissent de son souffle. Sur le bord du fossé une herbe se penche tendrement vers le nord. Les angéliques blanchies par l'hiver bercent doucement leurs ombelles sous la brise. Chante. Chante la Dixième Symphonie. Chante. Chante. Chante. Le Ciel et la Terre s'unissent en moi. La musique des épithalames monte sous mes voûtes. Moi, si vieux, si misérable, je suis le lit profond de leurs noces.

Il faut que je parte. Déjà la lune safran va se coucher dans la forêt. Je veux que la nuit enclose nos retrouvailles. Je retourne à Sainte-Étique, je retourne à Saint-Jean-d'Acre. Tout m'est égal maintenant. Mes semelles de Carnaval volent sur les sillons. Voici le grand chêne. Ses branches enlacent le ciel. Il fleurit d'étoiles. Irai-je tendre mon autre cul à Gaspard pour qu'il y foute un autre coup de pied ? Non. Je n'ai plus le temps de faire le détour. Je prendrai droit à travers la campagne.

Ivresse de celui qui veille, il vit parmi les morts, il a puissance sur les endormis. A ma gauche, sur son éperon, la cité sommeille dans un halo tranquille. L'Archicomte n'a pas éteint ses candélabres. Il me faut presser le pas. Tous les matins à l'aube le jardinier se lève pour aller cueillir les marrons glacés. Il aura besoin de son échelle. Le chemin descend vers la rivière. L'eau noire se tait au moulin des Perdus. Je franchis la passerelle de fer. Elle vibre sous moi. Le meunier dort. Il rêve d'aval, il rêve d'amont. Quelquefois, derrière sa croisée, il met la main sur ses yeux pour ne plus voir la rive immobile. Seulement l'eau qui s'en va. Sa grande roue le propulse. Il croit remonter le fleuve Alphée dans le ballet des lucioles. Je gravis l'autre versant. Encore un peu et je serai au cimetière. Je croiserai la route par où je suis parti il y a des siècles. J'aurai bouclé la boucle. La porte des morts est fermée. Le fugueur est rentré. Il est consciencieux, il a poussé le loquet avec sa phalangette. Voici les grands murs de la citadelle. L'échelle est là, rien n'a bougé. Je la dresse. Dieu qu'elle est lourde. Je monte un à un les barreaux. Quelle est cette forme jaillie de l'ombre ? Ce turban ? Ces dents qui éclatent dans un rire sauvage ? Un Turc ! « Les Turcs, mon Roi, gardez-vous ! » Ils empoignent l'échelle, la jettent à bas, je m'écrase au pied des remparts. Mon chapeau de jésuite ballotte sur la mer. Le vent le pousse doucement vers la flotte des Croisés à l'ancre sous la lune. « Adieu, mon bon roi Philippe l'Auguste. Soyez pour toujours mon clown blanc. Moi je fus toujours votre auguste. Dites à saint Ignace qu'un jésuite est mort au siège de Saint-Jean-d'Acre. Je suis heureux. Je reviens de Terre sainte. Voyez, j'en ai sur les mains, j'en ai sous les ongles. »

Je ramène sur moi mon grand manteau de course. Le vent d'Égypte caresse mon front. Le ciel d'Orient tourne au-dessus de ma tête. J'y cherche la signature de ma mort. Ma vue se trouble. Je m'abandonne à la douceur de l'air, sinon à la beauté de Dieu.

Le 30 février (temps sidéral)

Code 2.366.452.6 Z.O.M.B.I.

En transit. Barbelés. Miradors. Nuit. Brouillard. Promiscuité. Mortalité effroyable. Crématoires brûlent jour et nuit. Stop. Ai retrouvé Estelle chef de block. Me donne suppléments soupe. Stop. Formalités. Délais. Retards. Après, destination inconnue. Prévenez Angélique.

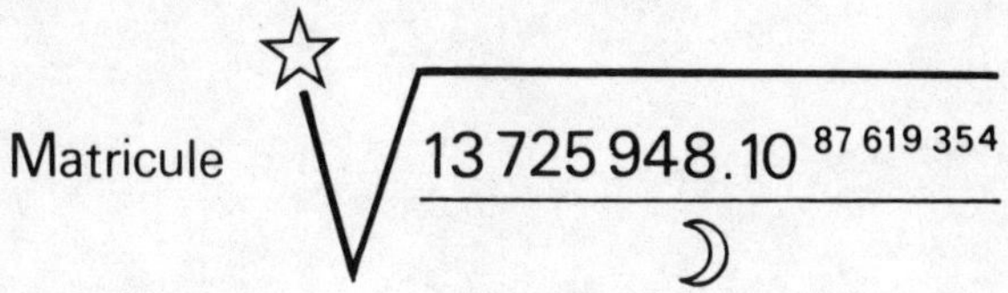

STOP

ACHEVÉ D'IMPRIMER POUR
LES ÉDITIONS ROBERT LAFFONT
A PARIS SUR LES PRESSES DE
L'IMPRIMERIE FLOCH A MAYENNE
LE 10 JUILLET 1980

DÉPÔT LÉGAL : 3e TRIMESTRE 1980
No D'ÉDITEUR : H 635
(18119)